父母很難當

心會太複雜

偷看日記、用餐時數落、諷刺激勵法，落後教育觀

讓你與孩子的鴻溝越來越深

目錄

CONTENTS

CONTENTS

前言

在偏鄉的一個山區，我曾遇到了一位來自都市的特教老師。那時她正帶著一群孩子靜靜坐在小溪旁，雙眼緊閉，用心聆聽著溪流說話的聲音。孩子們的雙手伴隨著溪流的韻律在胸前彈奏出一首屬於自己心靈深處的歌謠。而他們的臉上，自始至終都掛滿了迷人的笑容。

我想，他們心靈的淨土裡，一定容不得半點世俗的玷汙。所以，直到孩子們帶著微笑散去後，我才走近那位老師，詢問她淨化心靈的方法。

她笑著說，偏鄉的孩子沒有太多的機會去感受城市霓虹燈的色彩繽紛，但他們可以去感受自然——一種最純淨的美。自然可以讓他們的心靈走向真、善、美，可以讓他們認知世界、認知自我、憧憬未來。她繼續說，心靈淨化的方法其實很簡單，就是做好孩子的心靈導師，而現在的很多父母卻忽略了這一點，忽略了對孩子心靈的引導，所以孩子變得苦惱、變得迷惘。當孩子因苦惱而不堪重負的時候，在這裡可以讓孩子對著藍天歌唱，把一切塵埃拒之門外，讓心靈睡個午覺，鼓起勇氣再意氣風發迎接挑戰。當孩子因迷惘而看不到希望的時候，可以讓孩子對著溪流自由想像，給心靈洗個澡，然後微笑著讓生命伴隨心願遠航。

特教老師的一番話語深深震撼了我的靈魂。孩子是一本書，從童年到少年，從少年到青年，父母都在一頁頁往後翻，但要真正讀懂並不容易。

很多父母曾發出如此感嘆：孩子越大，我們卻越不了解孩子。這也難怪，孩子小的時候，父母處處以一個長者的身分教導著孩子的一言一行，很少真正去體會孩子的感受。這樣一來，當孩子漸漸長大，父母和孩子就會越走越遠，代溝也隨之產生，從而難以把有益的思想和經驗傳遞給孩

子，導致教育失敗。但如果父母從一開始就能做到和孩子一起成長，用孩子的眼光看待孩子，時時刻刻保持一顆童心，那麼，隨著孩子的成長，父母會發現，在孩子慢慢讀懂這個世界的同時，自己也就慢慢讀懂了孩子這本書，走進了孩子的心靈世界。

　　做孩子的心靈導師吧！人們常說，父母是孩子的第一任老師，的確，每一個孩子從出生的那一天起就開始在父母的呵護下成長。家庭是一個系統，家庭教育不僅是對孩子的教育，同時也是對家長的教育。家庭是全家人與孩子共同成長的樂園。每個孩子都有其個性特長和潛能；每個父母都希望自己的孩子能有一個完整而成功的人生。那麼，從現在開始，只要父母堅定的做個有心人，孩子就一定可以活出最好的自己。

編者

上篇

敞開心扉，與孩子真誠溝通

走進孩子的心靈，不是靠懷疑、監視，更不是靠打罵、懲罰，而是靠心與心的溝通。父母要用理解、寬容的情感去包容孩子，用積極向上的語言去激勵孩子，在家庭中建立起親情的樂園，創造和諧、寬容的環境，只有這樣，才能讓每個孩子揚起希望的風帆，駛向成功的彼岸！

一把堅固的大鎖掛在大門上，一根鐵桿費了九牛二虎之力，還是無法將它撬開。

鑰匙來了，它瘦小的身子鑽進鎖孔，只輕輕一轉，大鎖就「啪」的一聲打開了。

鐵杆奇怪的問：「為什麼我花了那麼大力氣也打不開，而你卻輕而易舉就把它打開了呢？」

鑰匙說：「因為我最了解它的心。」

第一章
了解孩子重在認知自我

代溝是無形的牆

常聽家長如此抱怨:「孩子越來越大,卻越來越不聽話了。」

常聽孩子如此訴苦:「父母一點都不了解我們,什麼都要聽他們的,我都煩死了。」

這是家庭危險的信號,表示家長與孩子之間出現了代溝。什麼是代溝,簡單說就是不同年齡層的人因思想觀念上的差距造成的心理距離,就像溝一樣,隔開這一代與下一代的人,從而影響了兩代人之間的了解和溝通。本來,十幾二十幾歲的年齡差才會出現代溝現象,可現如今,代溝不僅存在於上一代與下一代之間,而且在年齡相隔十年、八年的人們之間,甚至在大學的高年級與低年級之間,都會有令人驚訝的明顯差異,同時更有了「三歲一代溝」的說法。

某媒體有一次對 500 名國高中生進行問卷調查,反映與父母有代溝的占 90%,可見代溝在現代家庭中的比例之大。至於代溝在家庭中的表現,則主要集中在「穿衣打扮」、「父母嘮叨」、「課餘愛好」、「零用錢消費」、「課外讀物」、「交友」、「隱私」等方面的矛盾。

要解決好代溝問題,首先要明白為什麼會產生代溝。

有人認為代溝的責任在於父母:父母用他們過時的思想來引導孩子,會使處於叛逆期的孩子感到反感;父母以長者自居,認為不管怎樣自己都是有道理的,因為他們沒能與孩子良好溝通,與孩子之間產生了代溝。孩子都希望能有理解自己的父母,希望能向他們述說自己的煩惱,可父母要不是覺得自己的孩子是受到了什麼不良風氣的影響,就是覺得他們的煩惱完全不足為道。一次又一次類似的回應當然會使孩子無法與父母溝通,加深彼此之間的代溝。

有人認為代溝的責任在於孩子如今的社會紛繁複雜,網路、追星族、不良電影和出版物……基於對孩子的保護,父母會用自己的想法來規定孩子的行為,指引孩子的成長。孩子對此卻嗤之以鼻,認為父母的觀點很老

套，不適合現在的生活環境，也就不願意向父母敞開自己的心扉跟他們交流。孩子們只希望父母能單方面了解自己，卻從未想過去了解他們。當父母盡他們最大的努力來跟上孩子的思考模式時，孩子卻選擇離他們而去。

在網路上，不同的網友對「代溝」有不同的解釋：

代溝是當你在聊天室裡和網友聊得正起勁時，父母過來，看看因過於興奮而滿臉通紅的你，然後擔憂的搖搖頭，嘀咕一句：「什麼東西？！」

代溝是當你吵著要去看演唱會或是去參加見面會時，父母就是板著臉不答應。

代溝是當你對父母提起你班中的異性好朋友時，他們一臉緊張，嚴肅的問你和他（她）是不是有了青春期戀愛的傾向。等你解釋清楚以後，他們又會告誡一句：「有什麼事不能瞞著大人哦。」

代溝是當你把抽屜上了鎖後，父母有意無意的問你：「有什麼祕密啊！還要鎖抽屜？」

代溝是當你說要和同學一起出去玩時，父母一定要你報上同學的名字，還要弄清他（她）的性別、成績、性格特點等等。

其實，我們不應把代溝的責任簡單歸結於父母或孩子某一方，俗話說，一個巴掌拍不響。代溝往往是因為父母與孩子之間缺乏溝通而產生的。身為父母，身為孩子，到底應該如何去化解彼此之間的代溝，從而填平這條無形的代溝呢？答案只有一個，那就是溝通、溝通、再溝通。

李明是一名國二學生，父親經常在外出差，很少管教他，平時在家照顧他的只是母親。為了省事，母親經常對他約法三章，又是不准打遊戲，又是不准看漫畫，更不准看電視……對此，李明非常反感，母親說什麼都聽不進去，還事事與她作對。母親為此苦惱萬分。這天，父親出差回來，他把自己在出差途中的艱辛與苦澀的經歷告訴李明，李明聽後很感動，他立刻表示：「爸爸媽媽為了這個家庭付出了很多，我要好好念書，不再調皮了。以後一定要聽爸爸媽媽的話。」從此以後，李明果然像變了一個人似的，什麼事都願意與家人溝通。李明的媽媽也從中悟出了一個道理：想

要走進彼此的心靈，就要靠溝通。良好的溝通能在家庭中建立起良好的人際關係，反之，則會破壞家庭的和諧關係。

　　無論在何種家庭，代溝總是難以避免的，而解決的途徑在於雙方共同的努力。父母應該努力學習新知識，深入了解子女的特點並努力掌握時代特徵和時代觀念，不斷學習進步，同時調整好身心狀態，盡量以樂觀開朗和信任的面貌對待子女。而子女要體諒、關心父母，採用合適的辦法幫助父母了解自己、了解時代，同時，也要對自己的年輕和膚淺有清楚且深刻的認知。

讀懂自己的孩子

　　很多父母在對待孩子這個問題上，總是表現得漫不經心，甚至根本不把孩子放在眼裡，認為孩子有什麼值得研究的，不就是個「小不點」嘛。其實不然，孩子是一部厚厚的書，很難讀懂，卻又很需要讀懂。不知道孩子的天性、不了解孩子的行為特性、採取不恰當的培育方法、滋長不切實際的期望——這些都是不合格父母的行為。有位教育學家是這樣說的：「不懂自己的孩子，不如不管孩子，管越嚴越糟。」是的，只有讀懂孩子，才能因材施教，改善培養。

　　母親都是偉大的，當她們把一個新生命帶到這個世界上來的時候，我們就會用偉大這個詞來形容她們。雖然偉大的她們賦予了孩子生命，可並非所有的母親都會用心去理解自己的孩子。日本著名作家、電視節目主持人、聯合國兒童基金會親善大使黑柳徹子的代表作《窗邊的小荳荳》就講述了母親與女兒小荳荳之間的動人故事。小荳荳是幸運的，因為她擁有一位了解自己的母親。當母親得知小荳荳被校方退學時，並沒有生氣的對小荳荳說：「怎麼搞的？你竟然要被退學！我們只好再找一個學校了，如果再退一次學，就沒有學校再要你了！」而是默默尋找新的學校，並且對小荳荳說：「我們去一個新學校看看吧？聽說那裡很不錯呢！」讓小荳荳可以

不帶著任何自卑情緒走進新學校。當小荳荳因為鑽鐵絲網而弄破了衣服，卻對媽媽撒謊：「剛才，我在路上走的時候，別的孩子都往我的背上丟刀子，所以才變成這個樣子。」媽媽雖然不相信刀子把衣服劃破的話，但只說了一句：「啊！是嗎？這真是太嚇人了。」因為媽媽覺得連小荳荳也想要找一個藉口，這是從來沒有發生過的，可見她是因為在意這件衣服，不願意弄破，所以她「真是個好孩子」。也許這些想法在旁人看來很特別，甚至有點阿Q，但卻深深體現了媽媽正在用心去理解自己的孩子，並用寬容來對待孩子不經意的過失，實在值得敬佩。

如果把《窗邊的小荳荳》當作一面鏡子，就會發現現在我們家庭教育中普遍存在的問題，那就是很少有父母能真正了解自己的孩子。因為不了解自己的孩子，父母就會經常做一些違反孩子自然成長規律的事：或揠苗助長；或對胡亂指責孩子的各種好奇心；因為不了解孩子，父母就不能平心靜氣傾聽孩子的真實想法和意願，總是在不經意間傷害孩子的自信心和自尊心；因為不了解孩子，孩子出一點錯，父母就懷疑他們的學習能力，認為他們將來一定是個沒出息的孩子……其實，身為父母，完全可以從黑柳徹子的這本書中學會怎樣尊重孩子、關愛孩子、認可孩子，真正做到用心去解讀孩子。

孩子是父母生命的延續、家庭的未來，讀懂孩子是撫育孩子的基本功。其實，父母要讀懂孩子並不難。「用愛心，用細心，用耐心，用你的手輕輕撫摸你的孩子，就什麼都懂了。」說得多好呀！只要父母肯多花一些心思、少一些煩躁，孩子這本書就會從厚變薄、直至被看透。整體來說，從孩子外貌特徵、言談舉止、不經意間的肢體動作、話語中的弦外之音等，父母就可以做到對孩子瞭若指掌，因為這些都會洩露孩子內心的祕密：情感傾向、思考模式、行為方式等等。身為父母，最起碼要知道自己孩子的本能、天性、特性、個性，要懂得如何填平代溝、如何與孩子平等溝通，同時要掌握孩子的生活脈絡和情緒變化。

每個孩子都是不一樣的，正是這些不一樣，才構成了他們獨立的個體。但每個孩子又都有著共通點。下面這些與孩子有關的共通點，每一位

父母都應該知道，並以此為依據，真正運用在現實中解讀孩子上：

第一，孩子都有依賴心。孩子對於撫育呵護他的人表現得非常依賴與親密，所以，家長在撫育呵護孩子的同時，應該鍛鍊他們的獨立能力以防止養成過分依賴的心態。

第二，孩子都有好奇心。好奇心引起興趣，興趣是追求知識的動力，既要刺激和滿足孩子的好奇心，又要引導控制好奇心，防止孩子沉迷遊戲和玩耍，防止孩子厭惡學習。

第三，孩子都有模仿性。孩子的基本肢體活動、語言表達、生活習性、行為方式、信仰基礎等，都是家長的示範作用和影響的結果。因此，身為家長一定要以身作則，做孩子的好榜樣。

第四，孩子都有可塑性。孩子的天性難以改變，但是可以揚長補短，進行後天雕塑。例如：對任性的孩子可以採取適當方法，增強其自我約束能力；對膽小的孩子可以引領他們多參加挑戰極限的活動，增強其勇氣。

卡爾‧馬克思（Karl Marx）曾經說過，家長的行業是教育子女。的確，我們應該把做家長看成是一種職業。既然是職業，就要像從事其他任何職業一樣，「上任」前首先要讀懂工作的對象——孩子，唯有這樣，才可能成為一名合格的家長。

把孩子當獨立個體

有位作家在一篇散文中這樣描述母親與孩子之間的關係：「我幾乎可以聽到剪斷臍帶的聲音，我們的生命就此分割了，分割了，以一把利剪，而今往後，雖然表面上我們將住在一個屋子裡，我將乳養你、抱你、親吻你，用歌聲送你去每晚的夢中，但無論如何，你將是你自己的了。你的眼淚，你的歡笑，都將與我無分，你將扇動你的羽翼，飛向你自己的晴空。」是的，孩子從一出生開始，就意味著獨立自主了。然而很多父母並沒有意識到這一點，無論是在孩子小的時候還是在入學後，父母的所思所

慮、所作所為，並沒有真正把孩子當作是獨立的個體來看待。

　　相信身邊每一個人都有過這樣的經歷。當有客人到家時，父母只是向客人介紹家裡的成年人，孩子則往往被忽略。即便作介紹，也只是說「這是我的兒子」或「這是我的女兒」，好像孩子沒姓沒名一樣。這種現象反映了在大多數父母的眼裡，孩子只不過是父母的附屬、點綴而已。一位從歐洲回來的教授在日記裡講述了自己第一次登門拜訪歐洲朋友的過程：進門後，主人首先向我介紹自己的父母，然後逐一介紹他們的孩子，儘管其中的兩個孩子還很小。值得一提的是，所有被介紹的孩子都是主動伸手，大大方方與我握手問好。教授在日記的最後感慨萬端：大多數國外的孩子，在客人到家裡做客時，都會像父母似的充滿自尊、自信，他們有教養、有禮貌。可見，家長要把孩子看作一個獨立人，應該從小開始，並貫穿在日常生活中，使他們意識到自己是家庭的一個成員，而每一個成員之間都是平等的。

　　讓我們首先來看看美國教育的一些變革：西元十九世紀末至二十世紀初，美國大教育家約翰·杜威（John Dewey）在教育史上提出了一個被喻為哥白尼式「革命」的教育理論，這是從傳統教育到現代教育的大轉變，即把教育中心來了一個轉變，把原來的以教師、課堂、書本為中心轉變為以學生、社會、經驗為中心。這個理論在美國一直延續到現在。美國的家庭教育、學校教育就是要尊重孩子的權利，一切圍繞孩子來組織教學，這都歸功於約翰·杜威的學說。美國的教育思想和教育哲學決定了美國社會對待孩子的態度。就是把孩子當作獨立的個體來對待。

　　與歐美國家的父母把孩子當成是一個獨立個體的現象相反，中國的父母多把孩子當作是自己生命的一部分，對孩子付出得多，要求得多，對孩子個性方面的壓制也多。有些家長把自己的理想、願望寄託在孩子身上，只要孩子課業好，就可以滿足他們一切要求，而不是因材施教，全面發展。實際上，中國與歐美發達國家在培養孩子獨立性做法上的差別，源於教育觀念上的差別。歐美國家的家長們認為：世界上所有的愛都以聚合為最終目的，只有一種愛以分離為目的，那就是父母對孩子的愛。父母真正

成功的愛，就是讓孩子儘早當作一個獨立的個體從你的生命中分離出去，這種分離越早，你就越成功。而中國的家長對待孩子卻採取一種「非愛行為」，就是以愛的名義對最親近的人進行非愛性掠奪。我們經常聽到父母對孩子說：「你看看，自從有了你以後，我工作落後了，人也變老了，我一切都犧牲了，都是為了你，你為什麼還不好好念書呢？」這就是「非愛行為」——以愛的名義進行強制性的控制，讓他人按照自己的意願去做。久而久之，孩子就失去了獨立性，產生了依賴性。這就是我們教育存在的隱憂。中國傳統文化對孩子的態度是家長式的，孩子在生活上備受壓抑。特別是實行計劃生育以來，家家只有一個孩子，這個問題就更嚴重了。近年來，社會上甚至出現了一些孩子殺害父母的案件，根源就在於家庭教育不當。

醒醒吧！父母們，把自己的孩子當作一個獨立的個人去尊重，任何時候，都請放下家長的架子，多和孩子心平氣和地討論商量。要知道，孩子脫離母體後就已經是一個獨立的個體了呀！

打罵教育沒意義

受傳統思想的影響，很多家長都持「棍棒底下出孝子」的觀點，在教育孩子時，動不動就非打即罵，可見，「望子成龍、望女成鳳」之心是何等迫切。

據一項媒體所作的調查顯示，近 2/3 兒童曾經遭受過家庭暴力。在接受調查的 498 名大學生中，54％的人承認自己在中小學階段經歷過家長的體罰，體罰的形式以父母手打腳踹為最多，占88％，借助工具，如棍棒、皮帶、衣架等實施暴力的占 1.6％。從體罰的種類看，辱罵占 25.28％，罰跪占 16.36％，罰站占 13.38％，被父母逐出家門的占 4.09％。

張家偉的父親十分「厲害」，經常對張家偉非打即罵。有一天，張家偉上網咖耽誤了課業，他的父親一氣之下，上前扯住孩子，左臉一巴掌，

右臉一巴掌，接著用腳狠踢狠踹，孩子開始掙扎，又被踢倒，如此反覆多次。圍觀者甚多，都紛紛勸阻，張父不但不聽，打得反而更起勁，還破口大罵：「你再去網咖我就打死你！」張家偉也火大了，不顧一切地撿起路邊的磚頭向父親砸……到了晚上，父親發現張家偉沒有回家，接下來的幾天也沒有蹤影，他急壞了，趕緊到處打聽孩子的下落。就在大家一籌莫展的時候，家裡接到了派出所的電話，原來張家偉因仇恨父親離家出走後，身無分文的他在飢寒交迫之下只好偷盜，被街道巡邏的警察抓個正著。至此，張父才後悔莫及。

由此可見，打罵只會事與願違，孩子越打越不聽話，越打越強，說謊、外逃、打架等「意外」現象更是層出不窮。海外行為學專家研究發現：一見孩子犯錯誤就大發雷霆、大聲訓斥，甚至打罵，這樣重複下去，孩子對訓斥的適應能力就會逐漸提高，天長日久，孩子就會對一般的訓斥持無所謂的態度。心理學家指出：家長在孩子的成長過程中採取打罵方式會給孩子造成諸多心理問題。可見，大棒主義是不科學且是完全錯誤的。

孩子與大人一樣，也都有自尊心，大人要對孩子多些鼓勵，讓孩子覺得自己「有能耐」，從而培養孩子的自尊心和自信心，打罵孩子只會挫傷孩子的自尊和積極性。比如好動是孩子的天性，卻也是一種腦力和體力鍛鍊，大人要因勢利導，不能動不動就打罵，這樣只會扼殺孩子的聰明才智，不利於孩子的健康成長；比如孩子自制能力差，有些失控行為，其實這都是很正常的，大人要動之以情、曉之以理，進行長期耐心的說服教育，而打罵只能讓孩子口服心不服，只會讓孩子產生叛逆心理。有的大人哀嘆現在的孩子「越來越難管」，其實不然，關鍵是父母的教育方法不對頭。父母是孩子最好的老師，你要讓孩子怎麼做，自己首先要做出榜樣。孩子喜歡模仿大人的言行，大人的一言一行對孩子的影響很大，你不讓孩子抽菸，首先自己不要抽菸；你希望孩子喜歡看書，你就要自己勤奮看書；你要孩子唱歌跳舞，首先你要帶頭唱歌跳舞。自己的言行不端正，卻偏要讓孩子端正，孩子怎麼能心悅誠服呢？大人喜歡聽比較婉轉的話語，其實孩子也是一樣，因此，要對孩子多一些愛的教育。打罵只會讓孩子產生恐

懼心理，讓孩子心靈受到傷害，性格變得孤僻，變得膽小怕事，變得不敢越雷池半步，從而扼殺了孩子的創造能力。

那麼，父母如何才能避免粗暴專制的對待孩子呢？

首先，身為家長，要責無旁貸地主動吸收教育新知。在傳統的親子教育方式中，多半是父母用權威來教育孩子，而打罵處罰更是權威教育的重要方法。吸收新知可以幫助家長跳出自己的成長經驗，及時調整自己的教育觀念。

第二，家長要真正放下身段，從內心尊重孩子，不要再用命令的口氣跟孩子說話，將孩子當成大人一樣給予尊重。不要總是對孩子說「不」，而是要給孩子選擇題，讓孩子自己做決定。

第三，家長不要總是拿放大鏡去看待孩子，不要總拿自己做不到的標準來要求孩子。要知道，孩子年齡還小，有好動、固執、健忘等現象都很正常。家長如果真的要對孩子有所要求，也一定要考慮孩子的成長狀況。

最後，如果是氣急攻心的家長，在面對不聽管教的孩子時，通常最直接的反應就是破口大罵。其實，此時的家長首先應該冷靜下來，嘗試著多一分耐心，問問孩子這麼做的原因是什麼。當家長的心思已經放在了了解孩子的想法上，也許就會發現孩子的行為其實是情有可原的，並且也已經釋放掉了很多負面的情緒。如果在極度憤怒的狀況下，家長實在無法以理性的方式來管教孩子時，應選擇暫時離開現場，或是轉移自己的注意力去做別的事，如打電話給朋友聊天、聽音樂等。等自己平靜下來以後，再和孩子好好談談。

溺愛不是愛

什麼是對孩子的真愛？

答案可謂五花八門，但有一種答案最值得警惕，那就是「溺愛是真愛」。

溺愛絕不是真愛。相反，溺愛是一種失去理智、直接摧殘兒童身心健康的愛。

無可置疑，溺愛孩子是當今社會的普遍現象。生活中，經常可以聽到這樣的話：「再苦也不能苦了孩子。」「為了孩子，我什麼都可以做。」「孩子是我的命根子，孩子過得好我才會過得好。」正是懷著如此種種想法，父母們盡其所能從各方面滿足孩子的需求，他們盡可能把孩子的生活道路鋪得四平八穩，似乎這樣就能保證孩子幸福健康的成長。可惜，這些父母們都沒意識到，他們的這些觀念恰恰給孩子帶來了諸多的危害。

一位為其孩子傷透腦筋的媽媽在束手無策的情況下，不得不去找教育專家尋求教育良方。專家問：「你孩子第一次繫鞋帶時就打了死結，你是不是從此就不買有鞋帶的鞋子給他了？」這位媽媽點了點頭。專家又問：「你孩子第一次洗碗時弄得整個廚房都是水，你是不是不再讓他走近洗碗槽？」媽媽又點頭稱是。專家繼續問：「孩子第一次鋪床笨手笨腳，過了一個多小時才勉強鋪好。你是不是嫌他太笨拙，從此不再讓他自己鋪床？」這位媽媽驚訝地看著專家說：「我就是這麼做的，你怎麼知道的？」專家回答是從那根鞋帶知道的。這位媽媽問自己以後怎麼辦。專家說：「孩子生病你就帶他去醫院；孩子上國高中、上大學、找工作，你最好絞盡腦汁運用各種關係；孩子沒錢時，你給他送去；孩子結婚時，你為他準備好婚房；孩子生了孩子你幫他帶。」

從這個故事中，我們可以看出，在現實生活中，很多家長都如同此案例中的媽媽一樣，孩子鞋帶打死結就不再買有鞋帶的鞋子，孩子的確可以不犯繫鞋帶打死結的錯誤了，但孩子同時也失去了學會繫鞋帶的機會，更失去了面對困難勇於克服的機會；孩子洗碗弄溼了廚房，就不讓他再洗碗，孩子的確可以不犯洗碗弄溼廚房的錯誤了，但與此同時孩子就可能失去了學會洗碗而且不弄溼廚房的機會，或者是失去了雖然弄溼了廚房但懂得如何打掃清爽的機會。

如果每個家長都如故事中的那個媽媽一樣的話，也許孩子從此不再喜歡嘗試力所能及的活動了，而且一碰到自己不願意做的事情，就會故意不

好好做，因為這樣就可以偷懶了……如此下去，孩子遇到什麼事都會不假思索地說「我不會」、「你說怎麼辦」、「你幫我做」，孩子遇到一點點困難就撒嬌或耍賴，不肯自己去想辦法解決。長此以往，你的手就會成為了孩子的手，因為孩子剛要動手時你已習慣動手代勞了，說不定，孩子從此就真的茶來懶得伸手、飯來懶得張口了。你的腳也許也會成為了孩子的腳，因為孩子剛要走時你已習慣代他走了，孩子踏實走自己人生路的機會就這樣被你堵死了，從此孩子一定會患上「軟骨病」。更可怕的是，有一天你的腦袋也許就會成為了孩子的腦袋，因為孩子想問題時你已習慣替他想好了，孩子動腦思考的權利被你剝奪了，從此孩子的腦子越來越遲鈍。

溺愛的危害不僅體現在孩子生活能力的喪失上，還體現在孩子性情、性格的缺失上。

第一，溺愛會使孩子失去處理問題的能力。由於父母對孩子疼愛有加，凡事包辦代替，不讓他們動手，因此孩子生活自理能力差，長大後變得懶惰，動手能力差，遇事不知道怎麼解決，必定為其課業、工作和生活帶來障礙。

第二，溺愛會使孩子變得自私。父母對孩子有求必應，要什麼給什麼，犧牲父母的利益在所不惜。久而久之，孩子就會一切以自我為中心，凡事只在乎自己的感受，不顧慮別人。

第三，溺愛會使孩子的抗挫折力低下。在溺愛中長大的孩子，面對失敗、挫折、意外打擊的心理承受力很差。被溺愛的孩子多以自我為中心，不願接受社會行為規範的約束，所以他們很難融入主流社會，社會也很難接受這些孩子的價值觀。他們一旦離開父母的保護，就不易適應外面的環境。

第四，溺愛會使孩子是非不辨。有的父母偏袒自己的孩子，把孩子的缺點當優點，容忍孩子無理取鬧，處處寵著自己的孩子，這就容易導致孩子是非不清，好壞不分。

溺愛的「溺」字含義深刻，「溺」字由水和弱構成，一味溺愛的結果就

等於把孩子扔到水裡，周圍沒有任何救援人員和救援設備，孩子又不會游泳自救，其命運只有一種：必死無疑。更何況就現實而言，孩子的人生過程其實就是在茫茫人海中不斷求取自己的立足玄地和生存之機的過程，如果缺乏競爭力，就只有被淹沒在人海中。「愛子之心人皆有之」。孩子感受到父母的愛，就樂意接受父母的教育，這就使父母對孩子的教育容易取得成功。但是，如果愛得不得法，對孩子過分溺愛，不但不能促使孩子健康成長，反而會使孩子養成種種不良習慣，甚至毀了孩子的一生。所以我們的家長必須懂得「溺愛猛於虎」的道理，規範自己的教育行為，做到愛有分寸，嚴慈有度，愛而不縱，嚴而不苛。這樣，我們的下一代才能健康、科學地成長。

做孩子的天使

　　自古以來，社會就有貴賤、高低等級之分。「君君臣臣父父子子」。可以說，直到今天，舊社會森嚴的倫理等級觀念多多少少還在影響著人們的生活，特別是在家庭裡，家長與孩子往往是不平等的，普遍形成了家長說、孩子聽的慣例，父母是至高無上的權威，孩子要逆來順受，無條件地服從。這實在是一種錯誤觀念，如果家長不用平等的眼光看待孩子，那麼孩子永遠不可能形成獨立的人格。真正理想的父母，應該是以大朋友的平等身分來對待孩子，而不是以長輩的身分來壓制和教訓孩子。

　　一天，一個即將出生的孩子問上帝：「聽說你明天就要把我送到人間了，我那麼弱小而無助，在那裡怎麼生存呢？」上帝回答說：「在眾多的天使中，我給你挑了一位，她會照顧你的。」

　　「在天堂裡，我除了跳呀！笑呀！什麼也不會做……」

　　「你的天使會陪著你跳、笑，你會感到你的天使對你的愛，你會幸福的。」

　　孩子接著說：「如果我不懂人類的語言，別人對我說話時，我怎麼能

明白呢？」上帝說：「你的天使會告訴你你從未聽過的、最美好、最悅耳的詞語，還會耐心地、仔細地教你說話。」

「聽說人間有壞人，那誰來保護我呢？」「你的天使會保護你，即使那意味著要她冒生命危險。」

此刻天堂一片寧靜，而人間的說話聲已經可以聽到。孩子匆匆地細聲問道：「上帝，我馬上就要離開了，請告訴我，我的天使的名字。」上帝答道：「你的天使的名字並不難記，你管你的天使叫媽媽。」

孩子是懷著無限的希望來到人間的，在眨眼的一瞬間，他就已堅信媽媽是自己的天使。既然是天使，就應該給予孩子愛、激勵、保護……可惜的是，現實並不盡如上帝所願。

許多父母認為自己給了孩子生命，孩子就是自己的私有財產，他們就總在無形中把自己置於孩子的上帝的角色和位置上。這樣的父母，遇到孩子胡鬧或者成績不夠理想時，就會用強大的威力斥責孩子，並認為自己有權利對他們進行懲罰。有一個男孩因為考試成績不好已經在學校遭到了一番責備，內心正受著自卑的折磨，非常難受，回到家後，父母不管三七二十一，對他又是一場怒斥，把孩子已有的傷口撕扯得更大，這時的孩子是多麼的難受，心靈的創傷和扭曲是多麼的嚴重。可是，很多父母在遇到類似情況時，都未能真正了解到孩子的處境。

世界上沒有不愛自己孩子的父母，但為什麼許多孩子的心中卻滿目瘡痍？是的，家長總有一堆理由證明自己這樣做是為了孩子好，只可惜這樣的愛是「上帝」之愛而非「天使」之愛。天使的愛是平等的、沒有架子的。

「愛」是人類最熟悉的一個詞，也是人類的生命之源。愛孩子，就要尊重孩子，尊重孩子的自我選擇；愛孩子，就要理解孩子，理解孩子的痛苦和歡樂；愛孩子，就要懂得欣賞孩子的優點，並隨時發現孩子的各種能力和熱情，為孩子的每一點進步鼓掌；愛孩子，就不要以指責和挑剔的態度對孩子，更不要把自己的意志和願望強加於孩子。要知道，愛所表達的是體諒、信任和理解。

有一位小學老師在家長會上講述了一件自己親身經歷的事情：

去年，班上有一個男生，剛開學時各方面表現都不太理想，當時他父母既著急、又失落，對他的表現很不滿意。有一次在課程活動中，全班只有他能將《小蝌蚪找媽媽》這個故事完整地複述出來。當時我很驚訝，別看他平時在班上不多言語，其實他默默認真、細心地記住老師所教的內容和知識，那天以後，我和他的父母進行了一次交談，達成了一個共識，就是每位孩子身上都有亮點，只是家長有沒有注意、有沒有發現而已。家長平時要以健康的心態與孩子交流，更應以朋友的角色支援他們，只要做到了這些，孩子就會不斷地帶給大人驚喜。

父母是孩子的長輩，父母與孩子存在著監護與被監護的關係。從傳統觀念上看，父母是教育者，子女是受教育者，但這種關係不是絕對的，不應該是固定不變的。當我們把孩子當作平等的人來看待時，就會發現父母和子女在人格上是平等的。誰是教育者，誰是受教育者，是在不斷變化著的，尤其是在高科技迅速發展的今天，我們更應該提倡父母向孩子學習，而不應該以當然教育者的姿態自居。

父母應放下架子，以一顆平常心，做孩子的人生良師，做孩子的知心朋友，做孩子的天使，與孩子共同分享人生的樂趣。

第二章
與孩子平等交流

再忙也別忽視孩子的存在

由於生活節奏快、工作壓力大，有些父母根本沒有時間關注自己的孩子。他們一心為了事業、為了賺錢，一大早就匆匆趕去上班，很晚了才拖著疲倦的身軀回來，還要忙著做飯、做家事，吃過飯後立刻催促孩子回房間寫作業，而自己又是加班到深夜，不知不覺中忽略了孩子的情感需求。

長此以往，在父母的忽視與冷淡中成長的孩子很可能會產生各種心理問題，比如孤獨、自閉、不善交際。據心理學家研究表明，缺少父母關注的孩子多數不能與人相處得很好，他們怕冒險、怕探索、怕接觸陌生人。因此說，孩子的健康成長需要父母的陪伴。

生於 1960 年代、1970 年代的人都會懷念過去大家庭的時代，那時，一家人吃過晚飯便在院子裡乘涼、聊天，熱鬧非凡。到了春節，大家歡聚一堂，晚輩向長輩拜年，長輩分發壓歲錢，全家其樂融融。然而，今天的情況大不一樣了，家長忙於自己的事情，孩子有著自己的樂趣，親子關係就這樣慢慢變得淡薄。這一方面當然有著文化及社會變遷的緣故，另一方面也與家長缺乏民主態度來和孩子相處有關，為人父母總不忘記在各方面給予孩子最好的，卻唯獨忘記要與孩子同樂。

有位媽媽，一次下班時，天色已經很晚了，當她回到家裡，看到 5 歲的女兒正站在社區門口等她。此時的她因為繁重的工作而感到身心疲憊，心情也壞到了極點，因此，她只是面無表情地帶著女兒回到家……

「媽媽，」女兒問道，「你能答應我一件事情嗎？」

「什麼事情？」

「我能到你公司去嗎？」

「你瞎說什麼，我在工作，又不是玩。」媽媽非常生氣地說。

女兒看到媽媽凶神惡煞的樣子只好默默回到房間裡。

過了一下子，媽媽感到自己不應該對孩子這麼凶。

於是，媽媽來到女兒的房間，「你為什麼想到媽媽公司去？」

「我老看不到媽媽，我想媽媽，到了媽媽公司就能看到媽媽了。」女兒小心翼翼地說。

女兒的話擊中了媽媽的軟肋，她感到最近一段時間對女兒的關心實在是太少了。自此以後，她每天下班後都立刻趕回家陪伴孩子，而且注重與孩子心靈上的交流，女兒也從原來的沉默寡言變得活潑、開朗。看到女兒健康快樂地成長，媽媽終於知道了陪伴的價值是多麼的寶貴。

的確，孩子的健康成長需要父母的陪伴。忙其實不是忽視孩子存在的理由，稱職的父母總會忙裡偷閒抽時間陪孩子。陪伴孩子，絕不會是枯燥無味，恰恰相反，你會獲取無比的幸福和滿足感，這種融融樂趣，是任何東西都無法取代的。更重要的是，在玩與學習的過程中，父母和孩子都會有意想不到的收穫。

曾以高分考進了名校的 15 歲女孩南南是在什麼樣的家庭環境裡成長的呢？她的媽媽彭嘉陵為此特地寫了一本書，在書中她透露了自己的家教祕訣：周圍許多同事、朋友的孩子都學得太累，每晚作業做到深夜，週末被各種補習班、興趣班侵占，小小年紀的孩子比大人的壓力還大。我的女兒就非常輕鬆，她從小就經常在我們的帶領下到戶外玩耍，而且每次都玩得很盡興。同時，不管工作再忙再累，我們都一定抽出時間和孩子一起念書，當孩子在學習中遇到困難時，家長一定要幫她，也一定能幫她。這比請家教效果好十倍。一些家長認為自己教育程度低而孩子學習的內容又太深奧，根本幫不了孩子，其實，家長只要陪著孩子一起學就行了，並不是要家長講解。即使自己不懂，也可以讀一讀要領、例題，引導孩子思考。

親子之間造成隔閡還有另一個原因，就是孩子和父母之間缺乏共同的興趣愛好，從而造成孩子不願進入成人的世界、成人也無法走進孩子的世界的局面。現在，大多數家庭的孩子都不願意和父母一起玩，如果家庭時常出現爭吵的氣氛，家人便不可能同樂。但如果父母和子女能夠玩在一起，便能減少彼此間的敵意而產生和諧的氣氛。

羅傑超是個足球迷，每次電視播放足球賽，他都看得津津有味。有一

回，他很晚了還沒有到家，爸媽十分著急，正準備打電話報警時，羅傑超興高采烈地回來了，爸爸氣急敗壞地要揍他時，他委屈地哭了，「爸，你從來沒有帶我看過球賽，我拜託你已經不下 100 次了，但是你每次都說你很忙，或還有別的事要做。」爸爸高舉的手又放了下來，他恍然大悟，兒子多麼希望自己能夠和他共用一種愛好。從那以後，為了彌補對孩子的愛，羅傑超父母就經常帶全家一起去看足球賽、一起討論有關足球的話題。

不管多忙多累，父母都不要忽視孩子的存在，在與孩子交流、玩耍的過程中，既可以緩解自己的工作壓力，又可以增進親子關係，一舉兩得，何樂而不為呢？

找一把打開心門的鑰匙

在打開孩子的心門之前，讓我們來看一個故事：

一位教授精心準備著一場重要會議的演講內容，會議規格之高、規模之大是他平生第一次遇到的，全家為了教授的這一次露臉而激動。為此，教授的夫人特地為他選購了一身西裝。晚飯時，教授的夫人問西裝合不合身，教授說上半身很好，但是褲腿長了 2 公分，還是能穿，影響不大。

晚上教授早早就睡了，但他的母親卻睡不著，不斷在反覆思考著兒子這麼隆重的演講，西裝褲長了怎麼辦。反正也睡不著，就翻身下床，把西裝的褲腿剪掉 2 公分，縫好燙平，然後安心入睡了。到了早上 5 點半，教授的夫人醒了，因為家有大事，所以比往早起，想起老公西裝褲的事，心想時間還來得及，便拿來西裝褲又剪掉 2 公分，縫好燙平，愜意地去做早餐了。過了一下，女兒也早早起床了，看媽媽的早餐還沒做好，就想起爸爸西裝褲的事情，思索著自己也能為爸爸做點事情了，便拿來西裝褲，再剪短 2 公分，縫好燙平……

就這樣，一條只長了 2 公分的褲子，因為缺乏交流與溝通被她們三人

連續剪短了三次。等這位教授做好了所有的準備，再來換衣褲時，卻發現這條褲子已短得無法再穿了。

都是出於對親人的關心，但是缺乏交流、溝通，最後關心變味了。其實父母對孩子的關心也一樣，天下沒有哪個父母不關心自己的孩子，但如果父母的關心沒有建立在溝通的前提下，關心也一樣會變味。其實家長們也都明白溝通的重要性，也都希望能與孩子成為知心朋友，可就是不知道該如何邁出溝通的第一步。

其實，溝通並非我們想像中的那麼難，只是我們沒有找到溝通的鑰匙而已：

一個小女孩站在花叢中，正扶著花枝，歪著腦袋，煞有介事地對花私語。詩人走過去，靠近她，蹲下去，問：「你在說些什麼呀？」

小女孩道：「我說，花朵你好漂亮啊！」

「花朵能聽到你的話嗎？」

「可以的。」小女孩很有自信，「只要靠近她，她就能聽到你說的話。」隨後，她又機靈地說：「你對我說話時，不也是蹲下來，靠近我的嗎？」

孩子的天真，讓詩人不禁笑了，心中感慨萬端。

這個故事告訴我們，要求得到人與人之間的理解和溝通，就要找到溝通的鑰匙，只有鑰匙配對了，對方才會打開心門。那麼，如何與孩子溝通呢？溝通過程中需要注意哪些細節呢？

第一，確定恰當的談心方式。談心方式包括詢問式、辯答式和指導式等。對於年齡較小或性格內向、不善言辭的孩子，可採取詢問式。詢問不是審訊，語言要親切，態度要和氣，讓孩子無所顧忌地將自己的情況和盤托出，然後父母加以評點，肯定孩子的成績、優點，指出不足之處，然後指明努力方向；對於年級較高、知識面較寬、認識問題較深刻且善言辭的孩子可採用辯答式。雙方不拘時間、地點，進行內容廣泛的漫談，雙方有詢問、有對答、有辯論，寓教育於輕鬆的談話之中，以達到對孩子啟發或誘導的目的；對於脾氣倔、缺點多的孩子可採用指導式。當孩子犯了錯誤

而且經過認真思考，有了初步反省後，家長可找孩子談心。談心時，家長要選準角度，可以直接剖析問題的實質，也可從別人的經歷談起，進行深入淺出、由遠及近地分析、交談，加以指導。注意，談心時，父母不要前拉後扯算總帳，這樣容易引起孩子的反感。

第二，選好談心內容。家長不但要使孩子明白「應該怎樣做」，還要明白「為什麼這樣做」，「怎樣做才能符合要求」等等。力求透過一兩次談心，使孩子如夢方醒、心悅誠服。

第三，交談時要感情真摯、互相信任。為了收到更佳的談心效果，雙方必須敞開心扉，言必由衷。家長在孩子面前，不要吞吞吐吐、欲言又止，甚至反語相譏、挖苦，讓孩子不知所措。只有相互信任，才能談得和諧。尤其是孩子對父母的信任，沒有這個感情基礎，雙方的溝通肯定受影響。

第四，選擇良好的背景。良好的背景包括環境背景和心理背景，它們會給人輕鬆、愉快的感覺。談心時，家長與孩子可走出家門，漫步在幽靜的湖邊，穿行於林蔭小道，欣賞著悅目的景色，呼吸著新鮮的空氣，邊走邊談。也可選在孩子非常喜歡的娛樂場所談，在這種時候，兩代人心平氣和，家長坦誠地吐露心思，孩子直率地道出真情，雙方暢所欲言。良好的心理背景，可使人坦率真誠，無話不談。

父母與孩子溝通既難也易，關鍵在於是否找到一把合適的溝通鑰匙。一把鑰匙開一把鎖，父母只有找到了這把合適的鑰匙，才能真正打開孩子的心門。

蹲下來和孩子說話

一位年輕的母親，曾這樣講述自己教子過程中的苦惱：

兒子剛上小學四年級，無論在家裡還是在學校都十分頑皮。說髒話、亂塗牆壁、打小報告、作弄他人、與父母師長頂嘴……總之，什麼搗蛋的

事都有他的份，這讓身為父母的他們束手無策。管教孩子的所有招數比如喋喋不休的提醒、大喊大叫的命令等都派上了用場，可一點作用也沒有，兒子根本就不理睬，有時還扮出一副暗自得意的樣子。父母難免有怒火上衝的時候，就把孩子痛打一頓，過後卻又對自己懲罰的方式後悔、內疚不已。

英國教育家赫伯特‧史賓賽（Herbert Spencer）曾說過：「對孩子訓話意味著你要求他絕對服從，讓他像你一樣思考問題。和孩子像朋友一樣交談，意味著大家一起尋找方法解決問題，重新衡量自己的觀點，搞清楚究竟誰的更合理。」父母總是希望自己的管教能起到立竿見影的作用，可以讓孩子下次不再犯同樣的錯誤，可孩子偏偏就是屢教不改，是孩子太頑固了還是父母自身的教育方式出問題了？

其實，每一個孩子都是很明事理的，只要父母善於與孩子溝通，孩子就會知道父母是非常愛他的，也是很尊重他的；透過溝通，孩子就會曉得哪些行為是對的，哪些行為是不可取的；同時，透過溝通，父母還可以更好地了解孩子的想法和行為動向。

當然了，在交流的過程中，父母最好是蹲下來，近距離接觸，兩眼直視孩子的眼睛。聽完後直接、果斷、清楚地向孩子表達自己的意見或思想，如此他才能遵照你的想法去做。當然，語氣要堅定但不是命令式。父母的語氣要透露出自己說到做到、並且一定要他照辦的堅決。這樣不但可以有效溝通，還可以消磨孩子抗拒或抱怨的情緒。

蹲下來與孩子平等的溝通尤為重要：

一位從美國費城考察回來的專家，曾經這樣深有感觸的說過：「美國的父母不像東方的父母偏向吼罵的教育方式，他們責備孩子時，一定會蹲下來，讓自己的眼睛和孩子的眼睛處在同一高度上，然後握住孩子的手，輕聲和孩子說話。他們認為，在蹲下與孩子目光平行的時候，無形中，孩子便會乖乖聽話了。」

如果總是站著面對孩子，那麼，父母與孩子的距離，就不僅是身高上

的差距，同時更是一代人與另一代人之間的距離，是一顆心與另一顆心之間的距離。蹲下來與孩子交流，對孩子來說是一種極大的關心與理解，是孩子能夠接受的一種愛護；蹲下來與孩子交流，孩子離我們的距離就會縮短；蹲下來與孩子交流，是父母關心孩子內心世界的體現；蹲下來與孩子交流，營造出來的是一種民主、和諧的氣氛。

朋友的孩子平時活潑好動，但只要一回到家就感到十分壓抑，從不喜歡主動開口與家長說話，為此，父母感到很奇怪，孩子在外面與在家裡怎麼會是判若兩人的樣子呢？一次，他們無意中從孩子夥伴的口裡獲知了其中的「祕密」，原來是孩子畏懼父母與她交談時的強勢──每次與孩子說話，父母都是一副居高臨下的氣勢，只知道單方面地給孩子灌輸自己的思想，卻從不尊重孩子表達意見的權利。這時，父母才恍然大悟，要與孩子交心，就要做孩子的朋友，要蹲下來，和孩子站在同一條地平線上。

父母與孩子說話時不妨蹲下來，設身處地地為孩子著想，以一種孩子能夠理解、接受的方式平等地與他們交流、溝通。這樣不僅可以使父母更全面地了解孩子，而且還可以有效地促進孩子身心健康的發展。

學會做忠實的聆聽者

心理學家證實：傾訴能減除心理壓力。當人有了心理負擔和問題的時候，能有一個合適的傾聽者是最好的解脫辦法之一。

當父母在抱怨「孩子不願意與我溝通」、「孩子總是把事情憋在心裡」時，父母有沒有想過，孩子為什麼不願意與自己溝通？

答案是十分明確的，讓我們聽聽孩子們是如何回答的吧：「父母不了解我，他們總是自顧自地講大道理，從來不聽我的想法！」「我說什麼都被否定，我還有什麼可以向他們說的呢？」

事實上，每個孩子都願意與父母溝通，只是溝通之門往往被父母在有意或無意中關閉了。

我們來看看下面這些場景。

場景一：

你正在看電視，孩子對你說：「爸爸，我想到了如何消除念書勞累的辦法。」

「呵，是嗎？那你說說吧！」孩子開始「高談闊論」起來，但你並沒有真正認真地傾聽孩子的訴說，雙眼一直沒有離開過電視螢幕，「爸爸，你說我這樣的方法有效嗎？」孩子徵求你的意見。「有效，有效。」你依然漫不經心地聽著、說著，甚至根本沒有正眼看一看孩子。孩子看了看爸爸，又看了看螢幕，很沒趣地回房間了。

場景二：

放學，孩子回來了，你正在做飯，孩子興高采烈跑到你的身邊：「媽媽，今天我遇到了一件十分有趣的事情！」

「什麼有趣的事情？你可別做壞事呀！」

「我正忙著，以後再說！」

「不要老提與念書無關的事，你期中考試的模擬題做完了嗎？」

孩子原本興奮的心情一下子就沒有了。

場景三：

孩子整個下午沒有到教室上課，這可不得了，班導打電話給家長。

傍晚孩子回到家，又急又氣的你破口大罵：

「不好好上課，跑哪裡去了？」

「我昨天才警告你在學校要遵紀守法，你什麼破耳朵！」

孩子嘟囔著：「我、我……」似乎要解釋沒能到校上課的原因。

「什麼都別說了，有什麼好說的？」

「真丟人！」

「有本事連家也不要回來好了。」

看，這些家長都犯了一個嚴重的錯誤，就是沒有認真對待孩子，沒有認真傾聽孩子的心聲。其實，傾聽是一種非常好的教育方式，更是一把開啟孩子心靈窗戶的金鑰匙。父母千萬不能因為孩子小，就忽略他們的闡述，任何時候都要與孩子面對面，平等地互相傾聽與訴說。孩子有值得稱讚的觀點，家長應表明支持的態度；孩子認識上存在錯誤觀念，家長可循循善誘啟發開導。正如美國企業家艾科卡（Lee Iacocca）所說：「很多人認為小孩子講的話都是無稽之談。然而我認為，如果現在聽取孩子所關心的事，將來當他到十幾歲後也能分擔父母所操心的事。這兩點是密切相關的。」

總之，當孩子想要跟父母討論一件比較重要的事情時，父母一定要放下手頭的工作，對孩子的事表現出興趣。這樣，孩子就會覺得父母很重視他，他就會主動敞開心扉，向父母述說自己的事情。有經驗的父母還發現，不管孩子要跟你訴說的是一件如何簡單的事情，但是，只要你表現出認真傾聽的樣子，表現出你的興趣，孩子就會興致勃勃地講下去，進而表達出自己的情感和思想，實現與父母的思想交流、情感溝通，慢慢地，良好的親子溝通就建立起來了。

聰明的父母不但要做一個高明的講者，更要做一個高明的聽者。傾聽是一門學問，傾聽是一門藝術。只有能專心傾聽孩子講話的人，才能平等地對待一切人。

那麼，如何傾聽孩子說話呢？

第一，要表現出傾聽的意願。不管有多忙，一定要表現出對孩子談話內容的興趣，更要做好認真傾聽的姿勢，不要做出三心二意的表情與動作，那樣只會打擊孩子傾訴的主動性。

第二，要做出認真傾聽的樣子。孩子在傾訴的過程中，哪怕父母早已知道其中的內容，但也不要表明。更不要不耐煩地說：「談些別的吧！這些我早就知道了。」身為父母，不應只是關心孩子的冷暖、吃住，還要關心他所感興趣的事。

第三，及時回饋意見、觀點。送給孩子最好的讚美，就是讓孩子知道自己所說的每一句話，你都在認真地聽。「你說的對！」「太好了。」「你繼續說下去。」當然了，除了語言，還有臉上的表情也可以傳達出你對孩子話題的興趣。

不論孩子的話題多麼簡單，如果父母想要表現出有興趣的姿態，那麼興趣也就會自然而然地產生出來。如果父母總是沉著臉，一言不發，一副漫不經心的樣子，往往就會令孩子失望萬分，長此以往，孩子也會養成對什麼事都漠然置之的態度。

現在的孩子越來越多地承受著直接或間接來自家庭、學校和社會的壓力，因而家長更要學會傾聽孩子的心聲。常聽家長說，孩子幾乎不與家長交談。實則是，孩子很願意與家長交談，只不過家長沒有做好傾聽的準備，不懂得如何激發孩子交談的欲望與興趣。

跟孩子講道理

孩子一旦犯了錯誤或是遇到不明真相的事情，父母為了省心，往往會採取訓斥或搪塞的方法應付。事實表明，孩子遇到問題時，父母與之溝通、講道理，由此產生的效果比其他任何方式都要好得多。

父母千萬別小看孩子，以為他們還小，不明白是非，講道理也是白講，只要讓他們按著自己的要求做就行了。的確，強硬或許一時能達到效果，但下一次或再下一次，孩子還是會違逆你。所以父母更應注重說服這個過程，目的也許一次達不到，但經過一段時間，孩子就會被潛移默化，自然而然達到父母想要的效果。

一位家長在日記中記述了自己講道理給孩子聽的經過：

今天，兒子長了溼疹。我決定帶他看中醫。之後我就開始發愁，藥開回來了，如何說服他吃下去呢？

藥很苦，我舔了一點點心裡就開始打退堂鼓：這麼苦，他能喝嗎？果

不其然，第一口藥，從碗裡喝到嘴裡，又直接吐回了碗裡。我腦海裡閃過很多方法：捏著鼻子灌，藥裡加糖……算了，還是先講道理吧！

先從為什麼要喝藥講起，然後講到藥為什麼是苦的……兒子很認真地聽著，還問：「藥為什麼是黑色的？為什麼不能裝在小瓶子裡用吸管喝？」我都一一耐心解答。後來他說：「那我喝一口吧！」我大喜過望，趕快盛了一大芍藥餵到他嘴裡，雖然還是齜牙咧嘴的，但這藥總算是咽下去了！兒子提出一個附加條件：能不能喝一口藥，吃一口白糖。我也同意了。

我的道理算是徹底講通了。以後兒子基本上都大口大口吃藥，還告訴我說：「藥喝到嘴裡，臉上的溼疹就全部被趕跑了……」

雖然與孩子講道理有些費力，但會讓孩子銘記事理，受益終身。正如文中的孩子一樣，在他知道藥能治病的道理後，今後再生病，不管多苦多難受的藥，他都會心甘情願地吃下去。

當然了，在實際操作中，父母可以採取多種形式跟孩子講道理。比如就眼前發生的事情進行說理；比如由某一句話聯想到更多的事理；比如就生活的微小細節開導啟發……孩子都有純真的天性，如果用講童話的形式對孩子進行品格塑造，也許還會收到意想不到的效果。一篇美妙的童話的作用，遠遠勝過長篇大論的道理。童話是鮮活的、靈動的、繪聲繪色的，童話中的事物都是有生命、有感情、活靈活現的，他們的故事貼近孩子的生活，他們的行為貼近孩子的感受，孩子很容易認同這些角色。同時，因為他們是童話裡的主角，孩子也會在心理上跟他們拉開一定的距離，用更加客觀的眼光看待事物。用童話來講道理，孩子不會覺得父母是在直接評判他，從而更容易接受。

跟孩子說理不僅需要有耐心，還應結合孩子的心理特徵，選擇恰當的方法和技巧。

第一，要充分肯定孩子的長處。古語云：「數子十過，不如獎子一長。」跟孩子講道理，應充分肯定孩子的長處，對孩子的進步給予及時的表揚和鼓勵，在此基礎上再對孩子的過錯予以糾正，這樣孩子就容易接受

大人的意見。如果一味地數落孩子，責怪孩子這也不是那也不對，只會讓孩子產生自卑心理和叛逆心理。

第二，所講的道理要「合理」。跟孩子講的道理應合情合理，不能信口胡說，也不能苛求孩子。因為家長信口胡說，孩子是不會服氣的，大人的要求過分苛刻，孩子是辦不到的。

第三，要給孩子申辯的機會。跟孩子說理時，孩子可能會對自己的言行進行辯解，家長應給予孩子申辯的機會。應該明白，申辯並非強詞奪理，而是讓孩子把事情講清楚講明白，給孩子申辯的機會，孩子才會更加理解你所講的道理，使教育收到良好的效果。

第四，要了解孩子的情緒狀況。孩子和家長一樣，情緒好時比較容易接受不同的意見，不高興時則容易偏激，因而跟孩子講理，要充分了解孩子的情緒狀況，在其情緒較好時，對其進行教育，若在孩子情緒低落時跟他說理，是不會奏效的。

跟孩子說理最重要的原則是，父母要以身作則，首先做一個講道理、明是非的人。如果父母在所有事情上都認為自己是對的，那麼對孩子的教育就難有成效，相反，父母的這種強權優勢必定會影響到孩子，孩子也就會出現越來越不講道理的傾向——

在學校，所有認識任林小朋友的同學無不說他是個霸道的人，在與同學玩耍過程中，他要求同伴什麼都必須聽他的，稍有不順，他就會生氣甚至打罵。新學期開學時，班導到任林家裡家訪，剛進門，就聽到任林的父親在訓斥孩子，語氣十分嚴厲，還經常冒出「必須」「一定」「絕對不行」等強硬的詞，而任林也一點不謙讓，竟與父親大吵，絲毫沒有示弱的趨勢。這讓班導十分震驚，他終於明白了，任林霸道的性格與他父親的家教方式有著直接的關係，正是父親不講理、對孩子使用「鐵血」政策，孩子在有意無意間受到了薰陶，從而複製了一個父親。

跟孩子講道理，孩子就會成為一個明事理的人。

在孩子面前保持溫和

孩子的人生觀、智力、性格等因素的形成與發展受多方面的影響，包括父母的影響，周圍夥伴的影響，接觸人群的影響，其中影響最大的是父母。

美國記者安尼・羅克就明確指出，教好孩子的關鍵是父母的態度，而不是孩子的聰敏。父母的態度正確與否對能否教育好孩子起著關鍵性作用。香港大學一位心理學博士針對家長堅持的「孩子教不好是孩子有問題」的觀點進行實驗，結果發現，「問題孩子」有問題的罪魁禍首是父母在對待孩子的態度上出現了問題。

父母對孩子的態度非常重要，在父母的影響下孩子建立起自己對生活的看法，父母對孩子的態度影響孩子智力和能力的發展，父母對孩子的態度還影響孩子的行為和道德發展。總之，父母給孩子的成長提供大量的實踐資訊，孩子的各種行為都受父母態度的影響和強化。

華盛頓是美國第一位總統。他從懂事起，就很崇拜英雄人物。當他看到哥哥穿著軍裝上前線打仗，羨慕極了。一天吃過晚飯，他忽然想到了一個什麼問題，急忙跑去問父親：「爸爸，我長大了也要像哥哥那樣，當一個勇敢的軍人，好嗎？」「好極了，親愛的孩子！」父親高興地回答，「可是，你知道什麼樣的孩子才能成為勇敢的軍人嗎？」父親反問道。「嗯——」華盛頓想了想，回答說：「誠實的孩子才能成為一個勇敢的軍人，是這樣的嗎？」「就是的。只有誠實，大家才能團結，團結才能戰勝敵人，成為勇敢的軍人。」

父親不光言傳，還很注重身教。在父親的農場裡，有一棵小櫻桃樹，那是父親為紀念華盛頓的出生而栽種的。華盛頓一天天長大，小櫻桃樹也一年年長高。華盛頓對做一名威武的軍人十分心切，有一次，他打算做一把小木槍，把自己武裝起來。他本想讓父親幫幫忙，可看到父親整天忙於自己的工作，沒有時間，於是決定自己動手。華盛頓拿起鋸子、斧子，找了一棵容易砍倒的小樹，把它鋸倒了。哪知道這棵樹，正是父親最心愛的

那棵櫻桃樹。這下可闖了大禍。

父親回來後，知道了這件事，大發脾氣，質問是誰做的。華盛頓躲在屋子裡，非常害怕。他想了想，還是勇敢地出來，走到父親面前，帶著慚愧的神色說：「爸爸，是我做的。」「小傢伙，你把我喜愛的櫻桃樹砍倒了，你不知道我會揍你嗎？」

華盛頓見父親氣未消，回答說：「爸爸，您不是說，要想當一個軍人，首先就得有誠實的品格嗎？我剛才告訴您的是一個事實呀！我沒有撒謊。」

聽兒子這麼一說，父親很有感觸。他意識到孩子身上的優良品格，要比自己心愛的櫻桃樹還要珍貴。他一把抱住華盛頓，說：「爸爸原諒你，孩子。承認錯誤是英雄行為，要比一千棵櫻桃樹還有價值。」

正是華盛頓父親的開明態度，影響和形成了華盛頓的優良品格，這些品格在他開創偉大事業的進程中起到了不可估量的作用，為他創造出了一個又一個奇蹟，並最終為他贏得了美國人民乃至全世界人民的尊敬。

很多事例表明，父母對孩子的態度與孩子性格等因素的形成有著千絲萬縷的連繫。如果父母對孩子忽冷忽熱，捉摸不定，反覆無常，孩子性格大多數表現為情緒不穩定，多疑多慮，缺乏判斷力；如果父母對孩子過分嚴厲，孩子的表現或逃避、或反抗、或膽怯、或殘暴，有的甚至會形成當面一套、背後一套的壞習氣；如果父母對孩子過分照顧、保護，不放手讓孩子自己活動、自己做事，孩子的性格多半是消極的，依賴性強，沒有責任感，沒有忍耐力，不適應集體生活，遇事優柔寡斷；如果父母對孩子過分溺愛，孩子就會表現為撒嬌放肆，神經質，以自我為中心，缺乏責任心，沒有耐性；如果父母對孩子冷淡，置之不理，孩子長大多數都願意尋求他人的愛護，力圖招惹別人對自己的注意，有的好攻擊挖苦別人，也有的表現為性格冷漠，與世無爭；如果父母對孩子採取愛而不嬌，嚴格而又民主的態度，孩子性格大多數表現為親切、直爽、活潑、端莊、獨立、合作、有活動能力，善於和大家共事。

由此可見，父母應該注意自己日常生活中的不良情緒對孩子的影響，無論在什麼時候，無論發生了什麼事，永遠記住，不要在孩子面前表現出消極的情緒，那樣會使孩子處於一種不和諧的家庭環境中，從而在情緒上也跟著產生消極的變化。相反，父母應該用溫和的態度對待孩子，因為溫和的態度有利於孩子的健康成長。

　　也許，對父母來說，在短時間內保持對孩子的溫和態度並不難，難就難在堅持，難就難在日復一日對孩子保持溫和，但只要真正為孩子的健康成長著想，相信每一位父母都能夠做到。

和孩子分享喜怒哀樂

　　「一份快樂與人分享，就會變成兩份快樂；一份痛苦兩人分擔，痛苦就只有原來的一半。」父母要學會與孩子一起分享喜怒哀樂，在分享的過程中，父母與孩子的關係才會越來越親密，心與心才會貼得更緊。

　　每個人都有與別人分享情感的需求，而孩子在這方面的需要尤其強烈。父母要特別關注孩子的心理需求，無論多忙，都應抽空與孩子交流，分享他們的喜怒哀樂，與孩子一起笑、一起悲，成為孩子的知己，這是父母教育孩子的最高境界。其實，家庭教育的過程就是父母與孩子互相融合的過程，與孩子一起分享喜怒哀樂，意味著父母更多的是展示，而不是灌輸；是引領，而不是強制；是平等的給予，而不是居高臨下的施捨。如果因為忙而忽略了與孩子分享情感的需求，也就等於剝奪了孩子健康成長的養料，阻礙了孩子全面發展的進程，還會給孩子造成性格和心理的缺陷，這樣的父母不管有什麼樣的理由，都是不稱職的。

　　有位家長是長途運輸司機，經常出差在外，他對所有人都十分豪爽，唯獨對自己的孩子深感內疚，他感嘆，儘管給予了孩子豐足的物質生活與優越的家庭環境，卻很少有機會與孩子分享喜怒哀樂。比起這位家長，很多父母要幸運得多，他們有足夠的時間在家裡陪伴孩子，可是，他們卻不

懂得感受孩子的心理感受。孩子背著沉重的書包回家，迎接他們的常常是苦心的說教，然後在嚴厲督促下埋頭寫作業。孩子的情感得不到理解、支持和疏導，會感到壓抑，容易造成自信力下降，變得沉默內向，甚至會產生叛逆心理。孩子身為一個獨立的人，有著自己的喜怒哀樂，身為父母，應該允許孩子自由地表現他們的喜怒哀樂，還應該與他們一起分享各自的喜怒哀樂。

讓我們就以下的場景做比較：

場景一：

孩子在學校和同學鬧了彆扭，心裡正煩亂著，回到家後沉默不語。

家長 A：「到底發生什麼事了？你快說呀！」

家長 B：「你不想說一定是有原因的，沒關係，你什麼時候願意告訴我了，我都會為你分擔的。」

場景二：

孩子考出了好成績，心裡很高興。

家長 A：「就這樣的成績把你美的，快複習去，下次考個全班前五名。」

家長 B：「你真棒，有進步！」

場景三：

孩子抱怨說：「今天作業真多，難道老師要累死我不成！」

家長 A：「這點作業算什麼？你太懶了！」

家長 B：「是嗎？你大概多長時間可以完成呢？你能不能一邊洗澡一邊思考作業怎麼寫，這樣也許可以做得快一點。」

家庭應是充滿理解信任、能夠讓孩子身心輕鬆的場所。父母是孩子的第一任教師，這樣孩子才會覺得家長是可信賴的朋友，樂於和家長交流商討，從而有利於孩子的開朗、坦誠、堅韌等良好心理素養的形成。家長 A 總以大人自居，一點都不懂得體諒孩子的心情，而家長 B 則十分開明，

時常站在孩子的角度為孩子思考問題，懂得與孩子一起分享喜怒哀樂。身為父母，更應學習家長 B，懂得在孩子的生活中設置快樂元素，因為與人分享快樂就是給予別人的一種愛，反之，如果快樂沒有人分享就是一種懲罰。分享快樂還包含欣賞別人的含義，欣賞別人其實就是真誠地去分享對方的閃光之處。有人說，我們不見得都喜歡我們所賞識的人，但一定喜歡賞識我們的人。人同此心，心同此理。父母與孩子分享快樂，孩子就一定會更親近父母。

　　父母和孩子分享喜怒哀樂，對孩子來說，孩子會感覺到父母對自己的愛，也會感受到父母對自己的尊重。這樣，孩子不但滿足了與人分享的心理需求，而且知道了自己在父母心目中的重要位置，就會更懂得珍惜父母對自己的愛，同時會對父母的教育和引導產生積極情緒。父母和孩子分享喜怒哀樂，對父母而言，因為和孩子分享了一切，對孩子有了更多的了解、更全面的認識，從而更有效地實行因材施教，也就不會輕易地對孩子進行批評與指責，或武斷地下結論。因此，父母和孩子一起分享喜怒哀樂，無論是對於孩子還是父母，都是非常有益和重要的。孩子在分享後對父母更加敬重，父母在分享後學會了對孩子理解和寬容。有了分享，孩子的缺點與問題父母可以及時地發現，並根據情況進行有效地引導、解決；有了分享，孩子對父母的牴觸情緒減少了，叛逆心理沒有了，更容易接受父母的教育。

　　在孩子眼中，這個世界是如此新穎、神奇，而對於大人來說，這個世界也許更多的是飲食男女名利的機械重複。和孩子們在一起，父母還應做好「預習」，那就是要不斷擦亮自己日漸渾濁的眼睛、裝修自己日益倦怠的靈魂。

　　父母們，和孩子一起分享喜怒哀樂，陪伴孩子健康、快樂地成長吧！

第三章
責備孩子有技巧

太嚴厲不利於孩子成長

心理學實踐證明，存在心理問題的孩子，大多是因為父母採取了「單向教育」的方式。他們在教育孩子的時候，擁有著絕對的權威，遵從嚴厲的原則，認為如果態度太過溫和則達不到教育的目的。家長的出發點是好的，但卻惡化了親子關係，還讓孩子喪失了安全感和歸屬感，從而影響孩子的身心健康和個性的健全發展。

很多事例表明，嚴厲、粗暴的教育方法，不但達不到父母的教育目的，而且會使孩子形成孤僻、膽怯、仇視、攻擊等心理問題，而這些往往會成為孩子日後不良行為、甚至走上犯罪道路的根源。

一、嚴厲會讓孩子變得懦弱

自從小玉懂事起，她就不敢到集體場所玩耍，也不願與其他小朋友來往。家中父母的好友來訪，她也躲開不肯相見，常常獨自與玩具為伴。

到了上幼稚園的年齡，小玉說什麼也不肯去，在去的路上常常大哭大鬧，到幼稚園後則一人躲在角落裡，不參加集體遊戲，生活也顯得被動。

上小學後，小玉與老師、同學接觸顯得緊張、不自然，甚至感到很彆扭。她不敢和陌生人說話，不敢和別人目光對視，更不能在他人的注視下念書，甚至不敢獨自在公共廁所小便。

小玉的父母很著急，帶著她去找心理醫生，醫生詢問他們在家是如何教育孩子的，他們和盤托出，坦承從小就對小玉嚴厲管教，他們尊奉「打是親罵是愛，不打不罵是禍害」、「樹不修不成料，兒不打不成才」的教子原則。醫生聽後頻頻搖頭，指出小玉的病症就出在父母嚴厲的家教上。

小玉的膽小怕事，是一種實實在在的社交恐懼症。究其根源，是父母對孩子宣洩不良情緒、粗暴干涉孩子心靈自由發展的後果。孩子心靈的健康成長需要五大自由：看、聽、感受、幻想以及情緒的釋放，但許多父母總喜歡用自己的判斷去取代孩子的判斷，不給孩子們思考和決定的自由，

也不允許孩子表達自然的情緒。被管得太多太嚴了，孩子的心理防禦系統開始啟動，他們覺得自己總是犯錯、不如別人，慢慢變得自卑、怯於嘗試，進而脫離社會生活，形成社交恐懼。

二、嚴厲會導致孩子出現強迫症

這天，某青少年研究會諮商心理師接待了一位高中生的來訪，她訴苦道，自己洗一次手就要花兩個小時；拒絕吃被人摸過有「細菌」的東西；現今體重 35 公斤，可還嫌自己胖……心理師說，這是典型的強迫症狀。「父親對我的期望很高，他希望自己的女兒比任何人都強。」這位高中生說，從她小時候開始，父親對她的課業、生活都要求得十分完美。有一次，她考了班裡第一名，但父親責怪她為什麼和第二名沒有拉開太大的距離。因為頂嘴，脾氣暴躁的父親動手打了她。在這樣的環境中，她逐漸地順從了父親的意思去努力念書，達到父親期望的高度，同時按照父親的標準來要求自己。

有些父母對孩子的希望值很高，實施了嚴格的家教，在家庭環境的影響下，這些孩子也對自己有著較高的要求。問題是，孩子一旦經歷了某些挫折，就容易出現無法接受事實的心態，從而逐漸出現了強迫思考等症狀。專家建議：在生活中，父母應多給孩子一些鼓勵，教育孩子要有戰勝自我的信心，而不要因為孩子們達不到父母的高要求總是打擊他們。

三、嚴厲會導致孩子產生厭世情緒

小柯的成績經常名列班級前茅，各種競賽也經常拿獎，可近半個月來，她舉止異常，上課心不在焉，說話時更是語無倫次。有一天，他竟然對老師說：「活著真沒意思。」老師家訪後發現，由於小柯父母家教太嚴，對孩子總是採取否定式的教育方式，小柯已經憋出病了。

小柯的家長望子成龍心切，期望值過高，要求過嚴，違背了孩子自身

的發展規律，導致小柯對生活感到失望，更對人生產生了厭惡，才最終萌生了「死」的念頭。由此來看，要使教育獲得成功，就要全面了解孩子身心發展的實際水準，遵循孩子生理和心理的發展規律。

無可置疑，父母對孩子從嚴是對的，但應該嚴而有愛、嚴而有方、嚴而有度。

父母對孩子的愛，要體現於嚴而有愛之中。「愛」與「嚴」是辯證的統一。著名的蘇聯教育實踐活動家、教育理論家馬卡連柯說過：「我的基本原則永遠是盡量多地要求一個人，也要盡可能地尊重一個人。實在說，在我們的辯證法裡，這兩者是一個東西：對我們所不尊重的人，不可能提出更多的要求。當我們對一個人提出很多要求的時候，在這種要求裡也就包含著我們對這個人的尊重，正因為我們向他提出了要求，正因為他完成了我們的要求，所以我們才尊重他。」

父母對孩子的愛，要體現於嚴而有方之中。嚴而有方，就是要講究方式方法。方法是達到目的的手段，是過河的橋梁。不講究方式方法，往往事與願違，造成家庭關係緊張，甚至惡化。

父母對孩子的愛，要體現於嚴而有度之中。嚴而有度，就是說要嚴得適度。過與不及都會造成不良後果，要求太高，力所不及，無濟於事，等於沒有要求。

停止對孩子的嘮叨

沒有人願意沒完沒了、反反覆覆地聽同樣的話。父母對孩子的教育，不能老調重彈，嘮嘮叨叨只會令孩子心煩，結果無論說些什麼，孩子都聽不進去。據一份心理學調查報告指出，一個人長期重複聽同樣的聲音會產生一種心理的不在乎，甚至產生強烈的反叛心理。

一位母親經常「偷襲」孩子的房間，檢查孩子是否在認真做作業。如果發現孩子做別的事情或做作業注意力不集中，會經常說同一句話：「做

作業累著了，在休息啊？」

有一次，母親又走進了孩子的房間，孩子正在疊紙鶴。母親生怕她貪玩誤了作業，就說了一句「怎麼還在玩啊？」孩子突然開始著急，說「你們就知道冤枉我，我的作業早已完成，疊紙鶴也是老師安排的作業，難道不對嗎？」看著孩子很委屈的樣子，母親的聲音馬上降低了半調，給孩子陪一笑臉，並說怕她完不成作業，去學校沒有辦法交差。孩子說：「我現在已經懂得如何完成作業了，請不要把我當作一個不懂事的孩子了，不要老是囉囉嗦嗦。」母親這時才明白過來，身為一名家長，她對於成龍成鳳的心理太苛刻了，總害怕孩子不好好做作業，不合理分配時間，影響了課業，卻忘記了身為一名家長，更應該懂得如何理解、信任孩子。

從這個事例可以得知，「家長意識」有時候是一種「長官意志」，給孩子的是一種無形的壓力。其實，父母應該大膽放手讓孩子自己支配時間、做事情，在這個過程中，孩子需要的不是父母的嘮叨，而是父母的指導。指導是親切的，是言簡意賅的，指導的結果是孩子情緒穩定，心情愉快；而嘮叨則往往會有責怪、警告的成分。嘮叨的結果會形成孩子行為惰性，使孩子厭倦、反感、苦悶。

有父母抱怨：「孩子就是不聽話，我都說過起碼不下十遍了，可他就是聽不進去，依然我行我素。」有什麼事值得嘮叨「不下十遍」，同一句話在孩子耳邊繞來繞去，孩子哪有不煩的呢。這時孩子不聽話，往往是因為叛逆心理在作怪。

有什麼方法可以幫助家長們避免對孩子無謂的嘮叨呢？

第一，學會等待。一些家長有這樣一種心理，自己說一句話，希望孩子馬上就言聽計從；自己提出一個目標，希望孩子一下子就能達到。可是我們不要忘了，孩子就是孩子，他的心智和能力並沒有發展到那麼成熟的地步，一些事情他可能還沒有理解；一些事情他可能還不知道怎麼去做；一些事情他可能還會常常出錯。因此，做家長的必須要學會等待，要克制住自己的急躁情緒，給孩子一定的時間去轉變，允許孩子有所反覆。孩子

的成長是需要一個過程的，不管是生活自理能力的提高，良好習慣的養成，還是文化知識的累積，都需要時間的歷練，而且這個時間不會因為有家長的嘮叨就會縮短。

第二，只說一遍。家長如果想讓孩子做什麼事，應該選擇恰當的時機，然後和孩子面對面坐下來，嚴肅認真地與孩子談。家長可以明白地告訴孩子，「你聽好了，這些話只說一遍」，在對孩子說的時候，一定要突出重點，挑選有分量的話說，不要對孩子反反覆覆地嘮叨個沒完。如果你沒有把握，可以再解釋一下其中的要點。即使是在糾正孩子的錯誤時，家長也不要喋喋不休地數落和教訓孩子，凡事點到為止，只要孩子能夠認錯並願意改正就可以了，要知道，嘮叨在大多數時候是不動聽的，說多了反而引起不好的效果。

第三，就事論事。是孩子就都會犯錯，當孩子犯錯誤時，有的家長總喜歡翻孩子舊帳，把孩子的種種「惡行」全部數落一遍，越說越來氣，越來氣就會說得越多。其實，孩子在生活中犯一些錯是正常的，孩子就是在不斷改正錯誤的過程中成長的。對於孩子犯的錯誤，家長應該就事論事，聯想太豐富了只能讓孩子覺得你太煩人、太嘮叨。

第四，抓大放小。孩子在成長的過程中會有許多事情需要大人操心，但有些事情是無關緊要的，有些事情也許並沒有成人想像的那麼嚴重。家長教育孩子時可以讓自己放鬆一點，對於孩子生活中的一些瑣碎小事，放手讓他自己去做，如果總是一而再、再而三地去提醒，孩子當然會嫌你嘮叨。家長應該學會把最主要的精力放在重要的事情上，照顧孩子最核心的需求，比如孩子的人生態度、價值觀、未來志向、念書習慣、念書方法等等，這樣一來，不但家長自己輕鬆了許多，孩子當然與你更親近，也會更聽你的話。

儘管嘮叨包含了很多的關懷與呵護，但也意味著不放心與不信任。父母對孩子的教育，應該是點到為止，當孩子隨著歲月漸漸長大，有了更強的自理能力，家長們還是盡量減少一些命令式的口吻吧！

責備孩子堅持對事不對人原則

孩子犯了錯誤，特別是有不良的行為習慣及舉動有違道德時，給予孩子適當的提醒和警戒當作補充，讓孩子明辨是非是非常必要的。但父母應該就事論事，什麼問題就談什麼問題，乾淨俐落。切勿借題發揮、節外生枝，更不能針對孩子進行人身損毀。

美國心理學教授金納認為家長想要妥善處理好家庭關係，首先要尊重孩子，孩子的自尊心是非常可貴的，也是非常脆弱的，它就像一張白紙，一旦被捅破了，孩子就會「破罐子破摔」。金納首先強調一個基本原則，就是「對事不對人」。這就是說，當孩子惹了麻煩時，父母應針對情景展開話題而不要評斷孩子的人品和人格。

批評、懲罰與表揚一樣都是教育的行為原則，所以教育者在操作批評、懲罰時，一定要做到對事不對人，即只能針對孩子的行為提出批評，絕對不能錯位，也就是不能對人不對事，否則，孩子就會失去羞恥心、榮譽感和進取精神。但在現實中，很多家長在獎勵孩子時，過多地關注於他所做的事；而在懲罰時，又過多地關注於犯錯誤的人。

對事不對人的原則是人本主義教育思想的體現，是後現代敘事理念「將人與問題分離」的運用。那麼，在批評孩子時，如何才能做到對事不對人呢？首先，從大的方面說，家長要想在批評中真正做到對事不對人，保持平靜而和諧的心態是關鍵中的關鍵，如果發現自己面對孩子的心態出現了比較嚴重的問題則應立即停止對孩子的批評，不然批評就很容易變成「體罰」或「心罰」，變成一種直接指向孩子的身體攻擊或語言攻擊行為，其對孩子脆弱心靈的傷害之深有時是無法預料的。接著，從操作細節上來說，父母不要一開始就指出孩子的錯誤，並要求其改正，這樣做相當於打了孩子一個耳光，然後叫其「滾」，會讓孩子對父母產生強烈反感。要批評別人，就得想辦法消除對方的防衛心理，讓對方能夠聽進去。所以，在開始批評之前，首先應該表揚孩子，把孩子優秀的一面全部說出來，對他這個人進行肯定，當發現孩子被正面情緒圍繞的時候，父母批評的時機就

成熟了。批評的時候，只對事情進行評價，說事的時候也需要注意，千萬別讓自己帶著負面情緒，不然就功虧一簣。應該心平氣和地、面帶微笑地陳述事情，讓孩子知道自己所造成的危害，並且給孩子機會說出犯錯誤的原因，這時孩子才會客觀、公正地看待自己。當孩子承認了自己的錯誤之後，父母應該告知如何改正這個錯誤，以後如何防止發生。這樣，孩子不但不會對父母產生負面情緒，還會把父母當成好朋友。

比如，孩子做錯了一道題目，正確的批評是：「這道題你好像做錯了，做作業要認真、仔細，知道嗎？」而錯誤的批評是：「你這個笨蛋！連這麼簡單的題目都做錯。」這種批評就是對人不對事，是錯位的批評，把批評變成了指責，變成了人身攻擊，使孩子產生負罪感，降低了孩子的自尊和自我評價能力。而更好的批評方式則為：「孩子，我發現你做作業的速度比原來快了，這很好，但是出現了一些錯誤，如果你下次做作業時不再出現錯題，再認真、仔細一點就更好了。」哪怕孩子作業沒有以前做得快，你也這麼說。這樣的批評就具有建設性，孩子下次做作業不但快而且會認真、仔細，並且這種批評孩子樂於接受。雖說良藥苦口利於病，但我們為什麼不能在苦藥的外面包一層糖衣呢？雖說忠言逆耳利於行，但我們為什麼不能順著孩子的耳朵以滿足其內心深處的精神需求呢？只有做到了這一切，父母的教育才能更好地完成對孩子生命的開拓。

著名教育家陶行知先生有一個教育學生的故事一定會對父母有所幫助、啟發和借鑑。

陶行知先生某天看到一名男生正想用磚頭砸同學，將其制止後，責令其到辦公室。陶先生則留下來，簡單地了解了情況後回到辦公室，發現那名男生正在等他，便掏出一顆糖遞給他：「這是獎勵你的，因為你比我準時。」接著又掏出一顆糖：「這也是獎勵你的，我不讓你打人，你立刻就住手了，說明你很尊重我。」該男生將信將疑地接過糖，陶先生又掏出一顆糖給他：「據了解，你打同學是因為他欺負女生，這說明你有正義感。」這時那名男生哭了：「校長，我錯了。同學再不對，我也不能採取這種方式。」陶先生又掏出第四顆糖：「你已經認錯，再獎勵你一顆。我的糖分完

了，我們的談話結束了。」

陶行知先生對「打架事件」的處理，完全打破了很多人教育孩子的常規模式，不是採取訓誡的方式，而是針對事件評議事件，不對孩子進行任何道德或品格上的指責，在肯定孩子優點的輕鬆氣氛中深刻認識到了自己的錯誤。

孩子在成長過程中難免會犯錯、做出有違父母意願的事情，父母在處理這些「問題孩子」時，應設身處地地替他們著想，就事論事，善於發現與表揚孩子的優點，而不要對孩子自身進行指責。

批評懲罰有分寸

沒有批評和懲罰的教育是不完整的教育，是脆弱的教育，但批評和懲罰又是一把雙刃劍，一不小心就會傷及孩子。因此，父母在對孩子進行教育時，必須因人而異、掌握好其中的分寸。

教育的核心是喚醒。在批評、懲罰孩子時，最重要的是要喚醒孩子的自尊、自信、自愛及自強與自制，即要喚醒孩子的人格心靈和自我意識，變教育為孩子的自我教育，否則，父母的批評和懲罰就不會起到應有的作用。

要做到這一切，父母在批評、懲罰孩子時，最重要的原則就是要控制情緒，冷靜、理性地處理問題。無論孩子犯的過失是大還是小，身為父母，都應該努力以心平氣和的心境來對待。暴怒會傷害孩子，會掩蓋過失的本質，讓孩子錯失了體驗過失的心境而一錯再錯。是的，父母有權批評、懲罰孩子，但沒有權利對孩子發脾氣，並且父母的憤怒會在孩子心靈中播下恐懼的種子。批評、懲罰孩子要站在關心愛護孩子的角度，以解決問題，幫助其成長為出發點。父母如果生氣、憤怒，批評往往就會變成訓斥，孩子往往不願接受訓斥，就有可能強詞奪理，產生頂牛現象。這樣的批評教育就容易演變成以強制性的體罰而告終。如果父母實在控制不住情

緒，就應採取緩和的策略，讓自己單獨呆一會，等消極的情緒消失後，再對孩子進行教育。

除了掌握好自己的情緒外，父母還應了解孩子的心理特徵。孩子雖小，但也像大人一樣，有著強烈的自尊心。在批評、懲罰的同時，如果父母能夠給孩子留一些面子，孩子不但認錯深刻，還會對家長投以感激的目光。

陶行知任育才學校校長時，在一次數學測驗中，一位同學在一道題中少寫了一個小數點，被扣了 2 分，結果不及格，才得了 58 分。試卷發下來後，這位同學又把這個小數點偷偷地加上了，然後找到陶行知，裝著一副無辜的樣子說：「陶校長，您改錯了，我這裡明明是有一點的，您可能沒看清楚，我正好及格。」陶行知拿過試卷一看，從墨蹟上判斷，這個點是這位同學自己後來加上去的，但他並沒有挑明，而是大筆一揮，2 分加上，滿足了這位同學的願望。不過，他在那小數點上用紅筆劃了一個圈。這位同學立刻就臉紅了，她明白了校長的意圖，慚愧不已，後來她回憶說：「那件事過後，我才知道勤奮和誠實的重要，才真正用功念書，才下決心要做個誠實的人。」

陶行知採用了「點到為止」的處理方法給足了孩子面子，面子其實就是自尊心，是一個人上進的潛在動力。教育者要保護孩子脆弱的心靈，就要給足孩子面子，不要說傷害孩子情感和自尊心的話，更不宜當眾批評孩子或打罵孩子。

在對孩子進行批評、懲罰時，父母還應注意運用以下一些細節：

第一，趁熱打鐵法。孩子的時間觀念比較差，又天性好玩，注意力易分散，剛犯的錯誤轉眼就忘了。因此，父母批評孩子要趁熱打鐵，不能拖拉，否則，就起不到應有的教育作用。

第二，低聲冷淡法。父母應以低於平常說話的聲音批評孩子，「低而有力」的聲音，會引起孩子的注意，也容易使孩子注意傾聽你說的話，這種低聲的「冷處理」，往往比大聲訓斥的效果要好。

第三，沉默不言法。孩子一旦做錯了事，總擔心父母會責備他，如果正如他所想的，孩子反而會有一種「如釋重負」的感覺，對批評和自己所犯的過錯也就不以為然了。相反，如果父母保持沉默，孩子的心理反而會緊張，會感到「不自在」，進而反省自己的錯誤。

第四，換位思考法。當孩子惹了麻煩遭到父母的責罵時，往往會把責任推到他人身上，此時回敬他一句「如果你是那個人，你會怎麼解釋？」就會使孩子思考：如果自己是別人，該說些什麼？這種換位思考法，會使孩子發現自己也有過錯，並會促使他反省自己，認識到把責任嫁禍給他人是錯誤的。

第五，聲東擊西法。著名教育家魏書生在他的報告中談到，他的學生犯了錯誤只受三種懲罰：唱一支歌；做一件好事；寫一份「說明書」。唱歌，可以陶其情；做好事，可以促其行；寫「說明書」，可以練其功。魏老師對犯錯誤學生的這些「處罰」方法，可謂獨闢蹊徑，不但收到了預期想要的效果，而且讓孩子在無形中獲得意外的、滿滿的收益。

做什麼事都要有度，不然就會過猶不及。父母在對孩子進行批評、懲罰前，要意識到自己的一言一行對孩子有潛移默化的影響，要注意自己的言語、行為是否恰當，是否可以讓孩子接受，批評、懲罰不一定非要疾風驟雨，試試利用幽默的語風，或是採取溫和的手段，也許會收到意想不到的驚喜。

別把餐桌變成教訓桌

小學生張倍源的家就在學校附近。以前，每到中午他總準時回家吃飯、休息，下午上課前再到校。近來，班導發現張倍源中午時分總是趴在教室睡覺。經詢問，班導才知道了真相。張倍源的媽媽近來改上晚班，中午在家吃飯。一家人在一起吃飯，這本該是件好事。可張倍源不這麼想，「吃午飯時，媽媽會仔細打聽我的課業、考試情況，有一點不如意，媽媽

就會『老帳新帳一起算』，把我教訓一頓。」張倍源說，回家吃午飯成了比考試還可怕的一件事。「我跟媽媽撒謊說，最近中午要補習，所以中午就在學校吃飯。我說不要她送飯，她就每天給我午飯錢。」張倍源說，每天中午放學後，她都會背著書包到校外晃一圈，有想吃的零食就買一些，不想吃就乾脆餓著。

看，孩子為了不在餐桌上挨罵，寧願餓肚子，這實在是父母的失職。父母在餐桌上跟孩子進行交流，說些有趣的事本是件好事，但如果把餐桌變成聲討孩子的「審問臺」，食物再美味，孩子也會食不甘味啊！

很多父母誤認為一邊吃飯一邊教育孩子是一舉兩得的好時機。於是一到吃飯的時候，父母就開始問孩子的功課，查孩子的成績，講孩子的過錯，接著就開始教訓孩子，常常弄得孩子愁眉苦臉、哭哭啼啼，使飯局籠罩在一種不愉快和緊張的氣氛之中。殊不知，這種「餐桌教育」害處實在不少：既影響孩子食欲，又會使孩子情緒低落，更嚴重的還有可能會使孩子產生心理問題。

由此可見，教育孩子一定要注意場合、選擇時機，切莫在餐桌上對孩子進行指責，即使實在需要指責一番，也必須注意分寸，切不可一味地質問追詢，提要求、下命令，更不可不容孩子分辯，話不投機，就吹鬍子瞪眼睛，以至摔碗筷拍桌子。

父母在與孩子就餐時要謹防三個「不要」：一不要恐嚇。比如孩子不願吃飯，有些父母心情急躁，大聲呵斥，這會讓孩子感到十分緊張，更抑制食欲，即使孩子勉強吃完，也因心情不好而影響消化。孩子不願吃飯原因有多種，或是吃零食多了，或玩得過於興奮了，如只是偶爾發生，父母最好予以寬容，並對他說明錯處。如果是常發生，則需從根本上調整孩子的生活規律，不能簡單斥責了事；二不要憶苦。有些父母喜歡在餐桌上憶苦──不停地陳述自己當年生活的環境是多麼多麼的艱苦，以此教育孩子要珍惜當前的美好生活。如此憶苦教育方式，尤以一些年邁長輩所常用，但是少年不知愁滋味，父母重複多了，孩子會不以為然，反會增強內心的叛逆和牴觸；三不要揭短。餐桌上，有的父母視之為教育孩子的好時機，

常指責孩子這不對那不對，或翻舊帳狠訓一頓，高談闊論，大講道理。

有個教育家曾經說過，好孩子是誇出來的。每個孩子都希望聽到父母的讚揚而不是整天的批評訓斥。其實，在每天吃飯的時候，一家人應該在輕鬆自然的氣氛中，各人談各人的趣事。父母是孩子最好的老師，餐桌可以當課堂，但講述的內容要盡量多一些親情的教育與交流，父母宜講點有益的文化知識和鼓勵孩子向上的好人好事等。孩子在沒有壓力的情況下，往往會把學校裡的事情、自己的課業情況講給父母聽。父母可以根據孩子所講的內容，好的加以表揚，不足的加以引導。

英國家庭素有「把餐桌當成課堂」的傳統：從孩子上餐桌的第一天起，父母就開始對其進行有形或無形的「進餐教育」。這一點很重要，目的是幫助孩子養成良好的用餐習慣。具備種種值得稱道的素養或性格。

同樣，我們的父母也可以從以下幾方面對孩子進行「進餐教育」：

第一，介紹相關的飲食常識。餐桌上聊飲食，不僅增進食欲，還可擴大孩子的知識面，使孩子更容易接受相關知識的灌輸。可談的內容很廣泛，如膳食要平衡，營養要全面，應保持合理的比例；不吃過熱、過硬、難消化或刺激性強的食物；不反覆食用單一食物；不吃腐壞變質的食物等。真正讓孩子吃出健康，吃出學問，吃出樂趣。

第二，鼓勵孩子自己進食。孩子到了一定年齡，就會開始喜歡獨立用餐具吃飯，這象徵著他對「人格獨立」的嚮往，父母應給予充分的鼓勵和支持。

第三，鼓勵孩子全面攝取營養。從小教育孩子不要挑食、偏食，否則會影響他們對營養的全面攝入和吸收，一味地遷就孩子任性的飲食喜好，還會致使他養成自私、缺乏自制力等缺點。

第四，教育孩子養成節約的習慣。讓孩子知道飯菜來之不易，應該節約糧食，如酌量添飯，食物不要咬了一口就扔掉等。

第五，教育孩子得體的用餐禮儀。飯前飯後讓孩子幫忙做點力所能及的家事，如在餐前餐後幫忙收拾餐具等，既可以減輕父母的負擔，又增強

了孩子的勤勞意識。同時，教育他們尊敬長輩和客人，等大家都坐下了，才可以動筷子；好吃的東西要先考慮到別人，不能全都夾到自己的碗裡；自己先吃完了，離桌前要招呼其他吃飯的客人慢慢吃。

孩子是純潔的，餐桌是濃縮的，希望父母能正確利用餐桌這個方寸之地的小課堂，對孩子少一分指責，多一些鼓勵。

不當眾訓斥孩子

父母當眾教子是一種很常見的現象，有句民諺是「人前教子，背後教妻」，很多人覺得當眾教育孩子，會刺激他們的自尊心，在大眾的關注下，孩子會更加注意樹立自己「聽話、懂事、乖巧」的形象，所以很多家長認為，人越多的時候越是一個教育孩子的良好時機。其實未必盡然，自尊心的強烈維護和徹底放棄之間只有一步差距，如果家長掌握不好這個教育的尺度和方法，也許反而會促使孩子產生「破罐破摔」或是與家長對立的心理，對孩子的身心健康成長很不利。

有位母親在日記裡記述了這樣的一件事：

汽車停站後，一位年輕的媽媽帶著五六歲大的女孩走上汽車，隨著汽車開動，女孩站立在車上顯得十分吃力。這時，旁邊座位上一位八九歲大的男孩站了起來，主動招呼站立的女孩和自己同坐。「這孩子真懂事，父母平時肯定十分注意對他的教育。」男孩的做法讓我十分讚許，我想男孩平時的家教肯定很好。不想幾分鐘後，男孩的父親走了過來，當得知男孩主動讓座位，便大聲訓斥：「看你這個樣子，真是的，既然不願意坐，那就站著……」男子把男孩從座位上叫了起來。面對父親的訓斥，男孩解釋說因為女孩比他年齡更小，所以他才讓出一塊地方一起坐。

這位父親可能是為了愛護孩子，擔心兩個人擠在一起不舒服，所以才對男孩進行指責，但家人們對於孩子的愛護也應注意方式和方法，在大庭廣眾下進行訓斥會損害孩子做善事的積極性。

英國哲學家約翰‧洛克（John Locke）說過：「父母不宣揚子女的過錯，則子女對自己的名譽就愈看重。他們覺得自己是有名譽的人，因而更會小心地維護別人對自己的好評。若是當眾宣布他們的過失，使其無地自容，他們愈是覺得自己的名譽已經受到了打擊，設法維護別人好評的心理也就愈淡薄。」可見，當著別人的面批評教育子女的方法不足取。如果孩子一有過失，家長就公開宣揚出去，使孩子當眾出醜，其結果只會加深孩子的被訓斥的印象，感到自己在眾人面前丟了面子，因而產生自卑，產生叛逆心理。

在玩具專櫃、甜品店、遊樂場裡經常會看見號啕大哭的孩子，還有一旁叉腰怒目的家長，他們一邊呵斥，還一邊指著周圍對孩子凶道：「你看看，這麼多人看著你哭，你好意思嗎？」「你看那邊有一個和你一樣大的小孩，人家都不哭不鬧，多聽媽媽的話，你看看你們差距有多大。」家長們往往覺得當著外人的面會是一個教育的好時機，借助小孩子的自尊心讓他自我糾正錯誤舉止，出發點是很理想，但是成效一定甚微。

父母要意識到無論對孩子的表揚與批評都是一種情感互動，父母的教育方法太強勢，往往導致孩子沒出息；父母性情太粗暴，往往導致孩子性情也狂躁。父母表揚孩子可以當眾進行，甚至可以隆重地進行，但是批評就需要謹慎，不妨用私下的、悄悄的、溫和一些的方式。教育孩子最重要的是要尊重他的人格尊嚴，要保護孩子的心靈，做不到這一點，就沒有真正的教育意義可言。

西方人很少當眾斥責打罵孩子，但他們也很難忍受孩子當眾哭鬧等帶來的尷尬，為避免這種難堪，他們在平時就有意培養孩子在公共場所的自我控制能力。其中，事先預防是關鍵，外出前先告訴孩子，這趟外出的目的是什麼，讓他們知道會發生什麼事。出門前，也要先跟孩子說好規則，確定他們都明白，並問他們是否能遵守。到了外面，這些規則也許不一定奏效，但大人會耐心地提醒與糾正，直到小孩遵守。

即使孩子犯了什麼錯或是做了什麼糟糕的事情，也不能當眾給其難堪，如果非要教育一番，也應該把孩子帶回家。當眾責罵、毆打不但不能

產生好的效果，有時後果甚至很嚴重。

14歲的倩倩，其父母長期在廣州打工，倩倩的日常生活由六旬的奶奶照顧。這天，奶奶讓孫女到自家的菜園去摘菜，可過了半天仍不見孫女回來。奶奶沿路尋找，看見倩倩正與同學在菜園裡玩耍，一氣之下，便訓斥倩倩太任性，「你怎麼是這樣的人呀！不聽大人的話，趕快做作業去。」

被奶奶當眾訓斥，讓倩倩感覺在同學面前很沒面子，轉身回家後，她從家中拿走兩套換洗衣服，賭氣離開了奶奶。

奶奶發現孫女不見後，趕緊請求親友外出四處尋找。苦尋數日無果，心急如焚的奶奶撥打了110報警。過了3天，民警終於在一家網咖裡找到了正在上網的倩倩。

有智慧的家長，不會對孩子當眾嚴詞斥責；有智慧的家長，能夠時刻意識到教育孩子不能追求立竿見影的效果；有智慧的家長，能夠和孩子成為知心朋友。

讓孩子自己承擔責任

在教育孩子的時候，父母一定要讓孩子明白：每個人都應該為自己的行為負責。責任心是孩子做人、成人的基礎，沒有責任心的孩子難以成才。現在有些父母不太重視培養孩子的責任心，當孩子遇到一些困難的時候，總想著替孩子承擔。

素有「領導人教父」之稱的美國丹尼斯‧韋特利（Denis E. Waitley）博士告誡天下的父母：父母最需要給予孩子的不是金錢而是教會他們如何正確地生活、負責任地工作。這位人類行為心理學博士認為，給孩子再多的物質財富，多年以後他們未必能記得，反倒會產生其坐享其成的人生觀念。只有讓孩子從小就具有責任意識，將來他才會成為一個對自己的行為負責和對組織、社會盡職的人。

日本著名的文化人類學學者高橋敷先生當年在秘魯的一所大學任客座

教授時，曾與一對來自美國的教授夫婦比鄰而居。一天，這對夫婦12歲的小兒子不小心將足球踢到了高橋敷先生的家門上，一塊很大的茶色玻璃被砸得粉碎。

雖然發生了這樣令人不愉快的事情，但高橋敷先生和他的夫人還是很寬容。按照東方人的思維，他們估計那對美國夫婦會很快登門道歉。然而，他們想錯了。第二天一大早，那個闖禍的12歲男孩在一位計程車司機的幫助下，送來了一塊用於賠償的大玻璃。

小傢伙見到高橋敷先生，彬彬有禮地說：「叔叔，對不起。昨天我不小心打碎了您家的玻璃，因為放學之後商店已經關門了，所以沒能及時賠償。今天商店一開門，我就去買了這塊玻璃來賠償您。請您收下這塊玻璃，也希望您能原諒我。以後我會小心的，這種事情再也不會發生了，請您相信我。」

高橋敷夫婦不僅原諒、而且喜歡上了這個通情達理的孩子。他們在家款待孩子吃了早飯，而且還送給他一袋日本糖果。事情本來可以就此畫上句號了，然而，出人意料的是，當孩子拿著那袋糖果回家之後，那對美國教授卻出面了，他們將那袋還沒有開封的糖果客氣地還給了高橋敷夫婦，並且解釋了不能接受的理由：一個孩子在闖了禍的時候，是不應該得到獎勵的。

美國教授夫婦的做法，讓人覺得有點兒不近情理，但又合情合理。如果這件事發生在我們中國孩子及父母身上，或許更多的是這樣處理：父母很真誠地領上孩子去道歉，或者孩子任性不肯出面讓父母代罪……即使出現了善教育的父母，等孩子高高興興帶上糖果回來時，中國的父母也一般不會讓道歉重演。好漢做事好漢當，孩子做了損害別人利益的事，理應讓他自己向人家道歉、賠償損失，這樣做是為了讓孩子從小就擔當起自己的責任。

身為家長，對孩子最大的教育責任就是要告訴孩子懂得人活在世上要承擔責任，要有社會責任感，要對自己負責任，無論是讀書還是工作，無

論生活貧困還是富裕，都要讓孩子有一顆負責任的心。如果孩子從小就不勤勞，不肯吃苦，好吃懶做，貪心十足，那將來一定是家長的災難；如果家長只是溺愛孩子，只要孩子課業成績好其他什麼都無所謂，那將來家長也一定會受到懲罰。父母教育孩子負責任應以身作則，如果家長自己整天也是好吃懶做，下崗在家玩玩麻將、喝喝燒酒，那樣對孩子的成長將是毀滅性的損害。敢於承擔責任，富有強烈的社會責任感，應該從父母自身開始，為孩子們樹立良好的榜樣。

在日常生活中，父母應這樣培養孩子的責任心。

第一，有意識地交給孩子一些任務，鍛鍊孩子獨立做事的能力。隨著孩子年齡的增長，爸爸媽媽要逐步教孩子自己的事情自己做。做之前提出要求，鼓勵孩子認真完成。如果孩子遇到困難，家長可在語言上給予指導，但是一定不要包辦代替，要讓孩子有機會把事情獨立做完。

第二，教育孩子做事情要有始有終。孩子好奇心強，什麼都想去摸摸、去試試，但是隨意性很強，做事總是虎頭蛇尾或有頭無尾。所以，交給孩子做的事情，哪怕是很小的事情，父母也要有檢查、督促以及對結果的評價，以便培養孩子持之以恆，認真負責的好習慣。

第三，讓孩子履行自己的諾言。讓孩子從小就學會做一個言而有信的人，自己許下的諾言，就應該盡力去履行；自己答應了別人的事情，即使是不情願做，也必須認真對待，這既是對別人負責，同時也是對自己負責。

第四，鼓勵孩子勇敢地承擔責任。例如，有一個孩子上街時把自行車丟了，父母就讓他做有償勞動來賺錢，等賺夠了錢，再買自行車，並告訴他買了以後要鎖好車。

有了責任感，孩子才會關注生活的點點滴滴，明白什麼是自己該做的事；有了責任感，孩子才會時刻準備著伸出一雙援助之手，展現自己的愛心和力量；有了責任感，孩子才會將個人融入社會中，充分發揮個人的才幹，成就自己將來的人生之輝煌。

第四章
這樣的家長得分高

家長要以身作則

　　「平時花在教育孩子上的精力和時間不少，可孩子還是我行我素，一點都不聽話。」一些父母為如何教導好孩子而大傷腦筋。他們在抱怨孩子調皮的時候，卻從沒有審視過自己。身為父母，總是對自己的孩子寄予極大的期望，總是要求孩子這樣或那樣。但是父母們有沒有想過，你要求孩子抓緊時間念書，那麼你自己每天的業餘時間都用來做什麼呢？你要求孩子在班裡考試保持前幾名，那麼你在公司是不是成績也是前幾名？你想以孩子為榮，那麼你的孩子是不是以你為驕傲呢？

　　是的，父母就是一面時刻立在孩子眼前的鏡子，你對孩子笑，孩子才對你笑；你對孩子好，孩子才對你好。孩子常常是透過「照鏡子」的方式，在不知不覺中修改自己的言行的。

　　家庭教育是對孩子最直接、最經常、最深刻的教育，父母對孩子的影響力很大。西元 17 世紀德國教育家弗雷德里希‧福祿貝爾（Friedrich Fröbel）指出：「國民的命運，與其說是握在掌權者手中，倒不如說是握在母親手中」。同理，在家庭生活中，父母和孩子的親密關係，父母在教育孩子的過程中所居的地位和所起的作用，是其他任何人都無法取代和超越的。孩子自呱呱落地起，就生活在父母身邊，與父母接觸最多、最廣泛，父母如何工作、學習，如何待人接物……父母的言行舉止都直接而深刻地影響著孩子。父母的品德好，就會對孩子產生好的影響，父母的品德不好，就會對孩子產生不良的影響，仔細觀察每一個孩子，在他們身上，都會找到父母的影子。「近墨者黑，近朱者赤」，在家庭教育中，也是這個道理，因此，父母的一言一行都要給孩子做好表率，這樣，孩子才能跟在父母後面學習他們的優點，擯除自己身上的缺點。

　　「曾子殺豬」的故事一直流傳至今，曾子以身作則教育孩子的精神一直為後代人所尊敬。

　　曾子是春秋時期魯國人，他不但有學問，而且為人誠實，承諾別人的事總是說到做到。

有一天，曾子的妻子要趕著去市場，孩子哭著吵著要和媽媽一起去。於是媽媽哄他說：「乖孩子，待在家裡等娘，娘從市場回來就殺豬給你吃。」孩子信以為真，一邊歡天喜地地跑回家，一邊喊著：「有肉吃了，有肉吃了。」

孩子一整天都待在家裡等媽媽回來，村子裡的小朋友來找他玩，他都拒絕了。他靠在牆上一邊晒太陽一邊想像著豬肉的味道，更別說心裡多高興了。

傍晚，孩子遠遠地看見媽媽回來了，他一邊三步併作兩步地跑上前去迎接，一邊喊著：「娘，娘快殺豬，快殺豬，我都快要餓死了。」

曾子的妻子說：「一頭豬抵我們家兩三個月的食物，怎麼能隨隨便便就殺豬呢？」

孩子「哇！」的一聲就哭了。

曾子聞聲而來，知道了事情的真相以後，二話不說，轉身就回到屋子裡。過一下子，他舉著菜刀出來了，曾子的妻子嚇壞了，因為曾子一向對孩子非常嚴厲，她以為他要教訓孩子，連忙把孩子摟在懷裡。哪知曾子徑直奔向豬圈。

妻子不解地問：「你舉著菜刀跑到豬圈裡做什麼？」

曾子毫不思索地回答：「殺豬」。

妻子聽了撲哧一聲笑了：「不過年不過節殺什麼豬呢？」

曾子嚴肅地說：「你不是答應過孩子要殺豬給他吃的嗎？既然答應了就應該做到。」

妻子說：「我只不過是騙騙孩子，和小孩子說話何必當真呢？」

曾子說：「對孩子就更應該說到做到了，不然，這不是擺明了讓孩子學家長撒謊嗎？大人都說話不算話，以後有什麼資格教育孩子呢？」

妻子聽後慚愧地低下頭，夫妻兩人真的殺了一頭豬，並且宴請了鄉親們，告訴鄉親們教育孩子要以身作則。

雖然曾子的做法曾遭到一些人的嘲笑，他卻教育出了一個誠實守信的孩子。可見，父母以身作則為孩子做出榜樣是多麼重要。

　　那麼，為什麼以身作則會起到如此重要的作用呢？

　　有位育兒專家在給家長們演講。

　　他讓大家舉起右手，然後聽他的口令做動作。專家舉起右手示範：「請大家都把右手放到下巴處。」說著，他把自己的右手放在了額頭上，結果大部分家長都跟著他把右手放在額頭上，也有少數人先把手放到下巴上，看到育兒專家把手放在額頭上，然後也把手放在了額頭了。育兒專家大聲說：「我明明喊的是把右手放在下巴上，為什麼你們都放在額頭上？」大家回答說是看他放了才放的。

　　育兒專家的這個遊戲正說明了一個簡單的道理：身教重於言教，對孩子的教育尤其是如此。

　　俗話說：「喊破嗓子，不如做出樣子，要想正人，必先正己。」父母要教育好孩子，就請以身作則，用實際行動來影響孩子，為孩子樹立學習榜樣吧！

向孩子認錯並不難

　　世界上最難說出口的話，不是「我愛你」，而是「對不起」，尤其是當父母在孩子面前說錯了話或做錯了事的時候。是否有勇氣向孩子認錯，便成了考驗家長是否實誠的一道難題。

　　幾乎所有的父母都會教育孩子要勇於承認自己的錯誤，告訴他們犯了錯就得敢於承認，不要為自己找任何藉口，誰都會犯錯誤，關鍵是要勇於面對錯誤並改正錯誤。但有些父母自己錯了，卻不願意在孩子面前承認，尤其是在誤解或是錯誤地批評了孩子時，他們往往過於顧及自己的所謂面子，羞於說出「對不起」。

　　由於父母在孩子心目中的主導地位，孩子總是把父母當成榜樣，並且

時時處處仿照父母的樣子去做。要讓孩子從小學會坦然、勇敢、誠實，不妨從自身做起、從與孩子切身相關的事情做起。當父母對孩子做了錯事時，不要死賴著不認帳，也不要「猶抱琵琶半遮面」，而是要勇於向孩子承認錯誤，讓其認識到人的一生難免會犯錯誤，重要的是勇於認錯。孩子學會認錯就等於學會承擔責任，學會誠實做人。事實上，父母做錯了事，敢於向孩子認錯，不僅不會傷害父母的尊嚴，反而會使孩子感到父母更加可親，更有利於維護父母的長者形象。

一次，孔子和他的弟子子路、子貢和顏淵到海州遊覽。孔子聽到隆隆的聲響，對子路說：「山的那邊在打雷和下雨，為何還要趕著去？」子路說：「這不是雷雨聲，而是海浪拍岸之聲。」孔子從未見過大海，想到海邊去看看大海，於是孔子一行乘車到了海邊的朐陽山下。

孔子和他的弟子爬上了山頂，只見水天相連，海闊無際，他們都興奮極了。這時，孔子感到又熱又渴，他讓顏淵下山去舀海水來喝。

顏淵拿了盛器正要下山，忽聽得身後有人在笑，大家都覺得很奇怪，回頭一看，是個漁家孩子，於是就問他笑什麼。那個孩子說：「海水又鹹，又澀，不能喝。」說完，他把盛了淡水的竹筒遞給了孔子。

孔子喝了水，解了渴，十分感激那個孩子，正想道謝，忽然海風吹來了一陣急雨，子路一看著急了，大聲嚷道：「糟糕，現在到哪裡去躲雨呢？」

那個漁家孩子對大家說：「你們都不用著急，請跟我來！」說完，那孩子就把孔子一行領進一個山洞，這是他平時藏魚的地方。孔子站在洞口邊躲雨，邊欣賞雨中的海景，不由得詩興大發，吟出了兩句詩：「風吹海水千層浪，雨打沙灘萬點坑。」孔子的三個弟子都齊聲讚揚孔子的詩做得好，那孩子卻持反對態度，他對孔子說：「千層浪、萬點坑，你有沒有數過？」孔子心服口服地對孩子的反詰表示贊同。

雨停後，那孩子又到海上打魚去了。孔子回想起剛才發生的幾件事，歉疚而又自責地對三個弟子說：「我以前講過唯上智與下愚不移，看來這

並不妥當，還是應該提倡『學而知之』，『知之為知之，不知為不知』。」

孔子在當時已是名揚天下的賢人，但在一個孩子面前，他認識到自己的不足和錯誤並勇於承認。這是十分可貴的，是值得許多父母認真學習的。

現實中，凡是要求孩子做到的，父母自己也應該帶頭去做、認真做好。當父母違背了自己說過的話，要敢於向孩子承認錯誤、做檢討，孩子才會感到父母的說教真實可信，不是居高臨下的騙人把戲。這樣，孩子就會自願自覺地按照家長的要求去做，並在犯錯後勇於承認。

父母怎樣才能做到向孩子認錯呢？在向孩子認錯時，父母又應注意些什麼呢？

第一，父母要改變觀念，放下思想負擔，正視自身的錯誤。每個人都有犯錯誤的權利，同時每個人還有改正錯誤的義務，不可能因為為人父母了就會不犯錯誤，也不可能因為孩子的愛戴而使錯誤消失。既然任何人犯錯誤都是難免的，那麼犯了錯誤也就不必過分羞愧，而應將精力放在改正錯誤上，只要改了「就是好孩子」嘛！因此，向孩子認錯並不丟面子。

第二，父母道歉的態度很重要，不能太過於生硬、輕描淡寫。用這些錯誤的態度道歉不能挽回什麼，只會加深誤解，因為孩子是十分敏感的，很容易就能意識到父母是不是在敷衍。因此，父母使用真誠的態度來道歉，不要礙於面子或者身分，不願意對自己的孩子道歉，或者只是輕描淡寫地說一下。

第三，要想讓孩子從心理上接受父母犯錯誤的事實，必須與孩子多交流。透過交流，讓孩子知道父母也是會犯錯誤的，但是自己決不是故意要傷害孩子的感情，而看到孩子的感情受傷，自己實則也很內疚，孩子只要感受到父母的悔過之情，自然就會理智地對待犯錯誤的父母了。

父母勇於向孩子認錯，這是一種無言的人格力量，對孩子的一生都會有著深刻的影響。

當著孩子面不說別人壞話

說別人的不是、批評別人，當面說是光明正大；背後偷偷摸摸說，用損毀的方式說，就不夠磊落正義了。每個人都有缺點，都會做錯事，但都要彼此尊重，這樣才能相處愉快。父母在與孩子相處的時候，一定要注意，千萬不要當著孩子的面說他人的壞話。

「孩子在旁邊的時候，父母千萬不要說他人的是非。」特別是對於不具備判斷能力的孩子，他們一般都會不假思索簡單地接納父母說的話。在背後說鄰居的壞話、說親戚的壞話，既會誤導孩子的價值觀，又會給自己的人際關係造成危機。比如，父母在孩子面前說了另一個人的不是，孩子就會在那個人面前直接轉述說：「我媽媽說了，你……」這樣，對方聽了肯定不高興，說不定還會找孩子的父母算帳。

經常在孩子面前說別人的壞話，久而久之，孩子會認為那個人不好，這會影響到孩子為人處世的方式，對他將來與人相處也是百害而無一利的。特別是說家裡人的不是，更是不應該。比如，在有的家庭裡，母親常當著孩子的面抱怨其父親——「看他那德行」，「真後悔當初嫁給他」，「他太自私了」……長此以往，孩子就受到了母親的影響而一味要求別人按照自己的意願去做。批評家人，特別是批評配偶的話，請一定不要當著孩子的面說。如果雙方都是想借著孩子打擊另一方的話，這個目的絕不可能達到，結果只會是孩子會不尊重他們中任何一方，認為兩人都不是好人。

媽媽給四歲的兒子買了個遙控玩具車，小傢伙很喜歡。不過，他有些心急，對遙控器的掌握也不大好。玩著玩著，小傢伙有些洩氣了，發脾氣說：「這個車不好玩。」並把車摔掉。媽媽剛想說話，這時爸爸來了，討好兒子說：「媽媽買的東西就是這樣的，她一點都不會買……」並當場訓斥妻子說：「看你買的破東西。」

俗話說：哪個人前不說人，哪個人後不被說。但說人需要知道限度，以免造成不良後果。「良言一句三冬暖，惡語傷人六月寒」，這是人人皆知的道理。有時，一句惡語甚至有可能毀了一個人。

其實，父母應該反過來想想，在說別人壞話的時候，自己的神態會高尚得體嗎？而當孩子看到眼前的父母充滿嫉妒心、傲慢、刁蠻，還會表現出尊敬嗎？

實際上，父母當著孩子的面說別人的壞話，受危害最大的反而是自己。

我們人體內70％是水，也就是說至少我們生命的2/3是由水構成的。當父母說別人壞話的時候，自己也是壞話的接受體，所以說，父母說壞話首先傷害的是自己這個水靈靈的生命體。事實上，如果經常說別人壞話，就會習慣於板著臉而不會笑靨如花，也就不會柔聲細語，更不會春風化雨，如此一來，自己這朵美麗的生命之花也就不會盡情怒放。對於我們每個人來說，使生命之水呈現出燦爛結晶的最好方式就是關愛、理解和欣賞他人。

要想做到不說別人壞話、更不在孩子面前說別人壞話，父母就應該從善意的、諒解的角度看待別人的「問題」，因為每個人都有個性上的弱點，別人哪能沒有缺點和過失？只要這樣想著，父母自己會立即變得心平氣和，就不可能情不自禁地當著孩子的面說別人壞話了。如果別人的行為的確存在不妥和過失，可以先徵求孩子的看法：「你對這件事是怎麼看，怎麼想的？」如果孩子能獨立自主地進行判斷，而且說得對，應該鼓勵和表揚孩子，但同時應該教育孩子用寬容、諒解的態度對待別人。這樣，既避免了在孩子面前說別人壞話，又有利於孩子獨立性的培養和道德判斷能力的增強。

燕燕的母親是個老師，她常常在燕燕面前說：媽媽很愛你，爸爸更愛你。她這樣做的目的就是想讓孩子感覺自己被每一個家庭成員愛著，從而產生幸福的感覺。燕燕母親說自己從不在燕燕面前講她爸爸或爺爺的不是。不是因為他們沒有不好，而是不想讓孩子與他們產生隔閡，對他們造成誤解。

燕燕的母親無疑是聰明的。與人為善，這也正是做人的一條重要原

則。唯有待人隨和、善於理解他人、誠摯而富於善心的人，才能和別人友好相處，才能有好人緣。這些正是孩子將來立足於社會的基礎。

在孩子面前，父母應少一些對他人的抱怨，多一聲「謝謝」或「對不起」，這不但能表達出美好誠意、消解心中怨氣，而且還會釋放自己，溫暖孩子。

對孩子說「不」

現在的家庭大多只有一個孩子，父母往往會對其愛護有加，捧在手心怕摔著，含在嘴裡怕化了。父母們望子成龍、望女成鳳的心十分迫切，寧願自己省吃儉用也要為孩子提供最好的生活環境，對於孩子的各種要求，更是百依百順，從來不會拒絕。

曾經有一句話：「母親的心總是仁慈的，但是仁慈的心要用得好，如果用不好的話，結果就會適得其反。」心理學家形象地說當代的孩子缺少維生素「N」，維生素「N」就是英文的「NO」。父母應該大膽地對孩子說「不」，因為一個人在成長的過程中難免要遇到一些困難和挫折，如果家長溺愛孩子，完全滿足孩子的欲求，則不利於孩子將來獨自面對和解決生活中的困難。

「不」，不僅是一個字的回答，而且是一種教養策略。父母在恰當的時機，透過說「不」可以幫助孩子發展出諸如自立、自律、尊重他人、正直、容忍的能力和其他許多對成功至關重要的特質。

有一個外國媽媽帶著 8 歲的女兒到中國朋友家做客。朋友準備了歡迎客人的晚餐，並告訴大家晚餐準備的是西餐。8 歲的女孩心想：吃西餐嗎？她覺得中國人做的西餐一定不好吃！就說：「今天我不吃冰淇淋。」因為按照慣例，吃西餐最後上的甜點通常是冰淇淋。

沒想到朋友的妻子做的西餐很好吃，冰淇淋也很誘人。一端上來，8 歲的女孩眼睛都亮了，叫著：「我也要吃冰淇淋，我也要吃冰淇淋。」但是

主人在做的時候是按需求人數做的，且做的份數剛好，並沒有女孩的份。朋友的妻子就想把自己那一份讓給孩子。

沒想到，外國媽媽說：「NO！我的女兒剛才說過她不吃冰淇淋，她今天就不能吃冰淇淋。」但 8 歲的女兒不斷地說：「我要吃冰淇淋，我超級想吃冰淇淋。」朋友的妻子心軟了：「給她吃吧！畢竟是孩子嘛。」

可是外國媽媽仍然堅持說：「NO，她自己說不吃，她必須對自己說過的話負責任，今天她不能吃冰淇淋的。」

這位外國媽媽十分理智，是很多父母學習的榜樣。是的，任何時候都要敢於對孩子說「不」，讓孩子承擔自己決定的後果。沒有責任心的孩子長不大，父母不要剝奪孩子體驗責任的機會，讓孩子在體驗中成長，這樣孩子才會永遠記住自己的責任。

當然，父母也不應該總是拒絕孩子的願望。如用錯誤的方式說「不」或在錯誤的情境下說「不」，就跟沒說一樣糟糕。重要的是要知道，該在什麼時候以什麼樣的方式對孩子說「不」。這樣才能使「不」發揮作用。

第一，當對孩子說「不」的時候，父母不應以一副居高臨下的姿態，應該溫柔地告訴他，「這樣做不可以，因為……」當孩子從父母的眼光、語氣和動作中讀到充盈的愛，就會很容易進入到對父母本能的順從狀態。

第二，拒絕孩子之後就一定要堅持下去，千萬不能出爾反爾，因為這樣會讓孩子覺得大人說話不算數，家長以後也會在孩子面前失去威信。如果拒絕孩子後又發現有不妥之處，可以在以後彌補，但不要當場反悔，特別是不要因為孩子的撒嬌、哭泣就改變決定。

第三，在拒絕了孩子後，父母還有一項很重要的事要做，就是讓孩子明白什麼東西是值得擁有的，以及怎樣去擁有它們。比如，當孩子想買一個新書包時，你拒絕了。這時，可以向孩子解釋，他的書包本來就很新，完全沒必要重新再買一個，用同樣的價錢買一本新書，或是買一個新玩具都比買書包有意義。

第四，不能對孩子以牙還牙。比如孩子不聽話時，父母會以不能看

動畫片為要脅，如此的話，父母只會失去自己的尊嚴並誘發孩子的報復心理。

第五，對孩子說「不」時，別忘記向孩子做出解釋。比如要讓孩子明白是為了他好，而不是為了「讓爸爸媽媽高興」。

第六，父母中一方說了「不」，另一方也不要當著孩子的面反駁，否則孩子容易養成在雙方之間投機取巧的不良習慣。

第七，切忌用交換條件的方式跟孩子說「不」。家長習慣說「如果你不哭我就給你買新玩具」等等，這樣不僅會損壞孩子積極向上的內部動機，同時孩子會效仿家長，養成動不動就講條件的壞習慣。

第八，如果孩子因為遭到拒絕哭鬧不止，父母可以以理服人，給他講道理，採取換位思考的方式，讓孩子理解父母說「不」的苦衷。

第九，不要在別人面前粗暴地拒絕孩子。孩子雖小，但也是有自尊的，如果家長在別人面前大聲斥責他、反駁他，他也會覺得丟臉。在這種情況下，孩子可能會更加倔強、任性。在大眾場合下需要拒絕孩子的時候，父母不妨蹲下來，悄悄地跟孩子說，這樣保全了孩子的面子，他會更容易接受。

面對孩子的無理要求，父母一定要學會勇敢地、巧妙地說「不」。

虛心向孩子學習

「現在的孩子啊！常常讓我們感覺無所適從。」一位孩子的母親感嘆，「在孩子面前，我們總以師長自居，實際上，孩子的身上有很多優點，而這些優點是很值得我們大人學習的。」不可否認，孩子總有超越父母的一面；而身為父母，應承認自己在某些方面的落後，同時要以平常的心態向孩子學習。

向孩子學習，父母最大的心理障礙是什麼？是失不起面子，放不下架子。他們總認為，孩子向父母學習是天經地義的，而父母向孩子學習是有

失尊嚴、有失威信的，是父母無知和淺薄的表現。這種理念導致的行動是，有的父母明明是自己錯了，還要堅持到底，寧願委屈孩子，也要維護自己的面子和權威。有的父母甚至採取高壓政策壓抑孩子，在孩子面前橫眉冷對，裝得神聖不可侵犯。有的甚至體罰和變相體罰，使孩子臣服於自己的權威。

現代社會高度發達的資訊網路大大開闊了孩子的視野和知識源，使父母「知識傳授者」的傳統權威受到了空前的挑戰。父母再也不能長期將自己置身於施教者這個固定位置了，也不能把孩子只看成是被動的受教育者了。

父母應有這樣的意識，教育者與被教育者不總是一成不變的。當孩子遇到不明白的事情或出現錯誤時，父母透過教育讓孩子明白事理，改正錯誤和改進缺點，這時，父母是教育者，孩子是被教育者。而如果父母發現孩子的長處和優點，自己卻不具備時，孩子就變成了教育者，父母應主動扮演被教育者的角色，虛心請教孩子，向孩子學習。特別是在知識爆炸、高科技迅猛發展的今天，更要提倡父母向孩子學習，決不能做孩子的「獨裁者」。這就比如同是跨過一條河，當年父母走的是公路橋，而今天孩子走的是立交橋，橋發生了變化，兩代人過橋的感覺也會有所不同。父母可以給孩子講自己過公路橋的感覺，但沒有理由強詞奪理說過公路橋就一定比過立交橋舒服。

其實，如果家長能平心靜氣地觀察孩子，就會發現孩子身上有很多值得學習和令人欽佩的地方：

孩子天真無邪，敢講實話。而大人有時顧慮言多必失，不想說實話；有時顧慮忠言逆耳，不願說實話；有時顧慮語出傷人，不敢說實話。

孩子善於自我激勵，總是發自內心地為任何一點微小的進步而歡呼雀躍，從而保持旺盛的進取精神。

孩子懂得擺脫煩惱，無論是一陣鈴聲、一張畫片、一顆糖果還是一下撫摸，都可以成為他逃離煩惱的快車。

孩子大度、忠誠，只要你有一顆真摯的愛心，那些曾經有過的誤解、強迫、忽視甚至傷害，都會被孩子拋到九霄雲外，而依然全身心地投入你的懷抱。

孩子具有耐心和毅力，能夠不厭其煩地重複任何一項單調的事情，直到完全熟練地掌握。

韓愈說：「師者，所以傳道、授業、解惑也。」從中可以看到，能告訴你做人之道，向你傳授學問，幫你解決疑難問題的人，皆可稱之為師。

曹沖是曹操的兒子，從小聰明可愛，深得家人的喜愛。

有一次，吳國孫權送給曹操一頭大象，曹操十分高興。大象運到的那天，曹操帶領文武百官和 8 歲的兒子曹沖一起去看。

曹操的人都沒有見過大象。這大象又高又大，光腿就有大殿的柱子那麼粗，人走到近旁比一比，還碰不到牠的肚子。

曹操對大家說：「這隻大象真是大，可是到底有多重呢？你們哪個有辦法稱牠的重量？」嘿！這麼大個傢伙，該怎麼稱呢！大臣們開始議論紛紛。

一個說：「只有造一桿頂大的秤來稱。」

另一個說：「這應該要造多大的一桿秤呀！再說，大象是活的，也沒辦法稱呀！我看只有把牠宰了，切成一塊一塊稱。」

他的話剛說完，所有的人都哈哈大笑。大家說：「你這個辦法呀！真叫笨極啦！為了稱重量，就把大象活活地宰了，不可惜嗎？」

大臣們想了許多辦法，一個個都行不通。真叫人為難呀！

這時，從人群裡走出一個小孩，對曹操說：「爸爸，我有個方法，可以稱大象。」

曹操一看，正是他最心愛的兒子曹沖，就笑著說：「你小小年紀，有什麼法子？你倒說說，看有沒有道理。」

曹沖說了辦法。曹操一聽連連叫好，吩咐左右立刻準備稱象，然後對

大臣們說：「走！我們到河邊看稱象去！」

眾大臣跟隨曹操來到河邊。河裡停著一隻大船，曹沖叫人把象牽到船上，等船身穩定了，在船舷上齊水面的地方，刻了一條道。再叫人把象牽到岸上來，把大大小小的石頭，一塊一塊地往船上裝，船身就一點兒一點兒往下沉。等船身沉到剛才刻的那條道道和水面一樣齊了，曹沖就叫人停止裝石頭。

大臣們睜大了眼睛，起先還摸不清是怎麼回事，看到這裡不由得連聲稱讚：「好辦法！好辦法！」現在誰都明白，只要把船裡的石頭都稱一下，把重量加起來，就知道象有多重了。

曹操當然更加高興了。他瞇起眼睛看著兒子，又得意洋洋地望望大臣們，好像心裡在說：「你們還不如我的這個小兒子聰明呢！」

曹沖稱象的故事驚動了滿朝文武，讓那些耄耋老臣自愧不如。它告訴了我們一個道理，父母不能以年齡的大小判斷一個人知識的多寡，也不能認為孩子年幼就無法為師。

父母應虛心地向孩子學習，學習那些曾經擁有卻又不知失落何處的東西……只有這樣，才能更好地體現對孩子的賞識和尊重，更容易走進孩子的心靈世界，成為孩子的朋友，從而更好地教育和引導孩子。

與孩子商量問題

「如果父母喜歡與孩子商量，孩子就會非常樂意與父母交流，反之，孩子則會產生叛逆心理，封閉自我。」美國著名的心理學家和人際關係學家戴爾·卡內基（Dale Carnegie）認為遇事用「建議」的口吻，而不下「命令」，不但能維持對方的自尊，而且能使他人樂於改正錯誤，並與你合作。

為什麼「商量」具有如此神奇的力量呢？

因為商量就是平等；商量就是尊重；商量就是溝通。

　　某個著名教育家說過「也許其他方面我不如一般人，但有一項是勝過他們的，那就是遇事喜歡商量。」他有一句口頭禪就是：「商量商量」。的確，這「商量商量」，一般人可以想到卻很少做到。他在談到如何教育好學生的經驗時指出，和學生商量是重要的教育原則和方法。把一個班管好，把一個人教育好，都必須要充分發揚民主作風，放下架子，和學生交朋友，才能更好地和學生進行溝通，及時了解學生的思想動態，有的放矢地進行教育。同時，商量也使學生受到尊重，拉近師生距離，有利於學生人格的健康成長。

　　因此，父母在對孩子進行教育時也應多採取一點商量的口吻。不管什麼事情，尤其是涉及孩子的事情，父母都不要自作主張，要學會與孩子協商，取得孩子的同意和認同。喜歡與孩子協商的父母是民主的父母，在這樣的家庭氛圍中，孩子就會漸漸養成民主協商的習慣，當然就願意主動與父母進行溝通。

　　一名親子教育專家在一篇文章中曾經談到與孩子商量的重要性的話題：

　　商量的魅力在於使自己學會從別人的角度思考問題。

　　兩代人的溝通，最重要的是相互理解、相互尊重。而實現相互理解、相互尊重的方法是——學會商量。

　　我從兒子的成長中體會到：商量，能使家庭關係變得和諧；商量，能使孩子得到大人的尊重，從而使孩子懂得尊重別人，並學會用商量的辦法去對待父母和他人。

　　從兒子幼兒時期直到高中時代，我一直用「商量」的辦法與他相處。「商量」使親子間增進了感情，避免了衝突和對抗；「商量」使兒子學會了從別人的角度來觀察事情，思考問題，學會了民主和平等、尊重和友誼。

　　回想兒子成長的經歷，我深深地感受到，孩子是獨立的世界，這個世界蘊藏著極大的潛能。潛能的開發，要靠個人努力，更要靠父母的尊重、賞識和肯定。父母應該相信，孩子的世界會比自己的世界更輝煌，因為他

們屬於未來。有了這樣的認識，才能平等地面對他們，真正地尊重他們，由衷地讚美他們，他們才有可能以自己的健康成長來回報我們。

由此可見，商量對孩子的健康成長有著多麼積極的意義。

孩子是家庭的重要一員，可是，現實中，許多父母在決定一些事情尤其是一些重要的事情時往往把孩子排斥在外。是的，純粹的大人之間的事沒有必要讓孩子知道，可是有很多事情完全應該讓孩子參與討論，尤其是涉及孩子的某項決定時，每個孩子都會出現與父母意見不一致的情況，孩子們都希望父母能夠尊重自己的意見。如果父母忽視了孩子的主觀能動性，一味地用父母的威嚴來壓制孩子，即使孩子口頭上同意了，內心恐怕也無法產生努力的動力。更可怕的是，在這樣的情況下，孩子已經感覺在受罪，又怎可能與父母和睦共處呢？

有位家長在向某電臺節目主持人請教如何教子時，談到自己的孩子在家做作業很不專心，不是一邊做一邊看電視，就是一下子做一下子玩，常常影響了作業的品質。父母三番五次地教訓，可孩子就是屢教不改。節目主持人的觀點很明確──父母不妨靜下心來，心平氣和地同孩子商量，什麼時候做作業，什麼時候讓孩子做自己喜歡做的事，共同制定出一份合理的作息計畫。這樣孩子心裡就有底了，念書時才能勞逸結合鬆緊有度，而家長和孩子雙方的要求也就容易兌現。如果父母不從孩子所處的環境和自身找原因，反而認為孩子有問題不聽話，簡單生硬地加以斥責與懲罰，就會造成惡性循環：孩子越不認真，大人就越嚴格，大人越嚴格，孩子的毛病就越多。

如果你還在抱怨孩子不理解你，老跟你作對，那麼就先反省自己是否在理解和尊重孩子的基礎上與孩子商量了？

商量不是父母發號施令，而是要使每個問題的解決都打上民主的印記，商量更不是遷就，而是父母與孩子對話、溝通、相互了解，形成雙方可接受的意見或辦法。

父母要想實現兩代人的溝通，最好的方法就是時常與孩子商量，在

商量的過程中，孩子的意見得到了大人的尊重，孩子也了解了父母的想法。長此以往，父母與孩子增進了相互間的理解，家庭必然會更加和睦、溫馨。

第五章
如何引導「另類」孩子

如何引導自傲的孩子

面對驕傲的孩子，很多父母表現得束手無策。只要稍微靠近，孩子就嚷嚷開來，根本不給父母任何說教的機會。

驕傲的孩子常常表現為過於自信，對自己估計過高，對同伴估計過低，看不起別人。這樣的孩子往往虛榮心比較強，只愛聽表揚、誇獎的話，不能挨批評，不愛接受別人的意見。在競賽活動中，只能贏，不能輸，稍有挫折，就大哭打鬧，失去心理平衡。

很多家庭，尤其是在獨生子女家庭，孩子驕傲自大的表現很普遍：有的孩子因自負而不能和同伴友好地相處，常常有高高在上、盛氣凌人之感；有的孩子無休止地向父母提出各種要求，甚至承受不了半個「不」字，當然對別人的拒絕就更不能接受；有的孩子對大人傲慢無禮，不尊敬長輩，瞧不起成年人在某些方面的知識缺陷；有的孩子因自負而不愛與人說話，不愛回答別人的提問，甚至變得愛挖苦人、諷刺人；有的孩子不屑於與別人交往，心胸狹窄，他們雖然能取得一定的成績，但往往只能滿足於眼前取得的成績，而且他們看不到別人的成績。

威廉・莎士比亞（William Shakespeare）有句名言：「一個驕傲的人，結果總是在驕傲裡毀滅了自己。」因此，身為父母，為了能使孩子在成長路上一帆風順，必須常常告誡孩子，無論取得了什麼進步，都一定要保持平和的心態，謙虛謹慎，不驕傲，不自大。

童年時代的奧托・迪爾斯（Otto Diels）是一個性格內向的孩子，他勤於思索，遇事總要問個為什麼。上學讀書後，他在數學方面表現出了非凡的才智，他的心算能力特別強，計算速度之快常常讓老師驚訝。然而在所有的功課中，迪爾斯最喜歡的是化學，他和弟弟常常用簡易方法做一些有趣的化學小實驗。每次實驗成功，都使他對奇妙無窮的化學世界產生更加濃厚的興趣。

迪爾斯進入大學以後，成績一直名列前茅。同學們非常欽佩他，老師

們常常誇獎他，父母對他更是十分寵愛。在一片讚揚聲中，迪爾斯開始變得自滿驕傲，甚至覺得自己是最了不起的天才。他漸漸和同學、老師疏遠了，很少和他人研究問題。

有幾次，迪爾斯也想改變這種狀況，然而，壞毛病一旦養成了，就很難改變。所以老師和同學們仍然與他有一層隔閡。

面對兒子的這種狀況，迪爾斯的父母意識到如果不幫助兒子克服驕傲的毛病，那麼，迪爾斯就有可能沉淪下去。於是，他們一邊抓住機會告訴迪爾斯驕傲的危害性，一邊請迪爾斯的老師費雪教授幫忙，希望他也能給迪爾斯敲一記警鐘。

費雪教授經過一番考慮後，尖銳而誠懇地對迪爾斯說：「一個年輕人在學業中，一定要謙虛謹慎，虛心好學，課業成績再好也沒有什麼值得驕傲自大的：你所知道的只不過是一點皮毛，你那種驕傲恰恰是自己的愚蠢與無知的表現。」

迪爾斯聽後先是嚇了一跳，繼而想開口爭辯，但終於沒有開口，而是繼續聆聽這位嚴師的教導。費雪又進一步指出：「即使在科學研究中取得了一些成果，也沒有什麼好炫耀的，只有這樣，你才能一步一個腳印取得更大的成績。」

費雪教授的當頭棒喝，使迪爾斯開始清醒了，他決心改變自己的壞毛病。

如果沒有父母和老師的及時幫助，迪爾斯也許無法克服驕傲自大的毛病，而克服不了驕傲自大的毛病，他日後就不可能成為著名的化學家，更不可能獲得諾貝爾化學獎。

蘇聯生理學家巴夫洛夫（Ivan Pavlov）在給青年人的一封信中這樣寫道：「決不要陷於驕傲。因為一驕傲，你們就會在應該認同大家意見的場合固執己見；因為一驕傲，你們就會拒絕別人的忠告和友誼的幫助；因為一驕傲，你們就會喪失客觀標準。」可見，父母要充分認識到驕傲的危害性，並尋求合適的方法幫助孩子克服驕傲的情緒。

第一、少表揚。當孩子成功地做了一件事，要讓他知道這是理所當然的。

第二、適當地批評。父母對孩子的表揚要適當，對孩子的批評也要恰如其分，既不能以偏概全，也不能掩耳盜鈴、視而不見，而要客觀地指出孩子的不足。這樣可以幫助孩子正確地認識自己。

第三、獎勵要本著以精神為主、物質為輔的原則。過多的物質獎勵，有時會讓孩子產生沾沾自喜、高傲自大、忘乎所以甚至不思進取的心態，要防止他們被讚許的目光所包圍，或因為獲得過多的物質獎勵而產生畸形的滿足感，懶於進取和努力。

第四、不給特殊待遇。在家庭中，要把孩子當作普通一員，不要讓他成為中心人物。家裡來了客人，除了正常的禮節外，不要讓孩子過多地表現自己。

第五、進行挫折訓練。父母可以交給孩子一些較難的事去做，當他沒能完成任務時，要幫助他分析原因，使他看到自己的不足。父母還可以和孩子一起玩競賽性遊戲，如智力競賽、拼圖遊戲等，在這些活動中，要讓孩子有輸有贏，輸的次數要多於贏的次數。而當孩子失敗時，要教會他調節自己不愉快的情緒，能接受失敗的考驗。

第六、給孩子多一些接觸社會的機會。父母要多帶孩子出去走走，當孩子看到外面紛繁複雜的世界，接觸到比自己更優秀、更具專長的人，認識到「強中還有強中手」的道理，就不會坐井觀天、夜郎自大了。

如何引導自卑的孩子

自卑是自我評價過低、自己看不起自己的一種不良情緒狀態，是自我意識的一種消極表現。有些孩子無端懷疑自己的能力，看不到自己的優點，總覺得自己不如人，處處低人一等。

心理學家認為，自卑感起源於人的幼年時期，由於無能而產生的不勝

任和痛苦的感覺，也包括一個人由於生理缺陷或某些心理缺陷如智力、記憶力、性格等而產生的輕視自己、認為自己在某些方面不如他人的心理。

自卑會使人背上沉重的思想包袱，喪失前進的動力，進而影響其一生的發展。要消除孩子的自卑心理，不僅需要社會和學校教育，更需要父母的努力。

西元 1951 年，英國有一名叫羅莎琳・富蘭克林（Rosalind Franklin）的人，從自己拍得極好的 DNA（去氧核糖核酸）的晶體繞射圖片上發現了 DNA 的螺旋結構之後，她為此做了一次演講。然而，生性自卑的她又懷疑自己的假說是錯誤的，從而放棄了這個假說。西元 1953 年，科學家詹姆斯・華生（James Watson）和弗朗西斯・克里克（Francis Crick）也從照片上發現了 DNA 的分子結構，提出 DNA 雙螺旋結構的假說，從而帶領人類進入新的生物時代。兩人因此獲得了西元 1962 年度諾貝爾醫學獎。

如果富蘭克林不因自卑放棄，而是堅信自己的假說，進一步進行深入研究，這個偉大的發現肯定會以她的名字載入史冊。可見，一個人如果做了自卑情緒的俘虜，是很難有所作為的。

著名的奧地利心理學家阿爾弗雷德・阿德勒（Alfred Adler）指出，人人都有自卑感，只是程度不同而已。

曾有一位著名的節目主持人，自述年輕時自己非常自卑。他從一個北方小鎮考進了北京的大學，上學的第一天，他鄰桌的女同學第一句話就問他：「你從哪裡來？」而這個問題正是他最忌諱的，因為在他的邏輯裡，出生於小鎮，就意味著沒見過世面。就因為這個女同學的問話，使他一個學期都不敢和女同學說話。很長一段時間，自卑的陰影都占據著他的心靈。每次照相，他都要下意識戴上一個大墨鏡，以掩飾自己的自卑心理。

另一位著名節目的主持人，當年也曾為自己的肥胖而自卑。20 年前，她在北京上大學，幾乎每天都在自卑中度過。她懷疑同學會在暗地裡嘲笑她的樣子，因此不敢穿裙子，不敢上體育課。大學畢業時，她差點領不到畢業證書。不是因為功課，而是因為她不敢參加體育長跑測試。老師說：

「只要你跑了，不管多慢，都算你及格。」可她就是不跑。因為恐懼，恐懼自己肥胖的身體跑步時一定非常愚笨。可是她連向老師解釋的勇氣都沒有。

儘管如此，他們後來都成功了，成了電視臺的著名節目主持人，經常對著無數電視觀眾侃侃而談。為什麼曾經自卑的他們會取得如此大的成就，就因為他們沒有怨天尤人，沒有自暴自棄，而是超越了自卑，戰勝了自卑。

可見，自卑是可以戰勝的。那麼，如何引導孩子戰勝自卑心理呢？

第一，尊重與理解。父母要尊重孩子的每一項決定，為孩子創造一種寬鬆、和諧的環境，使他們在一種沒有等級的氛圍裡消除自卑心理。

第二，增加成功的體驗。成功體驗是消除自卑、建立自信的關鍵，父母應給孩子創造條件，增加他們的知識和技能，鼓勵孩子參與適合自己的活動，讓孩子發揮自己的才能，幫助孩子建立自信心。

第三，步步為營。一位哲人說過：「追求越高，才能的發揮就越充分。」對於後進孩子來說，與其空談立志，還不如訂幾個切實可行的小目標。讓這些孩子適當降低追求，將大的目標分解成若干小目標，做到一學期、一個月、甚至一個星期都有目標可循。目標變得小而具體，就易於實現，這樣，孩子就每時每刻都有成功感，就可更快地進步。

第四、發揮長處。「尺有所短，寸有所長。」每一個人都有自己的長處和優勢，同時也有自己的短處和劣勢。如果用其所短，而舍其所長，就連天才也會喪失信心，自暴自棄。相反，一個人若能揚長避短，強化自己的長處，就是有殘疾的人也能充滿信心，享受成功的快樂。因此，消除孩子的自卑心理，要善於發現他們的長處和優勢，並為他們提供發揮長處的機會和條件，這也是幫助孩子克服自卑心理的關鍵。

第五、自我暗示。心理學家莫頓曾提出「預言自動實現」的原則，認為人們具有一種自動實現預言的傾向。在孩子心靈的眼睛面前，長期而穩定地放著一幅自我肖像，孩子會與它越來越接近。所以，如果孩子把自己

想像成勝利者，將帶來無法估量的成功。當感到信心不足時，孩子應該進行積極的自我暗示，把「別緊張，我也行」、「我一定能成功」之類的話寫下來，或者大聲說出來。

總之，自卑不是一朝一夕形成的，克服它需要一個長期的過程。父母要有信心、耐心、恆心，堅信在自己堅持不懈的努力下，孩子一定會逐漸克服自卑，建立自信，從而更加健康地成長。

如何引導壞脾氣的孩子

愛生氣的孩子常常讓父母感到頭痛，特別是在生氣之後，孩子習慣於為自己找藉口，他們說得最多的話是：「我沒辦法控制自己的脾氣。」「我就是這樣一個人。」實際上，在很多時候，生氣是完全可以避免的。

有專家指出，生氣是一種與生俱來的生物性本能，它是一種不假思索的反應，具有強烈的破壞性。

從前，在一個水池裡，住著一隻壞脾氣的烏龜。牠與經常來這裡喝水的大雁成了好朋友。後來，有一年乾旱，池水乾涸，烏龜沒辦法，只好搬家。牠要跟大雁一起去南方生活，但是牠不會飛，於是，兩隻大雁用一根樹枝，讓烏龜咬著中間，雁兒各執一端，吩咐烏龜不要說話，就動身高飛。牠們飛過翠綠的田野，飛過蔚藍的湖泊。地上的孩子們看見，覺得這個組合很有趣，拍手笑道：「你們看啊！那隻烏龜很滑稽啊！」烏龜本來是洋洋得意的，聽到這些嘲笑後勃然大怒，就想開口責罵他們。嘴剛張開，就跌下來摔死了。大雁嘆氣說：「壞脾氣多麼不好啊！」

上述寓言中，愛生氣的烏龜最終因為愛生氣而命喪黃泉。同樣，對一個人來說，愛生氣很容易毀壞學業、事業、家庭，愛生氣的人往往容易被朋友疏遠，愛生氣的人容易情緒失控而做出終身後悔的事。如何理性地面對「氣」，如何適當地控制生氣且讓自己的「氣」健康地發洩出來，這也是孩子必修的一門功課。

查爾斯‧達爾文（Charles Darwin）說過：「脾氣暴躁是人類較為卑劣的天性之一，人要是發脾氣就等於在人類進步的階梯上倒退了一步。」因此可見，對於愛生氣的孩子，父母一定不能忽視，要找尋根源，弄明白孩子生氣的真正原因，然後對症下藥，方能起到積極效果。

一般來說，造成孩子生氣的原因有以下幾點：父母的要求超出了孩子的負荷範圍；生病；受到傷害或欺騙；感覺被不公平地對待；得不到大人的關愛；被拿來和別人比較高低、好壞，感受到壓力；為了達到目的採用的一種手段；父母經常在孩子面前吵架，孩子在耳濡目染之下，情緒受到影響。

是的，人總有不開心、受委屈的時候。面對這種情況，父母要教會孩子努力控制自己的情緒，要麼壓抑不良情緒，要麼尋找適當方式釋放出去。當一個人學會控制自己的情緒，少發脾氣或由壞脾氣變成好脾氣時，好運氣也許就會隨之而來。

飛機起飛前，一位乘客請求空姐給他倒一杯水吃藥。空姐很有禮貌地說：「先生，為了您的安全，請稍等片刻，等飛機進入平穩飛行後，我會立刻把水給您送過來。好嗎？」

15分鐘後，飛機早已進入了平穩飛行狀態。突然，乘客服務鈴急促地響了，空姐猛然意識到：糟了，由於太忙，忘記給那位乘客倒水了！空姐急忙來到客艙，小心翼翼地把水送到那位乘客跟前，面帶微笑地說：「先生，實在是對不起，由於我的疏忽，延誤了您吃藥的時間，我感到非常抱歉。」這位乘客抬起左手，指著手錶說道：「怎麼回事？有你這樣服務的嗎？你看看，都過了多久了？」空姐手裡端著水，心裡感到很委屈。但是，無論她怎麼解釋，這位挑剔的乘客都不肯原諒她的疏忽。

接下來的飛行途中，為了補償自己的過失，空姐每次去客艙服務乘客時，都會刻意走到那位乘客面前，面帶微笑地詢問他是否需要水，或者別的什麼幫助。然而，那位乘客餘怒未消，擺出一副不合作的樣子，並不理會空姐。

快到目的地前，那位乘客要求空姐把留言本送過去給他。很顯然，他要投訴這名空姐。此時，空姐心裡雖然很委屈，但是仍然不失職業道德，表現得非常有禮貌，而且面帶微笑地說道：「先生，請允許我再次向您表示真誠的歉意，無論你提出什麼意見，我都將欣然接受您的批評！」那位乘客臉色一變，嘴巴準備說什麼，可是卻沒有開口。他接過留言本開始書寫。

　　飛機安全降落。所有的乘客陸續離開後，空姐打開留言本，驚奇地發現，那位乘客在本子上寫下的並不是投訴信，而是一封熱情洋溢的表揚信。

　　是什麼使得這位挑剔的乘客最終放棄了投訴呢？在信中，空姐讀到這樣一句話：「在整個過程中，你表現出的真誠的歉意，特別是你的十二次微笑，深深打動了我，使我最終決定將投訴信寫成表揚信！你的服務品質很高。下次如果有機會，我還將乘坐你們這趟航班！」

　　女空服員在遇到難題時冷靜地處理贏得了乘客稱讚。如果當時她也對著乘客發脾氣，那麼，一場「戰爭」就無法避免了，而「戰爭」的結局對她肯定不利。顯然，這位女空服員是明智的，她把自己的情緒處理得非常好，而且最終以好脾氣贏得了榮譽。

　　「好脾氣的人受人歡迎，壞脾氣的人令人厭煩。」在面對生氣的孩子時，父母應採取適當的方法予以引導。有效制怒的方法有很多，要因人而異，不能一概而論。以下就介紹七種方法，供父母們參考：

　　第一、冷處理。「當孩子發脾氣的時候，最要緊的是父母不能發脾氣。」美國辛格門博士說，「培麗亞是我 7 歲的女兒，她常常會感情用事，有時我實在受不了了，就告訴她我需要離開房間靜一下子。當我發現她已經到了能夠寬慰自己的年齡時，我告訴她感到悲傷或憤怒是正常的，然後我讓她的憤怒自個兒慢慢地消失。」

　　第二、轉移注意力。當孩子生氣時，父母可以引導他們將注意力轉移到愉快的事情上去，比如可以放孩子最喜歡聽的音樂，和孩子交談他最感

興趣的話題等。

第三、有約在先。在先掌握了孩子任性的規律後，用事先約法三章的辦法來預防任性的發作。比如孩子上街總是哭鬧不止，可在出門前就與孩子商量好，「上街不能胡鬧，你自己走，實在累了，可以休息一下子再走，不然就不帶你出去了。」。

第四、激將法。利用孩子的好勝心理，激起他的自信心去克服任性。

第五、適當懲罰。有時，只靠正面教育是不夠的，適當懲罰也是一種極為有效的教育手段。比如孩子生氣不吃飯，父母不用多說什麼，過了吃飯時間就把食物全部收走。

第六、傾聽孩子的心聲。孩子心裡難受，正需要發洩，這時，父母應有意識地做孩子的傾聽者、出氣筒，當孩子把壞情緒都發洩出去後，積極的情緒馬上就會回來。

如何引導膽小的孩子

隨著生活水準的不斷提高，今天這一代的孩子很少經歷過風吹雨打，安逸幸福的日子滋長了他們養尊處優的情懷，他們膽小怕事、不敢冒險、不敢探索生活的新領域。而這樣的生活經常是平淡、無聊和缺乏生機的，隱藏著重重危機：當恐懼襲來時，孩子該怎麼辦？孩子是否有足夠的勇氣去面對？

蘇聯作家、詩人鮑里斯·巴斯特納克（Boris Pasternak）說過：「勇敢能掃除一切障礙。」面對現今這個機遇與挑戰並存的時代，孩子要想輕鬆應付，在競爭中取勝，就更需要有堅定的勇氣做伴。有父母經常感嘆，「我的孩子什麼都好，就是膽子太小。以至失去了很多東西。」如果勇氣是通向美好新世界的門票，為什麼這張門票如此稀缺呢？原因可能就是「勇氣」所承擔的責任實在太重。什麼是勇氣？在古英語裡，勇氣的意思是「心」，正如心臟為全身輸送新鮮的血液一樣，勇氣是輸送所有生活能量的

源泉。可見，父母培養孩子獨立、堅強、勇敢的品格，對孩子極有益處，因為這些優良的品格能使孩子在成長的道路上，輕鬆自如地面對困難、挫折、失敗和厄運。

一位年輕人在一家全球知名的公司找到了一份工作，半年後，他很想了解公司總裁對自己的評價，雖然他覺得事務繁忙的總裁可能不會理睬，但這位年輕人還是決定給總裁寫一封信。他在信中向總裁提了幾個問題，最後一個，也是最重要的一個問題是：「我能否在更重要的位置上做更重要的工作？」

沒想到總裁回信了，他沒有回答這位年輕人的其他問題，只對他最後的問題作了批示：「剛好公司決定建一個新廠，你去負責監督新廠的機器安裝吧！但你要有不升遷也不加薪的準備。」隨同那封回信，還有總裁給他的一張施工圖紙。

年輕人沒有經過這方面工作的任何訓練，卻要在短時間內完成任務，在一般人看來，這是非常困難的。那年輕人也深知這一點，但他更清楚，這是一個難得的機遇，如果自己因為困難而退縮，那麼可能永遠也不會有幸運垂青於他。於是他廢寢忘食地研究圖紙，向有關人員虛心請教，並和他們一起進行分析研究。最後，工作得以順利開展，並且提前完成了總裁交給他的任務。

當這位年輕人準備向總裁彙報工作進展時，意外的是，他沒有見到總裁。一位工作人員交給他一封信，總裁在信中說：「當你看到這封信時，也是我祝賀你升任新廠總經理的時候。同時，你的年薪比原來提高 10 倍。據我所知你是不能看懂這圖紙的，但是我想看看你會怎樣處理，是臨陣退縮還是迎難而上。結果我發現，你不僅具有快速接受新知識的能力，還有出色的領導力。當你在信中向我要求更重要的職位和更高的薪水時，我便發現你與眾不同，這點頗令我欣賞。對於一般人來說，可能想都不會想這樣的事，或者只是想想，但沒有勇氣去做，而你做了。新公司建成了，我想物色一個總經理。我相信，你是最好的人選，祝你好運。」

　　很多時候，我們之所以沒有成功，缺乏的不是才能和機遇，而是那種大膽嘗試的勇氣。事例中的這位年輕人拿出了勇氣主動出擊，終於使那些「不可能」變成了「可能」，他的大無畏精神值得每一位父母和孩子學習。

　　如果家裡有膽子小的孩子，父母不妨用下面的方法進行引導：

　　第一、父母做好表率。可以想像，父母如果在日常交際中畏首畏尾，比較怯懦的話，孩子膽子大的可能性就會很小。孩子的模仿能力是很強的，他們會仿效父母的做法，以至在與人交往中表現被動。所以，要想孩子擺脫怯懦，父母自己首先就應該做好表率。

　　第二、創造暢所欲言的環境。父母應製造活躍、融洽的家庭氣氛，讓孩子在家裡暢所欲言，培養快樂、活潑的性情。

　　第三、抓住孩子的興奮點，及時引導。孩子一般都有表現欲，在興奮的時候膽子最大，表現欲也最強，這時父母及時引導、督促，孩子就會勇敢地表現。

　　第四、多給予鼓勵。即使父母批評害羞的孩子時，也一定要注意措辭，盡量以鼓勵為主，不要在言語上無意中傷害了孩子的自尊心。平時，不要在別人面前給孩子戴上「這孩子就是膽小」之類的帽子，這種定性的話只會起到負面的強化作用。時間長了，孩子會以為自己天生就是膽小的人。

　　第五、多帶孩子外出，開闊眼界。創造外出活動和與人交往的條件，使孩子隨著年齡的增長，不斷地擴大認識及交往範圍，使他在與陌生人的交往中，不斷地增強感知能力和記憶能力。

　　第六、讓孩子經歷磨難。父母要有意識地為孩子製造一些障礙，讓他們自己想辦法克服；或是在孩子遇到困難時，有意識地袖手旁觀，讓孩子憑藉自己的力量去戰勝困難。這樣做的好處是孩子在獨立克服困難後，會更有成就感，而成就感是激起一個人勇氣和信心的力量。當然，當孩子的力量實在單薄無法與困難抗衡時，父母再適時地伸出手。在恰到好處的時候才幫助孩子，這比一味溺愛更能教育孩子，更能鼓勵孩子。

如何引導嬌氣的孩子

如今大多數家庭都是獨生子女,父母無不視孩子為心肝寶貝,孩子過著衣來伸手、飯來張口的優越生活,從而造成了他們在日常生活中自理能力差、嚴重依賴親人、嬌氣不講理的惡習。

生活中的「小皇帝」、「小公主」越來越多,獨立自主的孩子越來越少。這些孩子動不動就把自己的家人指揮得團團轉,如果哪方面沒有「伺候」到位,不是哭鬧,就是要性子,或以不上學相要脅。顯然,孩子過於嬌氣,主要是家長過於疼愛、過於嬌慣造成的。有些家長也意識到了這一點,但如果一旦要對孩子動真格的,家長們又捨不得了,往往以「孩子還小」為藉口,繼續嬌慣,任其發展。

當然,在生活中給予孩子適當的幫助和指導是非常必要的,因為孩子各方面還處於發展的初期,無論是在做事還是交際處世方面,都需要父母的幫助,但是幫助和指導應是有限度的。如果事無巨細,一概包辦,則會養成孩子依賴的習慣,時間一長,還會形成依賴型人格。由此可見,依賴對孩子的心理健康和個人成長都是極為有害的,它會直接影響孩子今後的學習、同伴交往和社會適應能力,故應及時糾正。

清代著名畫家鄭板橋 52 歲時才有兒子,起名叫小寶。他對小寶當然是十分疼愛喜歡。但他非常懂得「嬌慣孩子就等於殺了孩子」的道理,從不溺愛小寶。

鄭板橋被派到山東濰縣去做知縣,將小寶留在家裡,讓妻子和弟弟鄭墨照管。鄭板橋看到當時富貴人家子弟多數被寵得不像樣子,更是擔心自己的兒子被嬌慣壞,所以他從山東不斷寫信給弟弟要他嚴加管教。他還告訴小寶說,你每天吃完晚飯就坐在門檻上,念詩給叔叔和母親聽,念得好了他們會給你好吃的。

當鄭板橋聽說在家的小寶常常對孩子們誇耀:「我爹在外面做大官!」有時還欺侮傭人家的孩子的時候,鄭板橋立即寫信給弟弟鄭墨說:「我 52

歲才得一子，怎麼會不愛惜他呢！然而愛也必須有規矩有方法。」他要弟弟和家人對小寶嚴加管教，助長他天性中誠實敦厚的一面，幫他去掉奸詐殘忍的一面。弟弟和家人按照鄭板橋的意願對孩子進行教育，收效很大，於是給鄭板橋寫了封信，說這孩子長大之後準是個有出息的人，能像你一樣，當個官。鄭板橋看信後立即給弟弟鄭墨覆信：「我們這些人，一捧書本，便想中舉、中進士、做官，如何攫取金錢，造大房屋，多置田產。起手便走錯了路，越來越壞，總沒個好結果。讀書中舉、中進士、做官，都是小事，第一要明理，做品德修養高尚的人，做有益於社會的人。」

小寶長到 6 歲時，鄭板橋就把小寶帶在自己身邊，他親自教導兒子讀書，要求兒子每天必須背誦一定的詩文，並讓他參與力所能及的家事。到小寶 12 歲時，他又叫兒子用小桶挑水，無論晴天還是下雨天都不能間斷。

鄭板橋在臨終前，為了檢驗兒子的動手能力，他要兒子親手做幾個饅頭端到床前。當小寶把做好的饅頭端到床前時，他放心地點了點頭。臨終前，他還給兒子留下遺言：「流自己的汗，吃自己的飯，自己的事自己幹，靠天靠人靠祖宗不算好漢。」

鄭板橋教育孩子的方法很值得我們現代父母學習。要想根除孩子嬌氣、依賴的習慣，就應注重從生活的每一個細節做起。

第一、讓孩子學做力所能及的家事。嬌氣的孩子大多是懶惰的心理在作怪，要克服懶惰，就要讓他們多做力所能及的家事。如洗碗、洗菜、洗鍋、倒垃圾等輕鬆工作，盡量讓孩子獨立去做。有些家事也可以讓孩子跟著大人做，如包餃子、收拾房間、整理桌面、疊被子等。同時還可以讓孩子幫忙買油鹽醬醋等，這樣既培養了孩子的交往能力，又培養了孩子獨立生活的能力。

第二、要求孩子自己的事自己做。孩子自有孩子的生活空間，家長應該讓孩子在屬於自己的生活空間裡自由發揮。每個孩子都有爭強好勝的心理，家長可利用這一點，經常鼓勵孩子：別人能做的事，你也能做。如此還可以培養孩子的自信心。家長不必替孩子們包辦一切，該放手的時候就

放手，相信孩子有能力做好。對於那些嬌寵慣了的孩子，開始也許還不太習慣，做事會丟三落四，沒有章法，這時家長也別著急，千萬不要替孩子去做，而應該教他怎樣做，需要注意什麼事項，孩子一有進步，就應及時表揚「你真厲害」「我們的孩子真能幹」，讓孩子時時體會到動手的樂趣，體會到成功的喜悅。

第三、引導孩子的利他行為。孩子的嬌氣往往是與自私、任性等不良行為相伴而生的。對此，父母可以經常支持、鼓勵孩子進行一些利他行為、親社會行為，如將自己的文具、玩具與同伴分享，陪伴比自己年幼的小朋友回家等等，以期透過良好行為改變不良行為。專家認為，積極引導這些利他行為，對於孩子的信任感、獨立感的培養以及良好的同伴關係是十分必要的，同時也有助於克服幼兒期常見的自我中心傾向與嬌氣、任性行為。

第四、重視給孩子找同伴。同伴是孩子社會化的動因，同伴對於孩子的積極、消極行為均有強烈的、持久的影響力，因而父母在指導孩子與同伴交往方面應特別引起注意。對於具有優良品格的同伴，應該鼓勵孩子多與之交往，並激發幼兒好強、競賽性心理，引導孩子學習、模仿。

第五、讓孩子明白父母的愛。孩子嬌氣的習性是經過較長的時期才形成的，同樣，想要糾正這一行為也不是一天兩天就能辦到的，在這個過程中，父母的耐心尤為重要。過於倉促或激烈的矯正方式，都有可能會使孩子誤認為他是個不受喜愛的人，從而對他的心理造成傷害。因此，一方面要增加孩子的成功經驗，積極培養其自我效能感，另一方面還要設法讓孩子明白，父母是愛他的。

如何引導孤僻的孩子

對於現在的孩子特別是生活在城市高樓裡、被溺愛浸泡著的孩子來說，性格孤僻、不喜歡與人交往是一個非常普遍的現象。

　　有位兒童心理學專家一針見血地指出，「孤僻、內向的孩子不合群，甚至還有攻擊行為，即便長大了也很難與人合作。」面對這樣的孩子，父母往往表現得十分焦慮，不知如何是好。事實上，孩子的不合群是完全可以糾正的。特別是學齡前幼兒正處於個性萌芽和初步形成期，父母應該抓住這個關鍵期對孩子施加正確的引導，使其形成良好的品格和開朗樂觀、主動交往的性格雛形。

　　孩子性情孤僻表現十分明顯：

　　他們不懂得如何與人建立正常的連繫，缺乏與人交往、交流的傾向，有的孩子雖然不拒絕別人，但缺乏社會交往技巧；他們的目光不注視對方甚至迴避對方的目光，很少微笑，也從不會和人打招呼；他們的不合群還表現在對周圍的事不關心，似乎是聽而不聞，視而不見，自己願意怎樣做就怎樣做，毫無顧忌，旁若無人，周圍發生什麼事似乎都與他無關，很難引起他的興趣和注意，他們的目光經常變化，不易停留在別人要求他注意的事情上面，他們只生活在自己的小天地裡；他們言語很少，聲音很小，有時甚至不願說話而寧可用手勢代替；他們常常在較長時間裡專注於某件事，不肯改變其原來形成的習慣和行為方式；他們興趣狹窄，難以適應新環境；他們很少關心別人，更無視別人的關心。

　　在醫學界，嚴重孤僻甚至被視為是一種病態，即常人所說的自閉症。近年來，自閉症發病率在全球呈急劇上升的趨勢。據有關機構研究表明，與西元 1980 年代相比，自閉症的出現機率高了近 10 倍。在美國，每千名兒童中有 3 人在不同程度上患有自閉症，這些患自閉症的孩子年齡一般在 5 歲至 17 歲之間。而在中國，自閉症患兒發病率約為萬分之五，而且每年以 10%～ 17%的比例成長。

　　付浩從小就比同齡的小朋友顯得性格內向，注意力難以集中，老師經常投訴他上課不專心，經常離開座位，沒有一個好朋友，不能和班級同學交往和友好相處，不懂得與人相處，有些言行別人難以接受，經常與別人起衝突，同學們都不喜歡他。剛開始，母親還以為付浩性格內向，後來問題越發嚴重，就帶他到醫院檢查。付浩與醫生交談時不敢直視對方，只是

低頭看著地板，他告訴醫生自己每天的生活都在「熬」，睡眠不好。醫生經過一番診斷後，肯定地告訴孩子的母親，孩子患了自閉症。後來，在醫生的指導下，母親一步一步地引導孩子走出孤單……一年多後，付浩竟像變了一個人似的，原來沉默不語的形象被活潑好動善於和同學相處所替代。

對孩子自閉症的治療，大多採用藥物治療和教育訓練相結合的方法。不過藥物並非是治療的根本，治療自閉症應主要採用教育訓練。要根治孩子的自閉症，要培養一個合群、樂於交往、善於交往的孩子，必須從消除那些造成孩子孤僻的原因入手。

第一，營造良好的家庭氛圍，改善家庭成員間的關係。全家人應和睦相處、互相體諒，給孩子一個祥和、安全的家庭交往環境。盡量不在孩子面前過多地暴露父母雙方的分歧甚至爭執，避免給孩子的心理帶來陰影。除此之外，父母還要積極改善與孩子的關係，不要用傷害性語言或消極語言批評孩子。多給孩子一些溫暖，關注孩子的生活、學習和健康，每天抽時間與孩子遊戲、散步、交談，使孩子感到自己在父母心中的地位和分量，心中得到愛的滿足，建立安全感。

第二，創造機會，讓孩子在情境中學會交往。比如，讓孩子多參加幼稚園和社區組織的集體活動。從小生活在同儕的團體中，孩子會逐步學會如何生活、如何相處。

第三，尊重孩子身為主體的人格和權利，避免包辦代替。父母應注重培養孩子的生活自理能力，幫助其擺脫依賴思想，引導孩子學會關心自己的親人，注重親人的感受，防止過分的「自我中心」。父母不必時時刻刻陪伴在孩子身旁，要有意識地給孩子獨立遊戲的機會，讓孩子在獨自遊戲中獨立探索、解決問題，逐漸形成堅實的自信心。

第四，建立良好的夥伴關係。孩子孤僻、不合群，有時是由於不能聽取他人的意見，缺少合作意識造成的。因此，要幫助孩子改變以自我為中心的心態，學會聽取小朋友的意見，分清是非。如：父母可經常詢問孩子

是否玩得開心，了解他們遊戲的情況，肯定孩子的正確做法，指出孩子的不當行為，如果小夥伴做錯了什麼，要學會諒解。

中篇
信任相隨，為孩子播撒希望

　　每個孩子心靈深處最強烈的需求和大人一樣，就是渴望受到賞識和肯定。父母要自始至終給孩子前進的信心和力量，哪怕是一次不經意的表揚，一個小小的鼓勵，都會讓孩子激動很長時間，甚至會改變孩子的整個面貌。

　　一個 10 歲的男孩一直想當一名歌星，但是，他的第一位老師卻說：「你五音不全，不能唱歌。你的歌簡直就像是風在吹百葉窗。」

　　回到家裡後，他很傷心，並向他的母親──一位貧窮的農婦哭訴這一切。母親用手摟著他，輕輕地說：「孩子，其實你很有音樂才能。聽一聽吧！你今天唱歌時比昨天樂感好多了，媽媽相信你會成為一個出色的歌唱家的！」

　　聽了這些話，孩子的心情好多了。後來，這個孩子成了那個時代著名的歌劇演唱家。他的名字叫恩里科·卡魯索（Enrico Caruso）。

第六章
適時「鬆綁」孩子

讓孩子自立自主

　　父母愛子，天下皆然。然而，怎麼才算是真正的愛孩子呢？愛孩子不應過分地呵護，過分地嬌慣，愛孩子應該為孩子的未來著想，讓孩子知道自立的意義，培養孩子自立的能力，要「逼」著孩子學會生存。可以說，這是社會對孩子提出的要求，同時也是對父母提出的忠告。

　　父母對自己的孩子經常表現為過分寵愛、過度保護、過多照顧、過高期望，正是這「四過」束縛了孩子的手腳，嚴重影響了他們獨立性的形成。其實，如果父母愛孩子，首先要承認孩子是一個獨立的人，他有強烈的獨立願望，所以自孩子誕生之日起，父母就應該有意識地培養他的獨立性。如讓孩子從小就養成獨自睡眠習慣；隨著年齡的增加，孩子動作發展趨向成熟，就培養他學會自己捧奶瓶喝奶，用杯子喝水，用湯匙吃飯；能走能說話時，孩子的自主意識增強時，讓他自己選擇玩具與小夥伴一起玩，自由交往；以後凡孩子自己能夠做的事，父母都不包辦代替，放手讓他自己完成，這樣一步一步地引導孩子走向自主獨立。

　　韓非有句名言：慈母有敗子。意即做母親的過分慈愛，子女往往不會成器。誠然，疼愛子女是父母的天性，也是父母應盡的責任，但得有個度。眼下，生活水準提高了，給孩子吃穿講究一點，也在情理之中，但切不可好過了頭。現在有些父母，對孩子的愛缺乏理智，愛得太過火。孩子飯來張口、衣來伸手不說，對孩子提出的要求無論是否合理，一律應允。其實，過分溺愛的結果，往往事與願違，播下的是「龍種」，收穫的卻可能是「跳蚤」。為了培養聰慧、勤勉、堅強的下一代，我們應該盡可能藏起一半愛。

　　美國人就十分重視培養孩子的獨立性。父母在如何讓孩子儘早具有獨立性和智力的潛質開發方面獨具匠心，下了很大的工夫。有人說中國孩子是抱大的，美國孩子則是爬大的，這種說法一點也不為過。在美國，無論在哪裡，都可看到蹣跚學步的孩子。如果孩子跌倒了，父母一般不會伸手去扶，小孩只好自己站起來。美國孩子很小就與父母分開住，孩子單獨睡

一個房間。孩子到了 18 歲時，就得自己賺錢解決生計，這倒不是父母沒錢，而是讓孩子自己賺錢早日獨立。美國孩子從小就經常聽到父母的口頭禪：「自己照顧好自己」、「讓你的明天變得更美好」。美國父母是這樣看的，讓孩子自己賺錢，是讓孩子知道賺錢的辛苦和不易以及賺錢的價值。

培養孩子自主自立有多種方法：

第一、孩子自己的事情自己做。身為父母，在孩子需要父母的幫助才能完成的事情中不給予幫助，這是父母的失職。然而，當孩子有獨立完成事情的能力時，父母就應要求孩子獨立完成。試想，如果孩子沒有摔倒了重新站起來的勇氣和毅力，他怎樣去生存？如果孩子離開了父母的呵護，他會生活得很糟，那他怎樣去競爭？

第二，教孩子處理問題。讓孩子自己解決問題，不僅培養了他的自主意識，還提高了他分辨是非的能力。在孩子辦錯事或自己能處理事情時，盡量讓他們自己處理或參與，使他們成為主角。有個小朋友和母親到鄰居家裡做客，小朋友把鄰居小孩漂亮的橡皮擦偷偷放進了兜裡。母親看到後沒有說什麼，而是給她講了一個故事，讓她說說故事的寓意。這個小朋友想了想說：「如果拿了別人的東西，就應該還給別人。」事後，她把別人的東西悄悄地放了回去。

第三，培養孩子的責任感。培養獨立的孩子，要重在培養孩子的責任感。父母可以適當地讓孩子品嘗一下做事情不負責任的苦果，孩子如果一而再地受到不良後果的懲罰，他當然就會提高警惕，下次做事情的時候當然就不會再馬馬虎虎、草率了事了。增強孩子的責任心，父母平時就應該注意培養孩子做事有始有終、負責到底的良好習慣，交給孩子去做的事情，不管是大是小，家長都要全程監督，發現問題及時糾正，決不允許孩子做到一半就隨意放棄，要讓孩子從頭至尾認認真真地把事情做完做好。

總之，培養孩子的獨立性自始至終要堅持，要貫穿在孩子的生活、遊戲、學習和活動中，家庭成員要有一致的態度，否則難以形成孩子的獨立性。萬一孩子碰到困難，不能獨立完成要做的事，父母應給予鼓勵和引

導，必要時可給予適當的幫助，但一定要堅持讓孩子自己獨立完成。另一方面也要注意，不能勉強孩子去完成他力所不能及的事情，這樣反而會使他喪失獨立的信心。即使孩子由於能力問題不能獨立完成他應該做的事，家長也千萬不要批評和取笑他，這輕則會引起孩子不愉快的情緒，重則會傷害孩子的自尊心，使其失去獨立的信心和願望。

給予孩子自由空間

　　現在的孩子背負著太多的重擔，他們的日常生活被大人安排得滿滿當當，早晨天還不太亮就背起沉重的書包上學，很晚了才疲憊不堪地回到家，而孩子的週末時間更是被各種才藝班所填滿……孩子的反抗招來的只會是家長的不滿和訓斥。無論在什麼情況下，孩子都不能嬉戲、不能遊玩、不能看電視、不能上網……父母坦承，無法忍受孩子「虛度光陰」的做法。孩子的時間真的是在白白浪費掉嗎？其實不然。英國心理專家指出，對孩子來說，「虛度光陰」也是一種休息和能量儲備，反而是大人對孩子的過多安排會扼殺孩子的獨立性和創造力。專家呼籲，應允許孩子在一定程度上「虛度光陰」。

　　教育專家陶行知指出，孩子的成長和發展需要有一個寬鬆的、開放的、積極的環境，需要父母在熱切期望和等待中來引導孩子的成長。孩子的發展，要遵循天性，不能任意抹殺孩子的創造欲望和玩樂心態，要給予孩子自由的空間，要讓孩子自由地發展。

　　給孩子自由空間，可以讓孩子早早學會自立；給孩子自由空間，孩子就會明白自己應該怎樣生活，應該如何為人處世，有了問題該怎樣尋求解決；給孩子自由空間，實際上是給孩子獨立思考的時間，現在的孩子被動的選擇太多，甚至在忙碌中已喪失了獨立思考的習慣，這是件多麼可怕的事情；給孩子自由空間，就是交給孩子培養想像力、激發創造力的時間，現在孩子的時間被大量的課業所占據，根本沒有空間選擇自己想關注的事

物，不能充分地解放自己，這就影響了學生的想像力；給孩子自由空間，可以培養孩子的質疑精神，孩子都忙於課業，沒有時間質疑，從而造成了孩子可貴的批判意識的缺失。

有位老師在日記裡寫了這樣的一件事情：

在故事《三隻蝴蝶》的教學中，我設計了故事表演這一環節，發現我們中班幼兒對扮演角色非常感興趣，特別是愛表演的峻峻小朋友顯得特別興奮，活動結束了還有些意猶未盡的感覺，於是我在區域活動的表演區提供了一些道具和頭飾，峻峻小朋友首當其衝，把最喜歡的紅蝴蝶頭飾帶在頭上，可能其他的小朋友對這個故事表演沒有當初感興趣，也有可能其他區域新投放的題材更吸引他們，總之，到故事表演區的只有峻峻小朋友和另外一名幼兒，而且那位小朋友只待了一下子也走了，看得出峻峻小朋友非常失望，自言自語地說：「你們不演，我一個人演」，於是她一下子演紅蝴蝶、黃蝴蝶、白蝴蝶，一下子演紅花、黃花、白花，一下子戴這頭飾，一下子戴那頭飾，有時頭飾還纏在髮夾上，取也取不下來，弄得手忙腳亂，小臉漲得通紅，而且嘴裡的故事老是被打斷，看樣子，她的興致漸漸低沉下去，最後只好依依不捨地離去。

第二天，我就在表演區準備了許多畫有紅蝴蝶、黃蝴蝶、白蝴蝶以及紅花、黃花、白花的硬紙板、竹片、迴紋針、兩面膠、糨糊等，活動開始了，峻峻小朋友第一個走過去，接著，也有幾個幼兒圍了過去，拿起桌上的東西開始議論：「這是什麼？沒有帶子，不是頭飾呀！」「這竹片要它做什麼？」峻峻小朋友歪著頭想了想說：「我們可以把硬紙板黏在竹片上，可以拿在手裡玩呀！」其他小朋友也紛紛贊成，於是他們開始動手操作，有的用糨糊黏，有的用兩面膠，有的用迴紋針，最後他們發現用迴紋針最方便，最牢固。一下子紅蝴蝶、黃蝴蝶、白蝴蝶，紅花、黃花、白花一下子「飛」到了竹片上，小朋友把它舉在手裡蹦來蹦去，這時峻峻小朋友又發現了桌子上的大臉盆，觀察了一下子就興奮地叫道：「對了，我們可以把三朵花種在裡面，把三隻蝴蝶拿在手裡，這樣我可以一個人來表演了」，她馬上把紅花、黃花、白花插在了沙子裡，一邊有聲有色地講起了故事，

蝴蝶在她的手裡翩翩起舞，一下子飛到這裡，一下子飛到那裡，從她充滿笑意的臉上，可以看出她的需要得到了滿足。

由此我體會到兒童的發展是孩子在適宜的環境中，以主動、積極、內涵豐富的活動為基礎的，教師一定要了解孩子內在發展的需要，及時創設適宜的環境條件，激發孩子的興趣和求知欲，為孩子展現自我提供寬鬆自由的空間，給予孩子自我發展的機會。

是的，正如這位老師所說的，給予孩子充分的自由和愛，孩子就會健康、快樂地成長。

當然，父母在給予孩子自由的時候，應意識到自由是在一定界限範圍內的自由，而不是無法無天、胡作非為的自由，是尊重與愛的自由，是出於對孩子的深入理解所給予的自由，也只有這種自由，才能滋養孩子的身體和心靈。

尊重孩子的決定

每個人都渴望被人尊重，每個人都渴望自己的決定被人讚許，孩子也不例外，他們是獨立的個體，對事情有著自己的看法，希望能按照自己的想法去做。但有些父母往往不理解這一點，他們不理會孩子的意見，粗暴地把自己的意願強加給孩子。長期下去，親子間必然出現危機，而父母也會失去孩子的尊重。因此，開明的父母應該學會尊重孩子、尊重孩子的決定。

父母尊重孩子的決定，會使孩子擁有成就感，從而增強他們的自信心和獨立性。比如，孩子決定實行新的讀書計畫，決定參加一項體育活動，決定買一件喜歡的衣服……身為父母，不應只是一味地指責，而是應該為孩子能夠自己做出決定而高興，應該發自內心地支持他，為他能完成自己的計畫創造一些有利的條件。同時，父母要教會孩子從行為中去預見結果，自覺抵制一些不良行為的誘惑。在這個過程中，父母把自己的價值

觀、道德觀和行為準則展現在孩子的面前，對孩子的教育起到潛移默化的作用，使孩子從內心產生一份對父母的尊重感，並且使這一價值觀逐漸泛化，化為孩子對社會對家庭的一種責任感。

在一次家長會上，有位母親即興發言，談了自己與女兒之間的誤會以及自己的深刻體會：

女兒上二年級了，就不再像以前那樣聽我的話。有一段時間，我總是為她穿什麼衣服，看什麼書，學什麼專長而與她產生不愉快，這讓我感到傷心，也很迷惘。我認為好的、美的東西，她有時會認為是壞的、醜的；我要她這樣做，她偏要那樣做……為此，我也苦惱過、失望過、反思過。後來我在尋找答案的過程中的，領悟出一點道理，原來是孩子讓我有了新的認知。

我開始願意尊重孩子的個性發展。孩子是活生生的人，她不是我的附屬物，她遇事有自己的想法。孩子的意見是她逐漸成長的表現和象徵，應該給予尊重、理解和鼓勵。例如，孩子主張要穿什麼樣的衣服，這說明她已有自己的審美觀點和情趣，只要沒有太離譜，就讓她去穿，我不宜用自己的尺規來控制和干涉。

不可否認，如果孩子做什麼事、做出什麼決定，父母只是無情的一概否定的話，必定會招來孩子的強烈反感。其實，隨著孩子漸漸長大，他們總會有自己的想法，並想將之付諸行動，即使他們的行為是笨拙的、錯誤的，但對孩子來說，那也是個全新的體驗，父母所應該做的就是引導他們了解問題的所有答案，然後做出選擇，以及承擔選擇之後的結果。有的父母甚至把自己的權威建立在對孩子的發號施令上，孩子只許服從，決不能反抗。這樣的結果只會是適得其反，孩子對於父母強加給自己的意願陽奉陰違，表面順從，心裡卻根本不服。

甘國強 8 歲生日的時候，爸爸給他買了一整套珍貴的郵票，希望能夠激發他集郵的興趣。後來，甘國強在朋友那裡發現了一套籃球明星卡，非常眼饞，就用這套郵票換了那套明星卡。爸爸發現了這個交換後感到非常

生氣。首先，他認為這是他送給甘國強的禮物，他這樣輕易換掉，是對他的不尊重；再有一個，他知道和甘國強換卡的小孩年紀比甘國強大，應該懂得這套郵票的價值要遠遠超過那套明星卡的價值，而他卻沒有告訴甘國強，因此是占了甘國強的便宜；當然，最重要的是爸爸認為甘國強並沒有和他商量，就把整套郵票換出去了，因此，他決定要教訓甘國強一下。他向甘國強指出兩件東西之間是不等價的，並強迫甘國強從朋友那裡要回那套郵票，並退回這套籃球明星卡，使得甘國強非常窘迫，覺得自己十分的愚蠢，和朋友之間的關係也就此破裂。

　　我們應該注意，換郵票是甘國強自己的決定，無論他成熟與否，我們都應該尊重這個決定。既然郵票已交給甘國強，他應有權力決定如何安排這份禮物，父親無權橫加干涉。理想的做法應是，當甘國強向父親顯示他新換來的明星卡時，父親應該和他一起欣賞，而不應該立刻提出任何異議。過一段時間，在一個適當的機會，父親再向甘國強解釋兩件東西不同的價值，而不用提起甘國強當時的交換行為。這樣甘國強可以醒悟自己是以大換小，上了當，但並沒有面子上過不去。那麼是否去找朋友要回郵票應由甘國強自己決定，父親不再參與。如果照父親原來的處理辦法，甘國強覺得非常的羞愧，而且認為自己無能，一切錯都在自己身上。事實上，甘國強怎麼會懂得這些東西的價值呢？如果他不懂，我們又怎麼能夠隨便怪他呢？其實，在父親要教訓甘國強的行為中，也夾雜了對自己尊嚴的重申與維護，這種居高臨下的態度，是對孩子很不尊重的表現。

　　當然，尊重孩子並不意味著放縱孩子。在尊重孩子意見與權利的同時，也要商定一些必要的約束規則，讓孩子明白自己的經驗畢竟沒有父母豐富，在做決定時需要參考別人的看法。

　　古人云：「敬人之人，人恆敬之。」一個孩子得到了父母的尊重，就會產生一系列正面的連鎖反應，他的心中就會早早種下民主、平等、寬容和理解的種子，種下獨立自由之精神。這對於孩子人格的完善和發展有著重要作用。

為孩子保守祕密

　　每個人都有自己的祕密，對於成人而言，守護祕密更多意味著責任和負擔；但對於孩子來說，擁有祕密並保守祕密是走向成熟和獨立的象徵。

　　「我已經整整兩天沒有跟媽媽說過話了。因為她偷看了我的日記，我很生氣。」週末，一位 15 歲的國中生跟某報編輯老師聊天，非常生氣地訴說自己的痛苦。老師相勸：「媽媽也是為了你好，並沒有惡意。」她委屈地說道，我知道媽媽是為了我好，可是日記裡面有我的祕密，我想我也要像班上同學一樣去買個帶鎖的日記本。這個女生說，他們班上很多同學的家長也會偷看自家孩子的日記，有些家長偷看後甚至還理直氣壯，覺得打開自己孩子的日記或者信件是「老子管兒子」天經地義的。

　　其實，家長偷看孩子的日己和信件，偷聽孩子的電話只不過是關心孩子、怕孩子走上邪路，希望孩子的一切行為都在自己的掌控之中。可他們所謂的良苦用心，卻在無意中對孩子造成心靈的傷害。一項調查研究表明，近 30% 的中小學生的日記和信件，被家長偷看過。很多家長包括老師並不希望孩子有祕密，而希望孩子的一切行為都在自己的掌控之中。事實上，很多家長忽視了祕密就是孩子成長的養料。

　　祕密意味著孩子自我意識的成長。身為父母，如果發現孩子有了自己的祕密，應該感到高興，這意味著孩子誕生了內心世界，他想擁有自己獨立的空間了。珍視一顆童心的成長，最好的方法莫過於讓他擁有一份獨自承擔的內心祕密。

　　隨著自我意識的覺醒，雖然孩子越來越不滿於凡事受父母控制、擺布的局面，但是成人世界的強大力量又令他們心生忌憚，於是祕密成為孩子身為弱者的一種自我保護形式。這種對自己內心世界獨享的體驗，可以讓孩子感受到個體的存在感和價值感。可以說，祕密是孩子內心的一種珍貴體驗。

　　同時，祕密可以幫助孩子走向獨立和成熟。孩子總有一天要走向獨

立，而擁有個人祕密並能恰當處置是走向獨立的要素。對個人來說，祕密往往與責任緊密相連，並且要獨立承擔責任。從這個意義上講，擁有祕密是孩子邁向獨立和成熟的必經之路，而沒有祕密的「水晶人」是永遠長不大的，有遠見的父母應該允許孩子有自己的祕密。

有位小學老師，早晨收學生作業時，學生勝炎慌慌張張地跑到她面前：「老師，我的作業找不到了。」

「這怎麼可能呢？你再找找是不是掉到地上了。」

「我都找過了，就是沒有。」

老師又幫他找了一遍之後，還是沒有發現。

正在大家著急的時候，勝炎終於找到了他的作業，但是令老師想不到的是，作業上卻寫著劉偉傑的名字。這是怎麼回事呢？仔細看紙上確實是勝炎的字跡，班裡大部分孩子的字跡老師都認得出來。勝炎是班裡寫字最好的同學，他的字老師是不會認錯的。劉偉傑的字跡老師也認識，他馬上斷定這不是劉偉傑的作業。老師抬頭看了一眼和勝炎同桌的劉偉傑，和他的目光一接觸，他立刻慌張地躲過老師的眼神，頭低了下去。

於是，老師把劉偉傑叫出了教室，把勝炎的作業放在他面前：「這作業是你寫的嗎？」

老師的眼睛一眨不眨地盯著劉偉傑，他沉默了一下子，終於忍不住了，眼淚從眼眶裡滾了下來。他邊哭邊說：「老師，我忘記寫語文作業了。我怕我爸爸知道了會打我，所以……」

「所以你就這麼做？你沒完成作業，這本來只是一個小錯誤，可是你把別人的作業寫上你的名字，使小錯誤變成了更大的錯誤，這不是錯上加錯嗎？」

也許是老師的語氣過於嚴肅，他的眼裡充滿了惶恐：「老師，這件事你不要告訴我爸爸媽媽，好嗎？他們知道了一定會打我的。我一定把今天的作業補上……」

聽著眼前這個孩子的哭訴，老師的心情一樣很難受，「孩子，我理解

你的心情，但是不贊成你的做法，這不能成為你犯錯誤的理由。這件事老師是不會告訴任何人的，但以後要做個誠實的孩子，決不能再犯這樣的錯誤了。」

劉偉傑感激地望著老師：「你是說你會為我保守這個祕密，對嗎？」

「當然！」

他輕鬆地破涕為笑。

讓老師欣慰的是，自那以後，劉偉傑在班裡的表現越來越優秀，成績也越來越好。

假如當初老師一氣之下向家長告了狀，劉偉傑也許就會懷恨在心，處處跟老師作對。但慶倖的是，老師為孩子的過失保密了，這實則也是在保護孩子的自尊心，孩子為此更加勤奮自律了。

祕密是一場「說」與「不說」的遊戲，當孩子發現自己有了祕密，意味著他誕生了內心世界；當孩子考慮要不要把祕密說出來的時候，說明他已經具有追求獨立的願望；當孩子要求別人為自己保守祕密的時候，表明他已具備初步的責任感。身為父母，應樂意站在孩子的一邊，為孩子保守祕密。

營造家庭民主氣氛

可以說，很多家庭都給人溫馨的感覺，但卻很難尋覓到民主的氣氛，而缺乏民主的家庭在某種程度上會壓抑孩子個性的成長。民主化家庭教育是建立在平等的基礎上的，理解為第一要義。民主化家庭往往表現為父母尊重孩子，以塑造孩子自信心為出發點，給孩子一個健全的人格。

很多父母一向把孩子看成自己的財產，有一種占有的心態，孩子必須聽父母的話才算是好孩子。很少有父母去考慮孩子自身的需要，家庭成員之間，孩子永遠是被管制的對象，對家庭大事，孩子沒有參與的權利，對自己的事，孩子也沒有決定權，只能聽從，沒有平等民主可言。

在一些孩子的眼中，父母很霸道，看看他們是怎麼刻畫父母的：經常怒髮衝冠、聽不進孩子的意見、不理解孩子的喜好、老是說人家的孩子好，看不到自己孩子的優點、不尊重孩子的選擇⋯⋯還有孩子這樣形容父母：父母就像一個怎麼也甩不掉的拐棍，父母像員警，而且是刑警隊的——專在你做了「壞事」後出現、父母是法官，孩子總是被告⋯⋯

顯然，被占式的愛包圍著，孩子永遠找不到自我，在家庭中永遠找不到公平和民主。

一位美國學者為了探知兒童的內心世界，了解他們對自己的父母和家庭究竟有哪些最迫切的要求，走訪了二十多個國家，對一萬多名膚色不同、經濟條件各異的學齡兒童進行了一次大規模調查。調查結果令人驚異：孩子們對父母和家庭的要求放在首位的並非是經濟、物質條件。他們對吃的、穿的、用的和玩的東西似乎都不大在意，相反，卻很關注自己的家庭精神生活。孩子最關心的是家庭氣氛和家人對他們採取的態度。他們心目中的好父母、好家庭，應該有友愛、輕鬆、寬容、民主和活潑的氣氛。在這種良好的家庭中生活，最利於孩子們身心健康成長。相反，他們最頭痛的是氣氛冷淡、緊張、沉悶、專橫、毫無生氣的家庭。

我們在追求社會民主的同時，不能忽視家庭民主的重要性，更不能忽視家庭民主在家庭教育中的作用，一個家庭的民主氣氛表現在尊重孩子的個性發展，尊重孩子的發言權、參與權，不把孩子當作私有財產，而是把孩子當作一個有獨立人格的個體來尊重。對孩子要事事用商量的口氣，並且給他們自己做主的權利，父母的任務只是給予指導，而不是替孩子作決定。

在民主平等的家庭氛圍中，父母和孩子之間才能相互信任、相互理解、相互尊重。

那麼，父母應如何營造民主的家庭氛圍呢？

第一、明確告訴孩子擁有的權利和義務。孩子身為一個獨立的個體，身為家庭的一員，應該擁有自己的權利，同時也必須承擔一定的義務。因

此，父母就應明確地告訴孩子，他擁有哪些權利和必須承擔的義務。

第二、給孩子創設一個獨立而自由的空間。父母要給孩子安排一個相對獨立而且可以自由活動的空間，那裡不放父母的任何雜物，只放孩子喜愛的東西。孩子想改善空間布局，做父母的只需做孩子的助手，讓孩子自己做主。因為孩子自己動手做的東西，更能給他個人空間的感覺，這樣會使孩子感到自己和大人一樣，產生平等感。

第三、不要在孩子面前互相攻擊。當然，並不完全禁止父母在孩子面前吵架，有時候父母的爭吵也會讓孩子體會到感情的複雜性。學習面對父母真實的情感，有利於孩子情感的細膩、全面發展。但堅決反對父母爭吵中的相互攻擊，充滿攻擊性的言辭不但無益於夫妻間矛盾的解決，還會給孩子帶來恐懼、不安、懷疑。

第四、傾聽孩子談話。父母不能控制孩子的發言權，要給他表達思想的空間，做孩子忠實的聽眾、知心的朋友。這樣會加大孩子對父母的親近度。

第五、共同商量討論問題。一家人應經常聚在一起相互交流，且氣氛民主輕鬆，對於各自的見聞、家庭中的一些問題，不分長幼，都可以盡情發表自己的意見、見解。同時，人人享有平等的權利，相互之間的意見可以直言不諱地提出，開展批評與自我批評，父母可以批評孩子，孩子也可以批評父母。

總之，父母用平等的態度與孩子相處，用討論的方式與孩子溝通，用啟發的方式喚起孩子的覺悟……一個充滿民主氣氛的家庭就會出現在大家面前。而創設家庭民主氛圍，營造和諧家庭環境，是培養優秀孩子的基礎。

第七章
好孩子是誇出來的

在錯誤中發現孩子的優點

在現實生活中，父母發現孩子的錯誤並不難，難的是從錯誤中發現孩子的優點，然後用讚揚的態度和語言去教育，使其認識到自己的錯誤並改正。

每個孩子都免不了會犯這樣那樣的錯誤，而孩子正是在不斷犯錯誤、糾正錯誤的過程中成長的。有些父母一看到孩子犯錯誤，就不分青紅皂白地責罵孩子，這樣又如何能從孩子的錯誤中找到優點呢？比如，對於孩子犯錯後敢於承認、擔當，要給予獎勵和讚賞，肯定孩子這種勇於承認錯誤的精神，而不是追究孩子的錯誤。要知道不當的責罵或體罰，會在不知不覺中傷害孩子。所以說，重要的問題不在於孩子是否犯錯誤，而在於父母採取何種態度讓孩子認識並糾正錯誤。如果父母善於在錯誤中找到孩子隱藏的優點，然後讚揚和鼓勵孩子，不僅能讓孩子充分認識到錯誤，還會讓孩子願意真心悔改，從而養成正確對待錯誤的習慣。總之，善於在孩子的錯誤中發現優點，用賞識的態度去教育孩子、糾正錯誤，比嚴肅的批評和打罵更有作用。

徐海偉是班上出了名的淘氣孩子，經常會在班上製造一些麻煩。一天中午飯過後，老師剛走到走廊上，已經吃完飯的孩子們就接二連三地說徐海偉的種種不是。這個說他打人，那個說他搶人家的圖書，再看看他，正滿不在乎地對著大家回嘴。

老師讓大家安靜下來後說：「老師和小朋友一樣討厭徐海偉身上的缺點，我想他也應該知道自己錯了，大家能不能想想他有沒有什麼優點呢？」一陣沉寂過後，大家爭先恐後地說起徐海偉的優點，「他每天來校都不用家長陪」、「他飯吃得很快」、「他經常搶著做事」……幾乎所有的細節都被孩子囊括了！最後，老師當著全班同學的面高興地對徐海偉說：「我們希望徐海偉更加努力，讓自己身上的優點越來越多，缺點越來越少。你說好嗎？」徐海偉低頭輕聲地說：「我知道錯了！我要讓自己的優點越來越多，缺點越來越少。」「我們又發現了徐海偉一個優點，那就是敢於承認

錯誤。」老師補充道。一陣熱烈的掌聲頓時回蕩在教室裡⋯⋯

現在的徐海偉，活潑可愛，與同伴相親相愛，愛與老師說自己的心裡話⋯⋯總之，老師同學都越來越喜歡他了。

這個事例說明：父母要善於發現孩子的優點，讓孩子在自信中成長。孩子犯了錯誤，父母難免會責備孩子，但是責備的方法有很多種，如果方法不當，可能會影響孩子的一生。而如果父母善於找到孩子錯誤中隱藏的優點，然後賞識孩子，不僅可以讓孩子充分認識錯誤，而且還會繼續保持這個優點，從而養成良好的對待錯誤的習慣。所以，面對「壞」孩子，父母更需要竭力去找他們的亮點，哪怕是沙裡淘金，哪怕是微不足道，都需要發自真心地去讚揚、鼓勵和引導。

學習時間，孩子跑到客廳打開電視。

這時，母親從房間出來。

「你怎麼老看電視，不好好做作業？」接下來就是母親的一番數落，「你這麼喜歡看電視，你別做作業了，有本事當演員去！」

孩子委屈地說，「我已經做完作業了。」

母親不依不饒，「你這是什麼毛病，找藉口，還頂嘴⋯⋯」

看，這位母親將孩子的錯誤行為指出後，著重抓著他的錯誤不放，還將此錯誤進行了誇大，這樣會使得孩子不但沒有意識到這樣做的錯誤，反而強化了孩子的這種行為。不當的責罵以及動粗、體罰或其他威嚇等處罰方式，不僅會在不知不覺中傷害孩子，還可能激起孩子的仇恨心理。

有個普遍的現象，就是孩子隨著年齡漸漸長大，聽到父母的表揚逐漸減少，而批評逐漸增多，有的孩子甚至經常受到「狂轟濫炸」式的批評。父母應該認識清楚，孩子是在周圍人的評價中認識自己，尋找方向，不斷前進的。父母對孩子的評價至關重要。肯定性評價會使孩子獲得愉快的心理體驗，產生好好做的激勵作用；否定性評價會使孩子心理不愉快，一方面可能反思問題，努力改正，另一方面也可能減弱自信，產生自卑。

任何一個人，渴望被別人肯定的心理需求大大超過被別人否定的心理

需求。這個規律大多數父母都懂，也想多表揚孩子，但往往覺得找不到值得表揚的優點，這該怎麼辦呢？只要父母在日常生活中細心觀察，就總會發現孩子有進步的地方——這就是值得表揚的優點：孩子的進步可以是多方面進步，也可以是單方面的進步，比如可能一次考試進步，可能在勞動或公益活動方面表現較好，可能文藝、體育取得好成績，可能有小發明、小製作……總之，要拿孩子的今天比昨天、比前天，哪怕發現一點微小的進步，也應及時肯定；不應該橫向比或高標準要求，因為看著不起眼，認為不值得一提就漠視孩子的點滴進步、吝嗇表揚。

優秀的父母，總能在孩子的錯誤中發現優點。

賞識會使孩子更優秀

父母要懂得賞識教育的重要性，更要懂得如何賞識孩子。

什麼是賞識教育？賞識教育就是在教育的過程中盡可能地給孩子多一些的肯定和欣賞，讓他們更多地體會到成功的喜悅和得到更多的讚賞、表揚，而不是一味地突出孩子的不足和缺點。賞識教育強調的是善於發現孩子的優點，對孩子多加鼓勵，使他們在情緒上得到滿足、心境保持愉悅。

每個人生活在社會上，都希望得到別人的賞識和認同，孩子也不例外。美國心理學家威廉‧詹姆斯（William James）說過：「人性中最深切的心理動機，是被人賞識的渴望。」父母對孩子每時每刻的了解、欣賞、讚美、鼓勵會增強孩子對生活的自信。

拿破崙‧希爾（Napoleon Hill）博士小時候被認為是一個壞孩子，家人和鄰居甚至認為他是一個應該下地獄的人，無論何時出了什麼壞事，大家都認為是拿破崙‧希爾做的。在這種情況下，拿破崙‧希爾破罐子破摔，一心想表現得比別人形容的更壞。他的母親去世後，一位新的母親走進了他的家庭，當父親介紹拿破崙‧希爾時說：「這就是拿破崙‧希爾，是希爾兄弟中最壞的一個」。此時，他的繼母卻親切地說：「他完全不是壞孩

子，他恰恰是這些孩子中最伶俐的一個，而我們所要做的一切，不外乎是要引導他將伶俐的特質發揮出來。」

繼母發現了拿破崙‧希爾人性中唯一的優點，在繼母的賞識和鼓勵下，拿破崙‧希爾開始改正自己的缺點，並發奮學習。繼母用她深厚的愛和不可動搖的信心，塑造了一個全新的拿破崙‧希爾——美國成功學的創始人。

「沒有種不好的莊稼，只有不會種莊稼的農民。」這是賞識教育的基本理念。賞識導致成功，抱怨導致失敗。父母應該為孩子高呼「加油」、「衝啊！」，哪怕孩子一千次跌倒，也要堅信他們能一千零一次站起來。總之，教育好孩子，就應從賞識孩子開始。

那麼，賞識教育的核心是什麼？是信任！教育專家認為不能把賞識簡單地等同於表揚，賞識的象徵是「行」，而不是「獎」或「罰」，賞識是指「看得起」。因此，賞識教育所提出的「賞識」是對人不對事的。在事上允許失敗，但對孩子的信任不變。在事上允許教育者有批評和引導，但賞識的心態不變。這是對孩子心底深處的善良和美好的信任，也是對人性深處的善與美的信任。以父母對孩子特有的愛和寬容來捕捉這一點，在這一點上與孩子連接，就能激發孩子「想好」的願望，而一旦「想好」的願望被激發，就真正啟動了孩子的自覺和良知潛能，進入追求真、善、美的境界。

教育專家把一個學校水準相近的學生組成一個班，在一起學習，分成四個組：第一組的學生總是受到老師的表揚，而受不到批評；第二組的學生，受到老師的表揚多於批評；第三組的學生，受到老師的表揚少於批評；第四組的學生，總是受到老師的批評而得不到表揚。一個學期下來後，這個班的學生開始分化，第一組的學生成績拔尖，第二組次之，第三組再次之，第四組的學生成績下滑很快，甚至有的學生學習自信心和積極性受到很大影響。

由此可見，長輩對孩子的讚賞是多麼重要。古人曾說：「數子十過，不如獎子一長；數過不改也徒傷情，獎長易勸也且全思。」這段話的意思

是：教育孩子，與其總是批評，不如去表揚一次；對孩子批評多了，孩子並沒有去改正，還挫傷了感情，如果用表揚和獎勵的方法來對待孩子，使孩子容易接受，而且能讓孩子更願意思考。比如，孩子學說話、學走路，都是在父母的鼓勵下進行的，而孩子學說話時，沒有不說錯的，學走路時，沒有不摔跤的。但沒有一個父母因為孩子說錯話、摔了跤而不讓他們學說話、學走路。事實也正如此，如果父母能在孩子遭遇挫折時，給予一個鼓勵的微笑，送上一句勉勵的話語，傳遞一個信任的眼神，孩子就會在充滿愛與溫暖的氛圍中，從長輩循循善誘的教導中，透過心靈的感悟與自我反思，認識自身的不足，正確對待挫折，增強克服困難的信心。

父母的賞識要像潤物細無聲的春雨，滋潤孩子純潔的心田。增強孩子對學習、對生活的自信心，激發孩子渴求知識的興趣，促使他們追求成功，永保積極向上的活力。

父母對孩子的賞識要有激勵性，要讓孩子從父母的賞識中，體會到成功的樂趣，更能從父母的賞識中明確努力的方向，以更加飽滿的熱情投入到學習生活中，力爭取得更大的進步與發展。

賞識其實並不困難，它可以這麼簡單──一句溫馨的話語、一個愛撫的動作、一次表現的機會往往就蘊含著賞識，就能生動地表達父母對孩子的賞識。

在別人面前稱讚孩子

讚揚、肯定和親切的態度能提高孩子的自我感知，相反，批評、指責和冷漠的態度只會降低孩子的自我感知。英國哲學家洛克說：「父母不宣揚孩子的過錯，則孩子對自己的名譽就愈看重。他們覺得自己是有名譽的人，因而更會小心地維護別人對自己的好評。若是當眾宣布他們的過失，使其無地自容，他們愈是覺得自己的名譽已經受到了打擊，設法維護別人好評的心理也就愈淡薄。」可見，在別人面前，孩子的自尊心更加強烈，

當著別人的面批評和訓斥孩子，將會傷害孩子的自尊。而最好的方法是經常對孩子讚揚、鼓勵，尤其是在別人面前讚揚孩子。

賞識教育的理論告訴我們，對孩子要多讚揚、多鼓勵，少批評、少責罵。經常對孩子讚揚、鼓勵，尤其是當著別人的面讚揚孩子，能使孩子產生成功感和榮譽感，從而增強他們對生活的信心。因此，父母應該把對孩子的賞識擴展到別人面前，要善於當著別人的面賞識和尊重自己的孩子，讓孩子充分感覺到父母對他的重視和欣賞，從而激勵孩子產生無窮的力量和信心。

有一天，楊信學帶著女兒出去散步，在路上偶然遇到了好友韋凌宇和他的女兒，故友重逢，難免一番客套。一陣寒暄後，他們都將話題轉移到了彼此的孩子身上。

楊信學問韋凌宇的女兒：「小朋友，你幾歲了？」韋凌宇的女兒性格比較外向，一點也不懼生，她很高興地回答說：「叔叔，我今年 6 歲。」楊信學又問：「上學了沒有？」她回答說：「上了，在實驗小學一年級一班。」楊信學繼續問：「老師今天教了什麼呀？」韋凌宇的女兒回答說：「教了拼音。」「能讀給叔叔聽一下嗎？」「當然可以！」說著小女孩張大嘴巴，發了一個「a」的音。儘管發音不是很準，但楊信學還是誇讚說：「嗯，讀得真好！小朋友真棒！」

隨後，韋凌宇也親切地問楊信學女兒問題，小女孩正好也上一年級，與韋凌宇女兒學的是同樣的內容。韋凌宇讓女孩讀「o」，女孩很認真地發了一個「o」的音，儘管她讀得很到位，但出於客套，楊信學還是很謙虛地說自己女兒讀得不太好。

接下來，韋凌宇又問了楊信學女兒其他幾個問題，誰知女孩一反常態，將臉扭到一邊，冷冰冰地回答說：「不知道！」韋凌宇自覺沒趣，楊信學也覺得很沒面子，就圓場說：「還是你女兒乖巧能幹，什麼都會，要是我女兒能趕上你女兒一半就好了。」說著楊信學無可奈何地嘆了口氣。韋凌宇安慰說：「孩子還小，不用著急，一切慢慢來。」

聊了一下子，天色漸晚，他們各自帶著孩子往回走。臨別時，韋凌宇的女兒很有禮貌地對楊信學和他的女兒說：「叔叔再見，姐姐再見。」楊信學輕輕地拍了女兒一下，示意她跟別人說再見，可女兒毫不理會，一個人氣衝衝地朝前面走去。楊信學無奈，只得尷尬地跟韋凌宇笑笑，並代替女兒跟他們說再見。

楊信學追上女兒，嚴厲地教訓她說：「你看人家妹妹多有禮貌，哪像你，連招呼都不跟人家打一下就跑了，真是太不像話了。人家比你還小，但什麼都比你做得好，你得好好向人家學習學習。」女兒不服氣地說：「那些問題我都會，只是我不想回答而已。你為什麼說話老是偏坦別人，一點都不像是我的爸爸。」說完，女兒低垂著頭，委屈地哭了。

楊信學這才知道，原來因為客套，在韋凌宇面前貶低了自己的女兒，使女兒的自尊心受到了深深的傷害。從那以後，楊信學再也不拿女兒跟別的孩子作比較了，也不在別的家長和孩子面前誇獎自己孩子的優點。因為無論是別人家的孩子還是自己家的孩子，他們的自尊心都是柔弱的，都需要別人的呵護和讚美。

從事例中可以看出，孩子比成人更愛面子。他們對於批評與讚揚是極其敏感的，如果孩子一有過失，父母就公開宣揚出去，使孩子當眾出醜，其結果只會加深孩子的被訓斥的印象，感到自己在眾人面前丟了面子，因而產生自卑，產生叛逆心理。恰恰相反，如果孩子被父母當眾誇獎，對其則是一種莫大的快樂。所以，當跟別人說起自己的孩子時，不管孩子是否在場，都要懷著賞識和尊重的心態去談論他們。

當然了，當眾誇獎孩子要講究技巧：

第一，態度必須認真和真誠。不能因為炫耀自己或者敷衍別人而故意吹噓、誇大孩子的優點。

第二，必須有根有據。要根據孩子平時的表現來賞識孩子，不能為賞識而賞識，憑空捏造事實，讓孩子感覺在作假。

第三，不能猶抱琵琶半遮面。誇獎孩子應該大大方方，有的父母只說

一半就停了下來，表現出謙遜、不好意思的樣子，這樣反而會讓人感覺父母在故意賣關子，在誇耀自己有多麼的了不起。

第四，要適可而止。父母不要沒完沒了，讓孩子感覺不自在。要知道，賞識的話並不是越多越好，有時候說的多了反而無益。

間接賞識更有效

父母賞識孩子的方式多種多樣，可以當著孩子的面直接讚美，也可以透過協力廠商間接讚美。間接賞識分兩種情況，其一，父母不直接當面稱讚孩子，而是透過與第三者交談的方式讓孩子在「無意」中發現父母的溢美之詞。其二，父母充當橋梁，讓孩子知道別人是如何為他鼓掌的。

真誠坦白地直接讚美孩子，固然能取得效果，但如果用詞不當，就可能使讚美之詞淪為孩子傷心的緣由，給孩子留下虛偽的印象。比起直接讚美，採取間接的讚美方式往往更保險。但要做到從容自如、得心應手地間接讚美孩子，就要巧設場景。

一天，趙靜的爸爸請幾位朋友來家裡吃飯。

由於還有作業沒有完成，趙靜匆匆吃完飯後就回房間了。

幾杯酒下肚，爸爸和朋友開始談論起各自教育孩子的心得來。

這時，趙靜的爸爸非常興奮地說道：「我覺得我們家小靜很好，我女兒既聰明又聽話，還特別關心別人。前幾天，我工作累了，她還幫我捶肩揉背呢！女兒的小手捶在我的肩膀上，別提有多舒服了！」

說這些話的時候，趙靜爸爸的幾個朋友都用羨慕的眼神看著他，其中有一個朋友說：「小靜真是個好孩子，我們真羨慕你！」

「其實你們的孩子也都很好，只是你們光挑他們的毛病，卻忽略了孩子的優點。」趙靜的爸爸對朋友們說。

趙靜在自己的房間裡聽到了爸爸和朋友們的談話，心裡高興極了，她

決心以後更加努力學習，不辜負爸爸對自己的讚賞！

趙靜的爸爸十分精明，他明明知道孩子就在房間，透過與朋友交談讚美孩子，孩子一定能聽到。要讚美一個人，當面讚美固然能起到作用，但往往背後讚美的效果更明顯，被讚美者往往更容易接受並激起其做得更好的願望。

當然，父母對孩子的賞識更多的是一種主觀的評價，往往無法從實際生活中得到對證，而別人對孩子的賞識卻大多來自實際的交往，他們沒有故意誇獎孩子的義務，因此他們的話要客觀得多，孩子也就更在乎別人對自己的評價了。

事例一：

陳燁的小姨是位事業有成的職業女性，陳燁很崇拜小姨。

有一次，從小姨家做客回來，媽媽無意間提了一句：「今天你小姨誇你有禮貌了。」

「真的嗎？」陳燁表現出很興奮的神情。

「真的呀！她親口對我說的。」媽媽說。

從此之後，陳燁遇到熟人打招呼、常問候老人、還常幫助他人……變得越來越懂禮貌了。媽媽發現這一神奇的效果之後，每次從小姨家做客回來之後，都會神祕地告訴陳燁：「你知道嗎，你小姨偷偷地對我說，陳燁搶著做家事，是個懂事的大孩子了。」「小姨誇你學習努力，說你將來肯定能做出一番事業。」

從此，陳燁每去小姨家做一次客，回來都會有很大的改變。

事例二：

一次家長會後，幾位老師都在對一個學生的家長述說他的孩子不好好學習，不遵守紀律等種種過錯。家長很生氣，站在一旁的學生也很害怕。最後，有位年輕的老師卻對那個憤怒至極的家長說：「這孩子淘氣是淘氣，可人很聰明，若能好好學習，將來一定會有出息。」聽了這些話，家長的情緒有所緩和，那個學生也鬆了一口氣。從此，這個原來很調皮的學生一

下子像換了一個人似的，遵守紀律，努力學習，不但順利地考上了明星高中，還以較高的分數考上了一流大學。

後來，那位家長在路上遇到這位年輕老師，很感激地對他說：「真沒想到，您的一句話，使我兒子從此像變了一個人，還有真出息了。」而那個學生在上大學後，給他的這位老師寫信說：「是您的一句讚美，改變了我一生的命運，使我及時改掉了懶惰、散漫的劣習；是您的一句讚美，使我認識到了自己的價值並對前途充滿了信心。」

每個人都希望獲得別人的讚賞，孩子也一樣，他們不僅僅希望獲得父母和家人的讚賞，更希望得到老師、鄰居、小夥伴等其他人的誇獎。當孩子如願獲知別人對自己的評價特別是積極的評價後，往往會產生更大的動力。哪怕當時他們並沒有如被誇的那樣優秀，但他們也會朝著那個目標去努力。

是的，如果父母經常當著孩子的面讚揚孩子的好，孩子聽多了就會習以為常，這時，可以換另一種方式——透過與別人交談讓孩子知道父母在間接賞識他，這反而會取得意想不到的效果。另外，父母聽到別人對自己孩子的賞識是一件幸福的事情，但是不要忘記及時把別人的賞識傳達給孩子，讓孩子認識到別人對他的評價，感覺到別人對他的讚賞，從而激勵他不斷努力和進步。

總之，在賞識教育中，父母不僅可以透過協力廠商表達自己對孩子的讚嘆，也可以借他人之口來表揚孩子，而這些，就是我們所說的間接賞識。有時，間接賞識會比直接賞識的效果更顯著。

嘲諷是賞識教育的大敵

蘇聯教育家馬卡連柯（Anton Makarenko）說過：「嘲諷，如諷刺挖苦一樣，會使人失去自尊，沒有自信。孩子正處於培養自尊和自信的關鍵時期，家長在任何時候，都切忌嘲諷自己的孩子。」嘲諷，會讓大人感覺沒

有受到尊重，但大人有調整自己思想情緒的能力，即使聽到嘲笑的聲音很不舒服，但只要認為自己做的事是對的，就會堅持下去。而嘲諷對於孩子來說，帶來的負面影響要嚴重得多。不管是何種類型的嘲諷，如果孩子意識到大人是在取笑自己，就會手足無措，失去做下去的勇氣，甚至出現畏縮倒退的心理，以至影響其一生的健康成長。

有些父母對孩子抱有極大的期望，他們望子成龍、望女成鳳的心十分迫切，每當孩子達不到他們要求的時候，往往有恨鐵不成鋼的感覺，對孩子一味進行指責、謾罵，甚至嘲諷。父母以為，這樣可以激發孩子向上的信心。其實不然，嘲諷只會使孩子的上進心、自尊心受到傷害，對孩子的精神健康造成無法挽回的嚴重損失。並且，家長的嘲諷往往會使孩子變得感情冷漠，對家庭充滿厭惡與反感，進而引發孩子的反抗和報復心理，造成孩子和父母之間的感情壁壘。

有位長期受到嘲諷的孩子給母親寫了一封家書：

媽媽，請你尊重我，不要諷刺挖苦我了，我實在忍受不了了，我也是愛面子之人，有尊嚴的。有一次，我考試錯了一題，你劈頭蓋臉地當著同學的面罵我笨，諷刺我沒有出息，將來只能做苦工。還有一次，我的數學得了 100 分，我以為你會高興地表揚我，可是你板著面孔，嘲諷我是作弊得來的，當時我的心裡好難過啊！一天，我與一個女同學一起回家，你看到我與女同學一起走，跑過來，像凶神一樣，把我拉到一邊，罵我不要臉，毛還沒有長出來呢，就想談戀愛了。當時我的尊嚴完全沒有了，氣得肺都要炸了。一次，同學到家來找我玩，你像「黑社會老大」一樣訓斥我，諷刺我懶散，沒有毅力，膽子小，沒有出息，害得我在同學當中沒有面子，抬不起頭來。一天，開家長會，你當著老師的面批評我懶惰，沒有毅力，不講衛生，我難過了好幾天。這段時間，你變了，變得不是我媽了，每天視我為仇人，批評我的話特別難聽，句句如同尖刀一樣，讓我的心流血。我看見你就害怕，還恐慌，心中難受。媽媽我真的希望你溫柔一些，不要再數落我、嘲諷我、挖苦我、打擊我了。我真的受不了了。

是的，孩子都有自己的尊嚴，他們渴望受到重視和尊敬。同時，孩子

在成長過程中難免犯錯，需要家長進行適時、適當的教育。挖苦、諷刺這種強烈的刺激，超越了孩子的理智能夠接受的範圍，是對孩子人格的羞辱，會刺傷孩子的自尊心。家長採取這樣的方式對孩子進行教育，往往適得其反。經常挖苦、諷刺孩子，會使孩子變得不以為恥、習以為常，無形中對不好的行為有了加深作用，會助長孩子任性的毛病。

尖刻的挖苦還會增添家庭教育中的障礙，使孩子喪失對生活的願望。

某地一位父親，對孩子要求非常嚴格，要求孩子每次考試在 95 分以上。一天，他的孩子放學回家，把考試卷交給他看。他看到考卷上是 76 分，頓時火冒三丈，用極其苛刻的語言，諷刺挖苦孩子，使孩子的心靈受到了極大的傷害，心理壓力遞增，最後實在受不了父親的精神虐待了，飛身從 12 層高的樓上跳了下去。父親看到摔死的兒子，精神失常了，母親回家看到兒子的屍體，當場就昏厥過去。一個家庭就這麼毀滅了。

由此可見，嘲諷實在是賞識教育的天敵。不管孩子的表現怎樣，父母在教育時，都不應嘲諷，多一些賞識。哪怕孩子真的很「壞」，所有人都看不起他，父母都應該眼含熱淚地去欣賞、讚揚、信任和鼓勵他，正確地幫助孩子努力挖掘身上的亮點。賞識對於成長中的孩子來說至關重要。真心讚揚孩子，可以幫助他們揚長避短；及時激勵孩子，可以幫助他們建立信心；尊重和信任孩子，可以幫助他們自立自強；寬容和理解孩子，可以幫助他們重新振作。

父母如何才能避免犯下嘲諷孩子的錯誤呢？

第一，遵循孩子的成長規律，提出合理要求。要使教育獲得成功，就要全面了解孩子身心發展的實際水準，遵循孩子生理和心理的發展規律。無論是讓孩子學做家事，還是讓孩子學習文化知識，都要從孩子身心發展實際出發，遵循從易到難的順序進行，忽視了這一點就難以獲得應有的效果。

第二，父母要控制情緒，平衡心態。當孩子犯了錯誤或做出一些令父母難以接受的行為時，有些父母一時過於激動，控制不了自己的情緒，不

聽孩子的解釋，就對孩子進行訓斥、嘲諷。所以，父母應學會凍結自己的衝動。

讚美要真誠並恰如其分

據報導，一項對全國中小學生的調查問卷中有這樣一個問題：如果你的爸爸媽媽滿足你的要求，你最希望得到什麼？結果很有意思：有57%的孩子希望他們的爸爸媽媽看到他們的進步，肯定他們；有56%的孩子希望自己的爸爸媽媽別總拿自己和別的孩子比，別總說別的孩子比自己強。總之，孩子希望父母能聽到這樣的心聲：「爸爸媽媽，我不想在否定中長大！」

孩子的答案和呼聲讓我們看到，任何一個人都希望被肯定，這要求勝過了對物質和娛樂渴望。俗話說，孩子是誇大的。是啊！對孩子的表現應給予肯定、讚賞、鼓勵，這樣，才會增強孩子的信心，給孩子帶來積極的情緒，激發孩子做事的積極性。可是，讚美孩子要遵守一定的規則，要適度，不然會使孩子養成愛吹噓，是非不分等壞習慣。

讚美孩子必須根據孩子的具體情況，發自內心的、真誠的、由衷的讚美，這就需要父母具有敏銳的洞察力，需要父母具有善良公正的心態，需要父母具有寬廣的胸懷和氣度。

小英10歲的時候，有一次一個人在家把屋子收拾得乾乾淨淨。媽媽回來後，禁不住讚嘆：「哇！是誰這麼勤勞，把屋子收拾得這麼乾淨！」小英從房間跑出來。媽媽說：「原來是我的寶貝女兒啊！你真能幹！」媽媽發自內心的誇獎，從此讓小英愛上了家事。

真誠的讚美和肯定，可以拉近孩子與父母的心靈距離，真正成為朋友。這不僅吸引著孩子向父母真心靠攏，理所當然地傾聽父母的教誨，接受父母的人生經驗，而且還讓父母每時每刻發揮著潛移默化的作用，從積極樂觀的一面影響著孩子的生活與成長。

真誠的讚美和欣賞可以營造寬鬆、和諧、民主的氣氛。無數事實證明，只有在這樣的家庭氣氛中，才會成長出自信、自律、坦誠、大度、勇於承擔責任和人格健全的新一代。這對孩子適應社會生活、保持心理平衡和維護心理健康具有十分重要的意義。

　　父母唯有實事求是地去讚美孩子，才能抓住孩子的心，激發孩子繼續向上的欲望。父母若是讚美不當，就如同隔靴搔癢，不僅起不到好的作用，反而會讓孩子反感，認為父母太「虛偽」。

　　一位媽媽聽說「賞識教育」後，便決定改變以前的教育方式。

　　女兒每做一件事，無論做得怎麼樣，她都說：「女兒，太好了，你太棒了！」

　　整整一天下來，女兒被媽媽誇得莫明其妙。

　　晚上臨睡前，女兒摸著媽媽的額頭問：「媽媽，你沒事吧？」

　　可見，如果父母不分場合不分情況地一味讚美孩子，孩子往往就會不知所云，最終達不到父母期待的效果。此外，有些父母認為鼓勵就是說好聽的，或者是簡單地戴高帽。其實，這一切，都只會適得其反。

　　讚美是一門藝術，是要講究技巧的。讚美孩子時要想達到真誠並恰如其分的效果，就應該這樣做：

　　第一，不要對孩子抱有不切實際的期望值。面對當今日益激烈的社會競爭，許多父母都想讓自己的孩子無所不能，無所不精，各方面都力求勝人一籌。這種過高的期望值會導致父母總帶著有色的眼鏡看待孩子。如此這般，父母就不能對孩子有正確、全面的認識，對孩子的讚賞就會有失公正或根本就是敷衍。

　　第二，讚美要事出有因。讚美不能氾濫，要具體。只有實實在在的讚美，才最能感動人。很多父母在表揚孩子的過程中，往往會用「你真棒」一句帶過，並不對孩子的具體行為做出表揚。其實，這就不是一種正確有效的讚美方式。特別對於一些年齡尚小的孩子來說，父母更應特別強調孩子令人滿意的具體行為，表揚的越具體，孩子對哪些是好行為就越清楚。

比如，兩個小女孩在一起玩，一個不小心摔倒了，另一個趕緊跑過去把她扶起來，幫她拍淨身上的土，這時，父母就應表揚得具體一些：「你今天把小朋友扶起來，你做得真好，媽媽很高興。以後和小朋友在一起玩耍，就要像這樣互相關心、互相幫助。」這種具體的表揚方法，既讚賞了孩子，又培養了孩子關心別人、助人為樂的良好行為。孩子以後再遇到相同的情況，也就更容易做出正確的選擇。

第三，讚美要掌握時機。孩子取得成績，渴望父母的讚賞，此時，父母應及時予以肯定，這樣，孩子要求進步的動機就會得到強化。否則，孩子就會低估自己的能力，原有的正確動機也會逐漸消失。

第四，就事「讚」事。讚美孩子不要直接針對其人，而應該讚美孩子的具體行為。例如：當孩子畫了一幅不錯的畫時，千萬不能說：「真聰明！」而應說：「喲！這幅畫真不錯」。要知道，過分的讚美，會給孩子播下愛慕虛榮的種子。

第五，因人而異。對年齡不同的孩子採用不同的表揚方式，對學齡前的孩子可多用表揚，入學後的孩子因逐漸懂事，不必事事表揚，表揚應更有分寸；對膽小怕事的孩子可多用表揚，以增強其勇氣，樹立信心；對能力強的孩子要慎用。總之，要讓孩子知道不是每做一件事都要表揚，從小養成樸實謙虛的作風。

第八章
信任源於坦誠

重視孩子與同伴的來往

「找呀！找呀！找朋友，找到一個好朋友，敬個禮，握握手……你是我的好朋友。」這就是經典兒童歌曲〈找朋友〉，相信無論是孩子還是大人，都會對這首歌非常熟悉，歌詞很樸實，卻形象地表露出孩子對交朋友的渴望以及興奮心情。

沒有朋友的孩子很難快樂，交往對孩子來說也是一種重要的學習。

現在家庭的孩子大部分都是獨生子女，他們的活動範圍很小，接觸的面也很狹窄，如果再沒有同伴間的交往、磨合，就很容易成為「小霸王」，養成耍賴、蠻橫不講理的脾氣。同伴交往不僅能鍛鍊孩子的獨立自主能力、自我反省能力，使孩子改掉自身的缺點，為他們情緒、情感、個性的良性發展提供可能，還能為孩子成年後的人際交往奠定基礎。所以，父母不應阻止孩子與同學、朋友交往，更不應將此看做是浪費時間。父母應尊重孩子交友的權利，為他們交友提供方便，同時要嘗試接觸、接納孩子的同伴，做孩子朋友的朋友，這樣才會贏得孩子更多的尊敬。

孩子與孩子之間的交往，因為彼此的年齡相近，知識、閱歷、心智發展水準相近，所以他們在一起，會有很多相同的興趣和興奮點，一下子就能找到共同的話題。孩子們見面，不需要介紹，不需要名片，只要擁有一點相同的氣息，馬上就能走到一起，找到心靈的共鳴。這是父母所無法給予他們的享受。

誠然，當下有很多父母認為，只要孩子把學業顧好，別的什麼都可以放棄。兒童教育專家認為：「這是個非常可怕的想法，我知道學習成績好，考一個高分對孩子的意義是重大的。但是，我做了 30 多年的教育，我有一個感受，沒有朋友的孩子比考試不及格問題還要嚴重，不會交往的孩子比他的學業失敗問題還要嚴重。」是的，如果一個孩子跟同伴的關係是和諧的，朋友很多，他就容易成長得好；如果一個孩子沒有朋友，或者和朋友的關係是緊張的，那麼他就可能產生問題，有很多可能的危機將伴隨著他。

當然，現在社會很複雜，慎重交友很重要。對於孩子和朋友的交往，父母也不能聽之任之，使孩子陷入不當的交際圈。而是要充分了解他們喜歡交往的心理，因勢利導，正確地引導和幫助他們建立純真的友誼。

父母正確引導孩子交朋友應體現在以下幾點：

第一，尊重孩子的交往興趣。尊重孩子的交往興趣，讓孩子明白與同伴交往是自己的權利，處理同伴交往中出現的問題也是自己的責任和義務。這是對孩子獨立人格的肯定，也是培養孩子獨立性的重要一步。傾聽孩子的理由，允許孩子自己選擇朋友。給孩子權利，允許孩子選擇和同伴在一起時談什麼、做什麼，並尊重孩子的選擇。積極指導孩子正確處理與同伴交往時出現的矛盾，鼓勵孩子自行解決問題。

第二，接納孩子的夥伴。接納孩子的夥伴是鼓勵孩子與同伴交往的重要環節。拒絕和敷衍都會使孩子在與同伴交往時產生退縮的行為。歡迎孩子的夥伴到家中做客。不必太在意孩子們在一起時對家中清潔與秩序的破壞。父母可以巧妙地抓住這一時機培養孩子們的自理能力和習慣。

第三，教會孩子寬容待人。寬容是不計較而不是示弱，是理解而不是遷就。寬容體現的是情操、修養，寬容可以為孩子贏得好心情、好人緣和健康的身心與生活。教孩子學會寬容應從身邊的點滴小事做起，鼓勵孩子善待生命、善待生活、善待每一天。

第四，教孩子學會自己解決衝突。互惠是有效解決衝突的原則，教孩子尋找將對雙方的傷害降到最低、對雙方利益有最大保障的方法。而解決衝突的關鍵往往在於溝通，要教孩子學會與衝突的對方恰當、有效地積極溝通，共同協商，以達成相互諒解。學會寬容、學會理解也是有效解決衝突的重要原則。許多衝突都因誤解而生，溝通有助於澄清事實，而衝突的最終解決還有賴於雙方的寬容和理解。

第五，教會孩子對自己的行為負責。不要把孩子犯的錯歸結於交友的影響，把責任歸咎於他人並不能幫助孩子學會對自己的行為負責。人際交往的能力是在實踐中鍛鍊並完成的。當孩子交友失敗時，要告訴孩子，這

是正常的現象，並重在引導孩子去反思，反思自己在交往中有什麼做得不恰當，有什麼誤會要去處理，該怎樣處理。

正確引導孩子與異性交往

　　孩子進入青春期後，性別意識開始增強。這一時期，他們在關注自身的同時，也開始關注起異性，希望了解異性，並希望得到異性的友誼。這是一種很正常的心理現象，也是孩子開始成熟的一種表現。可是，有些父母對此卻非常敏感、非常擔心，唯恐自己的孩子在與異性交往中不慎「出軌」——青春期戀愛。

　　其實，西方人認為，應該從小就鼓勵孩子們和異性交往，孩子有了異性朋友是一件值得開心的事情，孩子們之間的感情是純真的，令人羨慕的，是要保護的。透過交往，可以讓孩子們學習如何與異性相處，了解異性的心理，為將來的人際關係，以及真正愛情的來臨做準備。事實正如此，青春期正是個體性機能發育、發展到性機能成熟階段，其發展變化迅速而短暫。隨著生理在激素作用下的急劇變化，孩子產生了性心理適應，即與性生理、性欲、性行為有關的心理問題，當然也包括與異性交往的心理。這個時期生理機能的成長速度遠遠超過心理發展。隨著第二性徵、性器官和性機能迅速發育，少男少女們開始意識到兩性在生理、行為和社會角色方面的差異，產生了一些特殊的情感體驗，於是進入心理學上的異性期，開始對異性感興趣，並產生思慕情結。在這個特殊的年齡階段，男女孩子之間互相產生好感和愛慕，出現嚮往、接近、眷戀異性交往的渴求，如喜歡一起學習，結伴參加各種社會活動等。有的女孩子在日記中傾訴自己對身邊某個男孩的愛慕之情，有的孩子追星等，都是這種心理的表現形式。孩子熱衷於異性交往是成長中正常心理現象。這種感覺幾乎每個人都會經歷，但絕不是青春期戀愛。

　　異性孩子在一起活動、交朋友，有很多好處：可以使孩子消除性別的

神祕感，培養自由交往、自由發展的天性；有利於孩子社會交往能力的增強；有利於孩子各自心理的健康發展。

反之，如果父母禁止異性孩子在一起活動，會使孩子對異性產生神祕感，不利於心理的健康發展。同時，孩子也會因此失去與異性交往、學習的機會，使其以後可能因缺乏與異性交往經驗而導致對社會不能很好適應。

上課鈴聲剛響過，曹老師走進四年級三班教室。

「老師，小菊寫紙條給我！」一個男孩大聲地說，周圍的一些同學在竊竊私語，還有的同學在偷笑。

曹老師不以為然地問：「寫了什麼？」

「我愛你」，話剛說完，班級開始喧鬧，同學們又是哈哈大笑又是冷嘲熱諷。就在這時，小菊正巧進來了，同學們開始指手畫腳地說著，小菊好像也覺察到了什麼，不好意思地低下了頭。

曹老師忽然意識到事情的嚴重性，她甚至有些生氣，小小的年齡，怎麼能說出如此不負責任的話呢？

於是，曹老師追問女孩：「你這是做什麼？從哪裡學來的？」

小菊本來就感到意外，現在一聽老師的問話，不禁更緊張，「我，我……不知道。」

「你這是過早戀愛，知道嗎？」曹老師的音調又提高了一倍。小菊一時不知如何是好，呆呆地站在那裡，「哇！」的一聲哭了。

從此，同學們發現，原本開朗活潑的小菊完全像變了個人似的，沉默寡言、不喜歡參加班級活動，總是獨來獨往。

顯然，曹老師的做法是錯誤的，對於一個四年級的孩子來說，僅僅憑一句「我愛你」就斷定小菊的行為是青春期戀愛行為，這實在是謬論。也許，小菊只是對那個男孩產生了交往的欲望罷了，並不能真正體會到「我愛你」三個字的含義，在她看來，那只不過是一種交友的表達方式。本來，孩子之間的愛慕和相互吸引是人之常情。但由於此段時期是求學黃金

時期，某些老師、父母擔心孩子幼稚、衝動，影響學業，常持反對態度，戴「有色眼鏡」憑主觀臆測，給孩子施加壓力，用「早熟」、「青春期戀愛」來界定孩子們的這種情感需求，禁止孩子與異性交往或者向孩子發難。這樣做，不僅傷了孩子的自尊心，還易造成性心理偏差，影響孩子將來的人際交往和社會適應能力，有時還會讓孩子錯誤認為，兩性交往是低級的、醜惡的，以至與異性相處時緊張、恐懼而形成社交障礙。另外，來自不同方面的「批評」、「幫助」，還可能會迫使那些有叛逆心理的孩子真的談起戀愛，以示抗議。

那麼，父母應該如何正確引導孩子與異性交往呢？

第一，持正確的態度。孩子在區分男女時，往往是根據衣服、髮型或聲音，如果改變了人的外表特徵，許多孩子就認為其性別也隨之改變了。所以，男女孩子在一起遊戲時，父母不要擔心孩子會因此而早熟，要用正確的眼光來看待他們之間天真純潔友誼。

第二，順應孩子的心理規律。孩子熱衷異性交往是成長中正常的心理現象，父母對於孩子與異性的交往應採取客觀、積極的態度，這樣才有利於孩子形成正確的異性交往觀。父母坦然、積極的態度能消除孩子過強的好奇心和叛逆心理，學會與異性融洽相處。因此，父母要根據孩子自身發展的規律，引導孩子從小習慣與異性小朋友友好相處，上學期間不光結交同性夥伴，也與異性同學健康的交往。這樣做，可以使孩子消除性別的神祕感，培養自由交往、自由發展的天性，有利於他們社會交往能力的增強，也有利於各自心理的健康發展。

第三，交往情感要適度。隨時提醒孩子，與異性交往要控制尺度，也就是要有分寸。男女同學之間的交往，是以情感上的相互吸引為基礎的，但要保持適度，不要投入太多的感情，不痴迷於對方，只把對方當做朋友。不要故意疏遠，也不能過分親密，要保持適當的心理和空間距離，既要熱情、親切、隨和、融洽，不拒人於千里之外，又要掌握好分寸，做到近而不狎，疏而不遠。要盡量避免身體部位的接觸，做到誠懇待人和熱情大方，既不過分誇張，也不閃爍其詞；既不盲目衝動，也不矯揉造作，要

恰當地表現自己。在彼此尊重的基礎上與異性落落大方、合理、適度的交往。

第四，對孩子的感情持寬容、理解態度。如果發現孩子在與異性交往中萌發了青春期戀愛苗頭，也不可訓斥打罵，要冷靜清醒地對待已經產生的感情。父母應理解和尊重孩子的情感，並告訴他們：青春期是學習的最佳時期，過早陷入感情的泥潭，錯過黃金般的學習時機，可能會給今後的成長和發展留下很大的遺憾。同時，應及時了解孩子的心理和情緒變化，增進與孩子之間的感情交流，增強家庭生活對孩子的吸引力，避免孩子過多地從外界尋求關懷與理解。

不迴避性教育

軍軍是個 10 歲的男孩，無論在家裡還是在學校裡，他的表現都十分不錯。

有一次，軍軍的媽媽發現孩子一個人睡覺時，總喜歡趴著，兩腳夾緊不停地擠壓。這下子可把家人嚇了一跳，媽媽立刻給軍軍定下規則：不能趴著睡，如有不從，就要受罰。可是，這樣的方法事與願違，孩子非但沒有改，反而變本加厲。

很多父母正如軍軍的家長一樣，忌諱談論性方面的知識，見性更是臉色大變。在傳統的教育中，父母總是視性如洪水猛獸，不讓孩子提起更不讓孩子接近。這樣的做法往往會給孩子形成了一種錯誤觀念：與異性朋友之間的親密行為是不提倡的、羞恥的，性行為是要受到抑制、懲罰的。同時，父母越是限制孩子，孩子就越是好奇，反而有可能會犯下不該犯的錯誤。

瑞典等歐洲國家的性教育開始得比較早，過去我們國家對此通常有著一些誤解，會比較敏感地以為這是性行為的開放。其實，在這些國家，更多的是性知識的開放，伴隨與此，人們的行為會更加的衛生、文明和

健康。

　　其實，只要父母引導得當，對孩子的性教育應越早越好。父母可以開誠布公地與孩子討論性及性器官的基本常識，讓孩子知道大人對此所持的態度。告訴孩子性器官與身體的其他器官一樣，都是健康人所不可缺少的重要器官。它們擔負著重要的生理功能，我們有責任好好對待它們，保護它們。總之，透過大人的語氣、眼神和表情，要讓孩子察覺到成人對生命的尊重與愛護。

　　有位母親，正在家裡洗澡，突然發現剛上國中的兒子在偷看，她深感震驚。洗完澡後，思忖了一陣，想出了一個辦法，她把兒子叫到臥室，並沒有板起面孔斥責兒子，而是結合相關圖片給兒子講解男女身體的生理結構之異以及進入青春期男女性心理狀態等。此後，兒子再沒有發生類似的事情。

　　這位母親直面兒子的偷窺，並且事後引導教育兒子直面性問題，勇氣不謂不大，策略不謂不妙，效果不謂不佳。假如她立刻劈頭蓋臉地把孩子臭罵一頓，那結局肯定就大不一樣了。每一位做家長的必須認真對待孩子的性教育問題，父母是孩子的第一任老師，在孩子性教育問題上更是責無旁貸。孩子從小跟隨父母長大，彼此身體肌膚接觸的頻率也最高，在這一過程中，父母應逐步地讓孩子了解男女的身體生理結構，以慢慢消除孩子對異性的神祕感，對於孩子提出的性問題，家長應以「就性論性」的適當方式予以答疑解惑。反之，如果面對孩子提出的性問題，做家長的正兒八經地予以責怪或辱罵，那只會導致孩子產生叛逆心理，進一步強化孩子的好奇心，結果好壞與否就難以預料了。

　　父母在以自然方式跟孩子談性及生兒育女的情形時，同時要提醒孩子注意自己的言行和隱私，讓孩子養成良好習慣，並時常教導孩子應如何看待自己的性別、如何保護自己，這當中包括：不在大庭廣眾下做出脫衣褲等不雅行為；保護自己，不讓陌生人隨便觸摸自己的身體；手淫的利弊以及如何避免等等。

總之，孩子的性意識需要引導，性教育是孩子早期生理和心理發展到一定年齡的需求。父母應採取適當的方式對孩子進行性教育：

　　第一、父母自己對性的知識與看法必須是健康的，如果父母都著迷於偏差的性錄影帶，沉浸於威而剛的驚人效果，那又如何教導下一代有一個健康的性觀念呢？

　　第二、父母要系統地學習性知識，不要等到孩子感興趣、向父母發問的時候才發現原來自己的性知識嚴重不足。所以，為了做好孩子的導師，父母要提前預習性知識。

　　第三、父母與孩子談性過程中，不要躲躲閃閃，欲言又止，當說不說；相反，要大大方方，要讓孩子感覺到性其實就像生活中吃飯、工作一樣正常。

　　第四、當孩子對性好奇時，不要迴避也不要指責，要像講日月經天、四季更替一樣告訴他們真相，面對「我從哪裡來」等這類問題，家長千萬不要說「從馬路邊上撿來的」之類的話。

　　第五、父母莫將「性教育」與「性開放」畫上等號，要積極支持、配合學校開設的性知識教育課。

　　父母是孩子性教育的啟蒙者，也是孩子最重要的性教育老師。父母要以自然、正常的態度，教導孩子正確的性觀念，使孩子的人生有個健康、美好的開始。

允許孩子犯錯

　　父母都希望自己的孩子聰明、優秀，十全十美，希望他們是一個永遠不犯錯誤、人見人誇的孩子。這樣的願望是美好、充滿愛意的，卻也是錯誤、自私的。「人非聖賢，孰能無過？」在學習、工作和生活中，父母都難免會犯各種各樣的錯誤，更何況是天真無邪的孩子呢？

　　不允許孩子犯錯，就是不允許孩子成長。在孩子懵懵懂懂的成長過程

中，由於身體和思想等方面都不夠成熟，做事難免會出錯。父母眼中一件微不足道的小事，在孩子看來也許並不那麼容易對付。因此，孩子做錯了事，父母不能以成人的眼光和標準去評判，而應該以一顆寬容的心給孩子犯錯的機會。

歐美國家的父母大都持「允許孩子犯錯」的觀點，這也許會受到許多中國父母的排斥，他們會覺得這不可理喻。其實，允許犯錯只是一種手段，培養孩子的悟性才是真正的目的。孩子的悟性往往都是從錯誤中得來的，這與「失敗乃成功之母」、「吃一塹、長一智」等古訓如出一轍。當然，這裡的錯誤並不是指違法亂紀等原則性的錯誤，而是孩子在求知過程中因認知能力的稚嫩導致的失敗、承受的挫折和多走的彎路。

一位中國老師到一位美國律師家做客，她看見律師 3 歲的孩子正在將一把鑰匙笨拙地插進鎖中，孩子想要打開臥室的門，可是由於身高和協調性都不夠，怎麼也打不開。於是，這位中國老師連忙走過去想幫助他一下，卻被律師阻止了。那位律師說：「不要去打擾他，讓他自己先犯些『錯誤』吧！反覆思考一陣子總能把門打開的，這樣他就再也不會忘記怎樣開門了！」

果然，孩子折騰了很長一段時間後，終於將門打開了，他為此高興得手舞足蹈。

可見，允許孩子犯錯誤，就要求父母放棄扮演孩子人生道路上的「清障工」的角色，該由孩子自己做的事情，就要勇敢放手讓他們去大膽地想、大膽地做、大膽地試，不要因為他們做不好、易出錯誤就越俎代庖，更不能在他們因為一個天真的想法犯了錯時橫加指責，甚至棍棒相加。只要有利於孩子思考的創新，有利於孩子身心健康的成長，就應該允許並鼓勵他們犯一些天真的錯誤。只有這樣，才能使孩子逐漸培養起從失敗走向成功的自信，不至於成為縮手縮腳、畏首畏尾的弱者。

法國作家羅曼·羅蘭（Romain Rolland）說過：「人生應該做點錯事。做錯事，就是長見識。」義大利的朗根尼西也說過：「不要給我忠告，讓

我自己去犯錯。」一個人怕犯錯，就是畏懼現實；一個人想逃避犯錯，就是逃避現實。因此，父母在養育孩子的過程中切勿以個人的喜好左右孩子的成長，應該以孩子的成長需要為根本，輔助他們身心的發展和統一。每個孩子在孩提時代多犯一些錯誤，父母對此應該抱寬容的態度，小時候犯錯是為了保證孩子在踏上社會後少犯致命的錯誤。我們常說「失敗是成功之母」，其實這句話不僅適用於成人，也同樣適用於孩子。發展心理學認為，孩子小的時候，像一盤錄影帶，需要預演與體驗所有情緒與行為，留下適當的印痕，在今後成長的道路上，這些印痕都是可利用的資源，孩子可以透過「心理反芻」，找到較為合適的應對方法。

那麼，孩子為什麼會犯錯？他們往往不是故意的，而是在無意間犯錯的。譬如，孩子很好奇放在床頭的小鬧鐘為什麼總是「滴滴答答」地走個不停，於是把小鬧鐘拿來研究一番，甚至拆了個七零八落；孩子嘴巴饞了，想吃點放在食品櫃裡的零食，便踮起腳尖去拿零食，可不小心打翻了櫃子裡的一個玻璃瓶；孩子看到其他小朋友手中的漂亮玩具，於是去拿人家的玩具，沒承想把小朋友惹哭了……對於孩子犯的這些錯誤，父母難免會緊張，甚至會斥責孩子「調皮」、「好吃」等諸如此類的話。但父母不妨試著從硬幣的另一面去看待孩子的這些行為。孩子將鬧鐘拆了個七零八落，說明他是個充滿求知欲的孩子，對身邊的新鮮事物有著探究的欲望；孩子將食品櫃裡的玻璃瓶打翻了，可以讓他明白做事要謹慎，不然就會闖禍；孩子搶奪別人的玩具而把別人惹哭，可以教育孩子懂得凡事不能以自我為中心的道理。

總之，孩子犯錯誤，是孩子成長中必經的體驗。管教孩子，不等於竭盡全力不讓孩子犯錯誤；孩子犯錯誤，也不等於父母教養失誤，更不等於孩子的成長有問題。當孩子為所犯的錯誤而難過時，父母不應以憐憫的態度對待孩子，或者在孩子面前唉聲嘆氣，更不要劈頭蓋臉地責罵孩子，正確的方法是讓孩子明白，失敗、錯誤沒什麼大不了的，人人都可能碰到，勇敢、聰明的人會從失敗中吸取教訓，繼續努力。

允許孩子失敗，是對孩子能夠取得下一次成功的信任。

發現撒謊及時糾正

一個人的成長、成才、成功，需要多方面的因素結合才能實現，智力因素固然重要，非智力因素也同樣重要，而誠實是非智力因素中最關鍵的一種。所謂誠實，對於孩子來說，主要表現在不欺騙別人，不對別人失信，犯了錯勇於承認等。

幾乎每個孩子都有過撒謊的行為，但並不是所有的撒謊行為都說明孩子存在著嚴重的道德問題。心理學家認為，孩子撒謊一般可分為「過失撒謊」和「有意撒謊」兩種。過失撒謊大多是無意的，非功利性的。過失撒謊性質不算嚴重，也比較容易糾正。而有意撒謊則不然，它是孩子的主動行為，大多是故意編造，帶有明確的功利性。父母一旦發現孩子撒謊時，應及時指出並給予糾正，若不然，就會形成不誠實的惡劣品行。

不過，很多父母在糾正孩子撒謊行為的過程中往往氣急敗壞，急於求成，不講方法，以致達不到好的效果。

揚揚是一個品學兼優的男孩。

一天中午，揚揚告訴媽媽下午要去活動中心畫畫，但媽媽偶然得知那天下午活動中心根本就不開門。

晚上，在父母的再三追問下，揚揚才告知實情，原來他和班上的幾個同學相約到市中心廣場玩了。於是父親勃然大怒，重重地打了他一頓。

在那天的日記裡，揚揚是這樣記述的：我上午答應了同學一起去廣場的，之所以沒有對父母說出實情，是因為父母一直以來對我的管教太嚴格，如果直說，很可能會遭到拒絕，這樣我在同學面前就會很沒面子，並會落下不守信譽的名聲。

原來，揚揚謊言的背後竟然還有一份誠信，只是父母的大棒主義實在太不講理。而揚揚的撒謊行為與父母的教育方式有著直接的關係。他們不明白，責罵與體罰只會誤導孩子走向更深的淵潭。

父母在對孩子的撒謊行為進行糾正時，不但要從孩子的身上找原因，

還要反思自己的教育方式，並清楚到底是什麼造成了孩子的不誠實？孩子撒謊有各種各樣的原因：

第一，為了引起注意。孩子有希望透過別人的注意來肯定自己的存在的特性，如果孩子有過因說謊引起成人的關切經歷的話，那麼，孩子就可能會用這種方式一而再、再而三地引起他人的注意。

第二，父母的教育不當。孩子模仿性很強，父母的不誠實行為不僅會對孩子產生潛移默化的影響，還會在他們的心靈播下自私自利、損人利己的種子。

第三，為了達到某種願望。有時，孩子為了達到某種渴望已久的東西，以為撒謊就能達到目的。這是由於孩子的心理活動和思想發展尚不完善造成的。

第四，為了逃避某些事情。有時孩子說謊是為了逃避某些事情，比如：孩子不願去幼稚園，就會說「我肚子疼」。

第五，因害怕訓斥、打罵。有些父母，每逢孩子做錯了一件事，便要打罵孩子，孩子怕罵怕打，便用說謊來掩飾自己的過錯。

從以上幾種原因中，我們可以得知，孩子撒謊並不都是自己的錯，父母也有責任。哲學家羅素曾經說過：「孩子不誠實幾乎總是恐懼的結果。」少兒心理問題專家也說：孩子說謊有種種原因，其中一個原因就是出於無奈，撒謊有時是家長逼的。——這可能是很多家長都沒有想到的。

找到了孩子撒謊的根源，往往就容易對症下藥——

第一，預防很重要。對於孩子撒謊，父母既不要認為孩子小，撒謊沒什麼了不起，也不要把撒謊看得十分嚴重，認為「小小年紀就撒謊，以後還了得」。孩子撒謊本身並不可怕，重要的是對此要有正確的認識和態度。想避免孩子撒謊，應從小做起，從預防入手。

第二，父母要做好榜樣。俗話說「龍生龍，鳳生鳳，老鼠生來會打洞」。這其中當然要告訴我們一個關於遺傳的問題，同時也提醒我們「什麼樣的父母會教育出什麼樣的孩子」。換個角度說，要想教育出誠信的孩

子，父母首先要做一個誠信的家長。

第三，給孩子下臺階的機會。教育心理學研究表明，大人的預言會決定孩子對自己的評價，從而決定孩子的努力方向。所以，在孩子面前不要輕易地冠以「撒謊」這樣一個罪名。這不但會使孩子的自尊心受到嚴重的打擊，也會使孩子產生負疚感。面對孩子撒謊，父母應該給孩子一個下臺階的機會。那就是為孩子「找梯子」。比如說，今天孩子說謊了，父母可以給他講一個關於誠實的故事，然後啟發孩子要做一個誠實的人。實際上，這樣的效果會比打罵的教育方式好得多。

第四，獎勵誠實行為。父母要幫助孩子認清「說謊不會成功，即使蒙混過關，也不過是暫時的，而誠實會減輕對他過失的懲罰，撒謊則會受到更嚴厲的懲罰」的道理，同時應該不斷地教育孩子要誠實，孩子有了誠實的行為應及時給予鼓勵和獎勵。在糾正孩子的撒謊行為時，獎勵誠實行為比懲罰撒謊行為更為重要和有效。所以，父母在日常生活中要有意多表揚孩子的誠實之處，獎勵孩子的誠實行為，這樣，孩子就能體會到誠實比撒謊更有好處。

父母一旦發現孩子撒謊，應及時糾正。

第九章
孩子最喜歡聽的話

「你自己做決定吧！」

經常有孩子抱怨，在面臨抉擇時，父母總是不放心自己，什麼事都替自己做出決定，一點自由都沒有。

小斌是大二生，因為自己學業成績較差，被學校退學。他被學校取消學籍並沒有怨言，他只抱怨父母當初在他升學考試時決定了他的志願，才導致了現在的結果。

原來，小斌在兩年前填報升學考試志願的時候，由於個人興趣與學科優勢在文科，所以他想填的是與文科相關的科系。但是，他的父親認為只有理工學院才有前途，執意要求小斌把志願改為機械與動力工程學。後來，小斌在升學考試中考出了優異成績，順利被大學錄取。由於他所學的科系對物理的要求比較高，沒有相應的物理學科基礎知識，小斌一入校，在專業學習上就感覺非常吃力。再加上小斌對現在所學科系沒有興趣，他逐漸陷入惡性循環中：越學不好就越沒有興趣，越沒有興趣就越學不好。大一下學期，一學年累積下來的學習上的問題在期末考試中全部暴露出來，他共有四門考科沒有通過需要重修。校方根據規定，原本要開除其學籍，但是考慮到該同學有改過的覺悟，就給了他一次補考的機會，要求他四門重修課中至少要有三門能夠通過補考。可是在補考中奇蹟沒有出現，小斌僅通過了兩門補考，學校只能勸其退學。

小斌後來說道：「在填報志願的時候，我和我的同儕都沒有什麼自主權，一般是由父母決定。他們做決定最重要的依據是班導的意見，我們的興趣和意願僅僅是參考。當然，班導的意見一般是以我們的基本情況為基礎的，但是如果我們的要求和父母的決定有出入甚至背道而馳時，最後總是我們屈服於父母的壓力，選擇父母認為合適的類科。」

現實生活中，類似的事情經常發生，反映出在不少家庭中父母的霸道作風十分盛行。他們往往剝奪了孩子的選擇權，使孩子淪為毫無思想的傀儡。一個人不能選擇自己喜歡做的事情是痛苦的，對此，父母同樣應該明白：孩子也是人，也有自己的喜好，強迫他們去做不願做的事情，孩子只

會不開心。如果一味地讓孩子按父母的意圖行事，就可能引起孩子的敵對情緒和反抗。

在實施家庭教育的過程中，每個人都會犯錯，都會有管得太多的時候，但關鍵是要讓孩子知道，最終的決定權掌握在他們自己手中。一個經常為自己的人生做決定的孩子，他的生命力是汪洋恣肆的，儘管因為年輕，他會遇到一些挫折，但那些挫折最終會和成就一起，讓他感覺到自己的生命是豐富多彩的，「最重要的是，這就是我自己的。」

有研究表明，總是由父母做決定的孩子，長大後常常缺乏判斷力和選擇的能力，而且缺乏責任感，甚至不知道如何對自己負責。因此建議父母給孩子一點做決定的機會，對孩子說：「你做決定吧！」

高爾基說過：「愛孩子，是母雞都會做的事。」但父母的觀念不同，愛的方式也就不同，建議父母們不妨嘗試：大人放手小孩動手的教育方式，孩子能夠做的事決不包辦，要對孩子說：「自己的事自己做，自己的事自己決定。」

「你大膽去做」

美國心理學家戴爾·卡內基說：「孩子需要一定的空間去成長，去試驗自己的能力，去學會如何對付危險的局勢。」所以，身為父母，不要為孩子做任何他自己應該做的事。若不然，就等於剝奪了孩子發展自己能力的機會，等於剝奪了孩子自立自強的機會。

凡是孩子能做的事，父母都應該給予鼓勵：「你大膽去做」。實際上，這也是很多孩子喜歡聽到的一句話。

兒童心理學研究表明，孩子其實是喜歡自己做事情的，他們喜歡聽到父母的激勵。父母應該順應孩子的天性，讓孩子大膽去做感興趣的事情。這不僅對培養孩子的自理能力很重要，同時也培養了孩子的意志力和責任感，增加了他們的基本生活常識和勞動能力，使孩子學會對自己的生活和

行為負責，真正地長大成人。

有位著名的畫家回憶起自己兒時學繪畫的情況：

那時，我跟父親學繪畫。父親最常說的一句話就是：「儘管畫！」

我的性格比較謹小慎微，所以在繪畫時喜歡先畫一條輕輕的線。而父親常常命令我素描也要用力用粗線畫。使用水彩繪畫時，我總是擔心用色過深而使畫面反差過大。而父親卻說：「要放心大膽地畫！」

在畫天空的時候，孩子們多數使用淡藍色。我也一樣。可是，天空有時也會有深藍的地方，也會有又白又亮的地方。父親把深藍色顏料擠到調色板上，然後說：「用這個深藍色用力塗塗看！」這一塗，我就明白了：「這樣其實也行。」

現在想來，我十分感謝父親，他教給我的道理是：「出了錯，在上面重新塗過就可以了。」如果要求孩子「不能出錯」的話，他們就會變成什麼也不會做的廢物，關鍵是要鼓勵孩子「放心大膽地去做」。

可是，在生活中，不少父母出於對孩子的愛，根本不會像畫家的父親那樣「放肆」，而是什麼事都恨不得幫孩子做好，以至不敢大膽放手讓孩子自己去做。我們都知道中國的末代皇帝溥儀長期受到無微不至的愛，吮奶經歷竟達八年之久，飯來張口，衣來伸手，以至二三十歲了還不會繫鞋帶。造成這種現象的原因何在呢？難道溥儀沒有得到愛嗎？恰恰相反，他得到了無微不至的「愛」，本來應該溥儀自己做的一丁點兒小事都有人替他代勞。正是這無微不至的「愛」，使溥儀喪失了基本的生活自理能力。由此可見，愛不能越俎代庖。

「溥儀現象」畢竟是歷史，我們更關心的是現實。令我們痛心的是，近年來隨著家庭物質生活條件逐漸優裕，父母對獨生子女寵愛、偏愛、溺愛的風氣也有逐漸擴大的趨勢，父母正在有意或無意之中扮演著太監和侍女的角色。而缺少動手能力的孩子，過分依賴父母，沒有獨立精神，當他離開父母後，就會感到手足無措，缺乏主見，不會積極行動，不敢負責任，性格懦弱，這會變成孩子將來事業成功的一大障礙，對其生活也會造

成不良的影響。

「你大膽去做！」這看似尋常的話，到底會有多少父母能真正說出口呢？而說與不說的後果又是截然不同的，這可以從溥儀後半生的轉變中得到啟示。新中國成立後，溥儀成了秦城監獄的囚犯，什麼都要自理，經過多年的勞動改造，終於變成了自食其力的公民。倘若溥儀繼續過著他的皇帝生活，繼續享受應有盡有的「愛」，恐怕到不惑之年他也未必會繫鞋帶，更不要說自食其力了。

由此看來，每個人的能力都是靠鍛鍊培養的。一位偉人曾經說過：「教育者的任務不在於交給下代一個完整的世界，而在於引導並幫助他們用智慧和力量去創造新的世界。」因此，父母們，請大膽地對孩子說出「你大膽去做」吧！千萬不要像侍從們對待溥儀那樣過分溺愛孩子，倘若溺愛，那是走溥儀前期之路，是走斷送人才之路；倘若放開手腳讓孩子自理，那才是走溥儀後期之路，是走培養英才之路。

當然，放手讓孩子自己去做，孩子在此過程中必然會遇到各種困難和挫折，這時，父母大可不必驚惶失措，這也正是考驗孩子的大好時機，困難和挫折會讓孩子懂得沒有百折不撓的性格，沒有堅韌不拔的精神，沒有戰勝困難的信心和勇氣是不可能獲得成功的。且一個人奮鬥目標的高低，是與可能遇到的挫折的大小成正比的。古往今來成大事的英雄豪傑，無一不是在挫折中一再奮起、在驚濤駭浪中一生搏擊的人，「玉經琢磨多成器，劍拔沉埋更倚天」，正是挫折和艱難的磨練，使他們具備了堅韌不拔的意志，從而成就了偉業。

所以，任何時候都別忘記勇敢地推孩子出門，放開手讓孩子大膽地去做。

「你一定做得到」

不知大家是否注意到，一個對世事一竅不通的孩子，也可以說一口道

地的本國語言。而實際上，語言是最難學的。這到底是什麼原因呢？應該說這主要歸功於父母和親人對孩子採取了正確的教育態度和有效的教育方法。這個態度就是對孩子學會語言充滿信心，因為沒有一位家長相信自己的孩子不能學會說話。於是，父母們滿腔熱情、不厭其煩地教導孩子，決不會因為孩子一時講不好而暴躁責罵。乳臭未乾的孩子每說出一個新詞都令父母那樣的欣喜和激動，正是這種充滿愛心的欣賞和充滿喜悅的鼓勵，大大激發了孩子學說話的興趣和信心。

　　一位哲人曾經說過，一個人絕對不可能在遇到困難的時候，背過身去試圖逃避。如果這樣做，只能將困難加倍。相反，如果面對它毫不退縮，困難便會減半。身為父母，要從小培養孩子戰勝苦難的勇氣和能力，因為只有勇敢地戰勝困難，他們的人生才有意義，他們的事業才能成功。

　　生活中，常常遇到一些孩子，在學習時遇到了困難不去認真思考，當久久思考不得其解時，便想丟下書本不學了；腳上起了幾個泡，每走一步都鑽心地痛，就不想再走了；演練新技術或技巧，始終不得要領，就找藉口不練了。

　　這些孩子遇到困難就想打退堂鼓，原因之一是對自己能否戰勝困難信心不足，不大相信自己的能力，而父母在其中也沒有採取鼓勵的方式。其實，困難並不可怕，往往只要堅持一下，就能戰而勝之。生活中誰沒有遇到過困難？就說父母自己吧！從呱呱墜地開始，從學走路、學講話開始，歷經了無數困難，可回首看看，這些困難不都被克服了嗎？俗話說，困難是彈簧，你弱它就強。因此，在孩子面對困難時，父母首先要冷靜，要讓孩子明白，自己遇到的困難是可以戰勝的。這點是非常重要的，要多鼓勵孩子，「你一定做得到！」當孩子相信自己一定能行時，父母更要相信孩子的實際能力，相信孩子沒有什麼應付不了的困難。

　　愛迪生為了發明電燈，進行了一萬次以上的實驗。他為何不在一兩次甚至是十幾次不能成功的時候放棄？那樣就不會遭遇一萬多次失敗的打擊了！愛迪生在工作日記裡寫道：我相信自己會成功的，我知道自己一定做得到，我會發明電燈的！看，這就是愛迪生，他不斷地肯定自己，不斷對

自己說「我一定做得到」，終於在堅持了一萬多次的實驗之後，他成功地製造出了世界上第一盞電燈。

所以，身為父母，永遠不要對孩子失去信心，要辯證地看待孩子成長道路上的困難與挫折。即使孩子一時失敗了，也要接納眼前的現實，允許孩子犯錯，接受孩子之間的差別。何況這些只是相對而言的，孩子的發展也是處於動態發展中的、是呈螺旋形上升的。

總之，在家庭教育中培養孩子的自信心非常重要。自信心是相信自己的一種心理狀態。自信可以使孩子自強不息、知難而進，可以發掘其自身潛能。所以，自信心在孩子的成長過程中所起的作用是無法估量的。它是敦促孩子走向成功的重要因素，也是激發孩子求知、探索的動力之源。

曾有一個失魂落魄的年輕人，他身上除了每天剛夠兩頓飯十個饅頭的錢，就什麼都沒有了。但是他不相信命運要逼死他，他相信自己一定能夠改變命運，於是他開始努力，不斷地努力，經歷了無數次被拒絕之後，他得到了第一份工作──送牛奶。漸漸地，他的生活開始好起來。但他知道，這種剛好養活自己的日子，不是自己追求的目標。他相信自己一定能在那些富裕的花園擁有自己的房子，於是他繼續努力。經過無數次的失敗和譏諷，他沒有放棄，而是重新上路，他終於成功了，他擁有了自己想要的房子，自己想要的生活。現在，當初那些譏諷過他的人，仍舊過著剛剛能生存的日子，而他，已經可以自由舒適的暢遊世界各地了，因為他實踐著自己的信念，他一直相信自己！

所以，父母要以寬容的心態看待孩子成長長河中的觸礁現象，以信任的眼光欣賞孩子的言行舉止。

父母要相信孩子，更要激勵孩子「你一定做得到」，在此過程中，父母應注意做到以下幾點：

第一，要尊重孩子、理解孩子，把孩子看成是家庭中具有獨立行為能力的一員。不能用成人的標準去衡量孩子的意見，要以平和的心態接納孩子暫時的不足，實事求是地幫助孩子找出其中的問題。

第二，鼓勵孩子做力所能及的事情。事無大小，只要孩子能做，並且又願意做的，家長都要鼓勵和支持孩子親自去實踐，並經常讚揚孩子的一些好的做法，使孩子體驗到完成一件事情後成功的喜悅，覺得自己很能幹，自己能把事情做好。

第三，努力發現孩子的亮點。家長要讓孩子了解自己的優點和長處，使孩子看到希望，相信自己的能力，激發他的進取精神，保護和鞏固他的自信心。

「我愛你」

「我愛你！」——這句表白在亞洲家庭中很少出現，不僅父母之間難以言表，就是對自己的孩子，他們也羞於表達。中國傳統文化一向推崇內斂含蓄，這種內斂含蓄至今還嵌在相當一部分成年人的骨子裡，使他們的表達習慣具有內向、遲緩和曲折的特點。

「你會對孩子說『我愛你』嗎？」某網站對此話題曾做過一項調查，調查結果顯示：有75%的父母在孩子處於嬰兒懵懂的時期表達過，大部分父母在孩子3歲上幼稚園以後就很少直接地表達對孩子的愛了，相應的，孩子就更少向父母表達感情。

上小學三年級的盧芬最近很困惑，爸爸很久不像以前那樣牽著她的手上街了，為此她覺得有些失落，因為在兒時的記憶裡，牽著爸爸的手逛街特別溫暖。前一陣子，她出門時主動拉起了爸爸的手，但爸爸很快就鬆開了，好像很不願意似的。盧芬不由懷疑：是不是爸爸不再疼愛她了？

10歲的李發同樣有著這樣的困惑，他每次摟著媽媽的脖子說「我愛媽媽」時，媽媽都會說他「黏人」、「不害羞啊！」。李發覺得很委屈，他只不過是想向媽媽表達一下愛意，希望媽媽也能回應而已。對此，李發的媽媽直言，「當孩子很小時，跟他說我愛你是很自然的事，可是當他漸漸懂事，再當他的面說這樣的話，我覺得很難開口。」

鑒於家庭表白氣氛嚴重缺失的現狀，某親子網舉行了一場親子活動，20多個家庭參加了此次活動，其中的「真情告白」環節引發了全場高潮。當音樂響起時，父母向孩子讀出了事先準備好的真心話：「孩子，你真聽話，真有出息。」、「孩子，你是我們的寶貝，爸爸媽媽永遠愛你！」……也許是父母的熱情感染了孩子，天真無邪的孩子們也用稚嫩的聲音回應道：「爸爸媽媽，我愛您！」頓時，溫馨的氣氛感染了所有在場的人，不少人熱淚盈眶，感動得說不出話來。活動中，親子之間互相傳達愛的訊息，拉近了彼此的感情。父母們怎麼也沒有想到，輕輕的一聲「我愛你」，竟會產生如此神奇的效果。

　　有位媽媽，從來不吝惜自己對兒子的愛。

　　兒子喜歡吃糖、香蕉，喜歡畫畫，媽媽偶爾會把令他驚喜的糖果、香蕉、水彩筆、小玩具放在他意想不到的地方，比如他的口袋裡、書包裡、書桌裡、枕頭下。當他意外地發現了並驚喜地問是不是媽媽放的、為什麼放那裡時，媽媽就會告訴他：「因為媽媽愛你，想為你做一些特別的事。」有一次，媽媽把一根棒棒糖放在兒子的書桌裡，他過了兩天才發現。興奮地打電話問媽媽：「媽媽，那根棒棒糖是不是你送給我的禮物呀？」媽媽說是的，他又追問：「你為什麼放在書桌裡不告訴我呀？」媽媽說：「因為媽媽愛你，想為你做一些特別的事，想給你一個驚喜。」

　　媽媽還經常對兒子說：「我很高興上天把你給了我！你是我最珍貴的寶貝！我喜歡做你的媽媽！」讓兒子感覺到媽媽是多麼高興和他在一起，自己是多麼重要。

　　在適當的時機向孩子直接表達自己的愛意，可以增強孩子的自信心和自尊感。在孩子的成長過程中，父母就像一面鏡子，不斷地反射出孩子的一切，當聽到那些鼓勵、讚許以及充滿愛意的話時，孩子覺得自己得到了認可，他會感到驕傲，由此，自信心也會增加，而那些長期得不到肯定的孩子，則會變得膽小、沒主見，長大後習慣被安排做事情，缺乏創造性。

　　生活中，父母一句充滿愛意的話往往會讓孩子感到莫大的滿足，當孩

子做了一件讓父母高興的事，父母要及時說：「孩子，你真棒，我愛你。」當孩子遇到挫折時，父母要說：「不要怕，我們愛你，我們都希望你能堅持下去。」當孩子犯錯時，父母要說：「你做的事情我們不同意，但我們愛你，並希望你改正錯誤。」孩子是很敏感的，很在乎父母對自己說的話，一句真真切切的話能撫慰他們的心靈，尤其對於懂事的孩子來說，父母愛的表達可能會消除彼此之間的隔閡，令親子關係更進一步。

除了用言語表白外，鼓勵的眼神、溫暖的擁抱、甜蜜的撫摸等都是很好的愛的表達方式。

有研究表明，擁抱和撫摸會使孩子體內的「壓力激素」水準降低，而自幼得到親子行為溫暖的人更有能力應對社會環境的壓力，並避免那些與壓力有關的疾病。

父母經常對孩子說：「我愛你！」、「真高興，你是我的寶貝！」等，以及經常擁抱、撫摸和親吻孩子，會慢慢地給孩子以堅韌的性格。同時，孩子得到父母明確的愛，成長的道路就會更順暢、更廣闊，他們會自覺做到遇事不驚、沉著冷靜，並善於調節自己。

「我愛你」這 3 個字一點也不難說出口，父母不要猶猶豫豫、吞吞吐吐了，就請像熱戀中的戀人一樣大大方方、毫不掩飾地對孩子表白吧！

「我理解你」

父母的理解對於一個孩子的健康成長有著十分重要的意義，它是使家庭教育步入正軌的重要前提。許多父母都有這樣的體會：孩子愈大，便愈難與他們溝通，甚至不知應該怎樣去交談。當家長抱怨孩子不理解自己時，試問，自己又何嘗理解孩子呢？

很多父母總是以長者自居，認為孩子小，不懂事，必須一切聽自己的指揮。因此，在和孩子交流的時候，往往不考慮孩子的感受、不體恤孩子的心情，以命令式口吻對待孩子。比如：父母跟孩子反覆強調這件事要怎

樣做，孩子似乎也聽得很認真，結果孩子還是沒明白父母的意圖，這下子，父母馬上會認為孩子誤解了自己的意圖，或者沒有按照自己的意思去做，火氣一下子就來了，對孩子就是一頓大罵。其實，即便是對同一句話，父母和孩子理解的方式和角度都不相同，這時，父母就要站在孩子的角度理解孩子，而不要一味主觀臆斷。比如：孩子做作業時拖拉，缺少緊迫感，這有多方面的原因：缺乏自覺意識、自制能力差、作業太多太難等等，這時，父母要認真分析孩子作業拖拉的原因，有針對性地進行教育；比如：孩子不肯睡覺，孩子不肯起床，孩子不肯做某件事，孩子無視父母的提醒……所有這一切都可能使父母氣急敗壞失去理智，進而將一團怨氣發洩在孩子身上。其實，孩子要做某件事或者不肯做某件事都會有自己認為很充足的理由，儘管有時候他的理由在父母看來絲毫站不住腳，但父母都要給予充分的理解。如果父母武斷地批評孩子，孩子就會反感，慢慢地孩子就不願意跟父母溝通了。

這正是青春期遇上更年期的尷尬，一方面，家長的主觀權威性使得他們愛把自己的意願和理想強加在孩子的身上，對孩子期望值過高；另一方面，這一階段的孩子正處於從幼稚向成熟過渡的時期，容易有牴觸情緒，想要擺脫家長的控制。

心理學研究證實：孩子與父母早年形成的親子關係，是其今後與他人建立人際關係的基礎。如果孩子在幼年期不能與父母形成親密和諧的關係，那麼孩子長大後就很難與他人建立融洽的關係，人格發展的障礙和社會適應困難就難於倖免。這樣的孩子在青少年時期就可能表現出缺乏安全感，自卑，苛求自己和他人，對人缺少信任感、被動、退縮、依賴等人格特點，是憂鬱症、恐懼症和強迫症等心理障礙的高危險族群。

每一位父母都是熱愛孩子的，但是為什麼孩子卻總是體會不到呢？究其原因，往往是因為父母與孩子相處時採用了不恰當的方式方法。父母必須讓孩子知道，無論在什麼情況下，父母都是愛他、支持他的。不管孩子說了什麼或是做了什麼，也許父母並不接納他的行為，但依然是關愛他的。有時只要簡單的一句話：「很好」、「真是我的好孩子」或者「我也這樣

想」，都能使孩子感受到父母對他的理解。當孩子經常放學晚歸時，嘗試著將「放學後你應該立即回家」換成「放學後如果不立即回家，媽媽會很擔心你」這樣的說法，也許會看到孩子的不小變化。

成功的父母往往是因為他們能夠理解孩子內心的真實需求，他們懂得如何尊重孩子，懂得傾聽孩子說話的重要意義。同時，父母對子女說話時應該有正向的目的，例如提供知識資訊、解決疑難、分享情感，表達自己的意見等。對話時，一定要注意語氣與態度，盡可能經常微笑，以歡愉、平和的聲音，顯示出友善、冷靜的態度以達到溝通的效果。父母如果能表現友善，不以強者的權威壓制孩子，往往會得到孩子相對的友善。

什麼是理解？理解就是無條件地接納別人的感受，理解不等於同意，理解也不等於同情，理解是設身處地地將心比心。

父母要經常了解孩子的內心需求，要經常傾聽孩子說話，而父母願意傾聽孩子的心聲、了解孩子的意見或問題實際上就是對孩子的尊重。如果父母在孩子面前只顧自己的感情需求，而不顧及孩子的心理需求，孩子就會感到很孤獨。

德國教育學家和哲學家愛德華‧斯普蘭格（Eduard Spranger）說過，「人的一生中，再也沒有像青年時期那樣強烈地渴望被理解的時期了。沒有任何人會像青年那樣沉陷於孤獨之中，渴望被人接近與理解；沒有任何人會像青年那樣站在遙遠的地方呼喚。」如果說父母與孩子是站在不同的兩個地方遙遙相望的兩個人的話，那麼，理解就是一座橋，理解之橋，是溝通父母與孩子心靈的橋，是化解父母與孩子之間的許許多多隔閡、誤解、矛盾甚至仇恨的橋。有了這座橋，父母與孩子就會生活在崇德崇義、和睦相處的美好家庭裡。假如沒有理解之橋，那麼，家庭必將緊張，會出現許多遺憾和不幸。

理解萬歲！

第十章
這些錯誤要避免

不給孩子展示的機會

把孩子捧在手心，視若寶貝，捨不得鬆手，更捨不得讓其經歷風雨，這是現如今很多父母的育兒經歷。他們愛孩子比愛自己還甚，他們心疼孩子的一切，孩子一旦遇到什麼不順心的事，他們比孩子還著急。

「教育需要愛，也要培養愛。沒有愛的教育是死亡的教育，不能培養愛的教育是失敗的教育。」這一教育名言告訴我們，愛是教育的生命，愛是教育的催化劑、潤滑劑和黏合劑。然而，身為父母，該採取怎樣的方式去愛孩子呢？

森林中百般險惡，連被譽為「森林之王」的獅子也不敢輕忽怠慢其中的危險。

獅子會讓幼獅從一開始便迅速地面對真實的你死我活的生活。剛出生不久的幼獅經常會被公獅推到岩石下，讓幼獅從跌倒的困境中想辦法掙脫，找到爬上來的路。公獅或母獅即使看見幼獅遇到困難也只遠觀而不干涉，只在其面臨生命危險時才伸出援手。

看，這就是「獅子育兒法」，獅子故意讓孩子面臨困境，並不是不愛自己的孩子，相反，它們是因為太愛自己的孩子了，所以才讓孩子承受磨難，學會成長。同樣，我們的父母也應該像森林裡的獅子一樣去教育、養育孩子。

有位記者到某地採訪，那裡的漁民終年守候在長江上，他們的孩子在兩三歲的時候就已經能在江水裡自由自在游弋了。漁民告訴記者，當孩子可以自主行走的時候，他們就把孩子扔到比較淺的江水中，拿一塊木板給孩子，讓孩子抱著木板掙扎。儘管船上都有救生衣，但漁民向來不會給孩子使用，「穿上那東西永遠都學不會游泳。」漁民如此解釋，「讓孩子掌握最好的游泳技能，這就是安全。如果孩子是個旱鴨子，一點都不會游泳，那才是最不安全。」漁民常年生活在凶險的長江上，翻船、落水的危險隨時都會發生。「你不會游泳，就只有被淹死。」

記者透過觀察發現，當孩子能夠游泳，掌握浮水的時候，他們就把孩子趕到深水區域，逼著孩子在危險的江水中掙扎，只要不出現最危險的狀況，坐在船上的父親是絕對不會去救援的。漁民認為，求生是人的本能，把孩子拋到最凶險的江水裡，才能學到最好的技能。

是的，在最凶險的地方，才能學到最好的本領。父母總是不給孩子展示本能的機會，總是處處替孩子把風險擋住，孩子求生的本能就會被弱化。

其實，孩子都想表現自己的願望，都希望父母肯定自己的成績，這對激發孩子的自信心、創造力、獨立意識都是非常有益的。然而，父母出於對孩子的愛，在有意、無意間剝奪了孩子鍛鍊和展示的機會。他們總是一味地張開溫暖的羽翼庇護孩子，幼時管孩子吃飯、穿衣、睡覺，上學後管孩子接送、學習、作業，高中時陪讀甚至大學時也陪讀，可以說，事無巨細，均大包大攬。自己受苦受累不說，還會孩子難以學會自理自立，甚至導致孩子生活自理能力不強，依賴心理嚴重，承受不住困難、挫折、失敗、逆境的考驗，像溫室裡的花朵，經不起風吹雨打。

美國康乃爾大學（Cornell University）做過一個有名的實驗。經過精心策劃安排，他們把一隻青蛙冷不防丟進煮沸的油鍋裡，這隻反應靈敏的青蛙在千鈞一髮的生死關頭，用盡全力躍出了那即將使牠喪生的滾滾油鍋，跳到地面安然逃生。

隔半小時，他們使用一個同樣大小的鐵鍋，這一次在鍋裡放滿冷水，然後把那隻死裡逃生的青蛙又放在鍋裡。這次，青蛙在水裡不時地來回游動。接著，實驗人員偷偷在鍋底下用炭火慢慢加熱。

青蛙不知究竟，仍然在微溫的水中享受「溫暖」，等牠開始意識到鍋中的水溫已經熬受不住，必須奮力跳出才能活命時，一切都為時太晚。牠欲試乏力，全身癱瘓，呆呆地躺在水裡，終致葬身在鐵鍋裡。

這個實驗揭示了一個殘酷無情的事實——一個人太過安逸，就會不思上進，從而失去抗挫折的本能，當面臨危險威脅的時候就會毫無辦法，只

有乖乖屈服。

對孩子來說，他們需要愛，父母的愛會滋潤他們健康成長。只是，現在的孩子不怕「沒人愛」，而是怕「愛過剩」，家長必須學會控制自己的情感，把愛藏起一半，放在心底，給孩子獨立克服困難的機會，讓他們在這個探究的過程中，做自己力所能及的事。

同時，父母應該從孩子的感受想一想，在人生的路上，每個人都渴望得到鮮花與掌聲，孩子也一樣。他們也想從別人那裡得到一份肯定與讚揚，當他們得到人們認可的時候，他的內心就有了可以令自己驕傲的資本，也就具備了一份成功的自信。

鬆開手吧！讓孩子經歷風雨，這也是在給他一個展示自己的機會啊！

處處表現權威

時下，如果問什麼樣的家教方式最省心，準會有父母不假思索地回答，「權威式家教最省心。」果真如此嗎？非也，這實在是一種誤解。

什麼是權威式家教？簡言之，就是指父母透過言行影響孩子，使孩子由衷地尊敬、信任父母，進而樂於接受父母的教育。家長權威先是因家長身分而天然獲得，同時也需要透過家長的行為和能力，讓孩子自發產生折服與敬重。社會學上認為「權威」除了指揮和支配權力外，必須尋求權力的合法性。只有獲得認同、被視為正當才是權威的「合法性」基礎。

然而，時下的權威式家教卻呈現出不良傾向，就是父母專制作風嚴重，父母的權威並沒有在孩子心目中獲得「合法」的認同。

最近，某商場經理老姜心情很不爽，一貫崇拜他的兒子發發不僅將他說的話當耳邊風，對他舉起的巴掌也毫無懼色，一臉的不屑。老姜發現，在十二歲的兒子面前，自己的權威已消失殆盡。

上個月，為了工作方便，老姜花了五千多元託朋友在電子城組裝了一臺電腦，沒想到，自己還沒抽出時間摸索，兒子發發卻捷足先登，先一步

進入了資訊時代。

發發每天在電腦上玩遊戲，老姜唸他，他就說自己在電腦上做數學題。前幾天，老姜突然闖進書房，發現螢幕上竟然全是花花綠綠的遊戲。老姜很生氣，去關電腦開關，沒想到按下去沒有反應。老姜便扯掉了插頭，並嚴厲地對兒子說：「這下你還有什麼好說的，該怎麼辦你自己清楚。」

沒想到兒子站起來只說了一句：「這樣強行關機會把電腦弄壞的，而且我剛才做的數學題都沒有存檔，弄丟了。」老姜一愣，過一下子才反應過來，兒子在教訓他呢！他一時生氣，也開始大聲：「怎麼了，你得理不饒人？造反了嗎？」一巴掌拍在兒子身上。兒子沒反抗，只是不屑地瞪了他一眼，說：「你現在怎麼變成如此不講道理。」說完竟然就摔門走了。老姜想追出去再教訓他，但自己馬上又覺得很沒意思，完全沒有以前那種理直氣壯的感覺。

以前，發發讀幼稚園時，非常淘氣，而且破壞力超強。別說是自己的電動玩具被他拆得七零八落，家裡的收音機、鬧鐘也不能倖免。東西弄壞了，他就求助老姜。老姜往往趁這個機會教育他，他看到爸爸魔術般地把東西修好，很崇拜他。那個時候老姜在兒子心目中的形象是很高大的，偶爾生氣拍兒子屁股幾下，兒子也能接受，因為他什麼都能修好，什麼都能解決。

如今兒子在不知不覺中長大了，竟然敢教訓爸爸，老姜真是既失落，又無奈。

老姜的失落與無奈，緣於自己的家長權威受到了挑戰，其實是老姜沒有正確運用好權威，以致「權威」失去了效力。實際上，不僅是老姜，很多父母在使用權威時都容易落入盲點，具體表現為：

第一，講家長權威就是專制。這種權威，表面上看起來很強大，但在教育子女上卻沒有任何積極意義，只能引起子女的反感和對抗。

第二、權威就是和孩子保持距離。有的父母認為和孩子打成一片就會

削弱自己的家長權威。因此，他們會經常刻意板著面孔對待孩子。

第三，一味要求孩子，使權威失去可接受性。對孩子提出的要求過高，權威就會失去可行性，你再厲害也無法實現這種權威，因為孩子根本做不到，其結果就是父母自己打自己嘴巴，孩子無視父母權威，破罐子破摔。

在英國哲學家洛克看來，家長權威可以歸納為兩個字，即「愛」與「畏」。父母若要在孩子心目中樹立家長權威就要做好兩方面工作：一要讓孩子對父母產生特別愛慕的心思；二要使孩子對父母產生一種畏懼的心理。

在遵從這兩個原則的前提下，父母若想確立權威，在實際操作中還應做到以下幾點：

第一，堅持原則。任何時候，父母不做無原則的讓步。

第二，樹立榜樣。真正的權威光靠家長的地位和身分是不行的，更重要的是要靠家長的人格感召力。而要提高人格感召力，家長必須以身作則。要求孩子做到的事情，自己先努力做到。不然的話只能以勢壓人，說話不會硬氣，就容易失去權威。

第三，言而有信。父母在給孩子承諾前要考慮清楚：值不值得許這樣的諾言？許下了能否兌現？如果當初實在沒有考慮清楚就貿然許下了，該兌現的時候就得兌現，即使是因為客觀因素無法兌現，也應向孩子說明，取得孩子的理解，並尋找機會予以補償。

第四，道理先行。父母想有權威，那就讓道理來說話，這比吹鬍子瞪眼睛更有力、更有利。

心理學研究表明，權威型的教養方式是最有利於孩子心理健康發展的教養方式。從孩子的角度來看，父母在孩子的心目中具有一定的地位，孩子認為父母是可以信賴的，值得尊重的，就會主動服從父母的教育指導，孩子的社會化過程也就相應比較順利。反之，如果父母權威地位缺失，就會影響孩子對父母的遵從程度而影響孩子的發展。

當然了，在使用權威時，父母一定要得法，這才是最重要的。

「熱」或「冷」對付任性

現今的家庭，任性的孩子越來越多。

研究表明，任性是孩子一種不正常的心理狀態反映，往往是他們用來要脅父母，滿足自己某種需要的一種手段。因為孩子的思考模式是以自我為中心的，他們常常根據自己的嚮往、興趣，向父母提出這樣或那樣的要求。

面對孩子的任性，父母往往很頭痛，不知如何是好，容易走向兩種極端。

事例一：

爸爸板著臉快步背著 6 歲的兒子往家走，背上的兒子還在不停地哭鬧著。這時，爸爸實在無可奈何，將兒子從背上放下。這個舉動使得一直在後面追趕的媽媽倍加心疼，馬上加快腳步，趕到了兒子面前，並在兒子面前將丈夫狠狠地推了一把，「你這個沒良心的。」媽媽心疼地扶起孩子，並告訴他：「爸爸不是好人。」

孩子要什麼，父母就滿足什麼，可謂百依百順。父母認為只要無限地滿足孩子的物質需求，就是愛孩子、疼孩子的表現，其實這是一種最無知的愛。同時，如果父母對孩子的要求總是無原則地滿足，尤其是為教育孩子而引起大人間的不和諧，就等於慫恿孩子任性、專橫的毛病。實際上，孩子對愛的需求不僅是物質上的，更重要的是精神上的。生活中，有的父母只注意給孩子補充各種營養品，卻忽視了對孩子良好的道德行為習慣和社會適應能力的培養。有的家長給孩子買了許多書籍或買了電腦，卻沒有正確地引導孩子去讀書或正確地使用電腦，也不明白對孩子的精神鼓勵、讚揚、肯定和必要的心理支持都是愛，這種精神上的愛實則對孩子的成長更加重要。

事例二：

小東是個任性的孩子。這天，媽媽要去逛商場，小東說什麼也要跟去，可是他的作業還沒有完成。為此，媽媽嚴詞拒絕了。小東不依不饒，竟當場開始哭鬧，媽媽氣急敗壞，「你這小兔崽子，我就不信治不了你了！」說完，猛地將兒子抱進房間，「啪」的一聲把門反鎖住，直接一個人走了。

有的父母認為，對孩子的任性不能遷就，要採取強硬手段，絲毫不能退讓。孩子要這樣做，我偏不允許；孩子要什麼，我偏不給；孩子要買什麼，我偏不買。這樣的結果是，孩子出現叛逆心理甚至仇恨父母。其實，當父母的態度和孩子的願望產生矛盾，雙方處於僵局時，父母不妨做出暫時的讓步。當然暫時的讓步並不是遷就，而是為了擺脫僵局，緩和矛盾，以便另找合適的機會進行教育。父母可以用「承諾」的方法來暫時轉移孩子的注意力，緩和矛盾。比如，孩子想要一件什麼東西，父母一時拿不出來，父母就可以說：「等一下，我找找看。」或者父母根本沒有孩子想要的那種東西，父母可以說：「我給你其他東西吧！」在運用「承諾」的方法時，父母一定要注意做到言而有信，答應孩子的事情，事後一定要兌現。有的父母誤以為孩子小，過一下子就忘了，對孩子承諾的事，不必當真。甚至有些父母，有時為了制止孩子的某種行為，讓孩子聽話，隨口答應孩子提出的一些要求，如「給孩子買什麼」、「帶孩子去哪裡玩」等等，以為如此哄騙一下就過去了。其實，這種做法不僅不能達到教育目的，反而會使孩子不相信父母，使父母的威信在孩子心目中降低。有的孩子還可能從父母身上學會說謊、欺騙，養成不誠實的惡習。

人的性格形成與教育、生活環境、家庭氣氛和社會實踐有著密切的關係。一般孩子的性格在學齡前已初步形成，但不穩定，隨著年齡增長而趨於成熟，仍然有很大可塑性。所以要培養孩子良好的性格、杜絕任性行為，應從當下抓起。

第一，父母對孩子持有一定的行為界限要求，引導孩子養成良好的習慣。對孩子的要求不能一味地滿足，要分清對與錯，合理的要求可以滿

足；無理要求則不能答應。孩子一旦哭鬧，千萬不可打罵，要耐心給孩子講道理，最好是用既生動又富有教育意義的小故事予以開導。

第二，在孩子任性時，父母要善於把孩子的興趣引開去，以轉移他的任性。例如，孩子進入超市，吵著要買糖果，看見氣球，又鬧著要氣球，此時，父母可設法讓孩子去觀察某一事物，使他忘掉剛才哭喊著要的糖果、氣球。

第三，父母要有耐心。當孩子哭鬧時，父母可採取漫不經心的態度，讓孩子感到他的哭鬧嚇唬不了誰，這樣，他就會自覺沒趣，漸漸地安靜下來。

整體來說，孩子耍脾氣、任性，父母不必太過緊張，重要的是疏導。期間，切不可時而抓緊教育，時而放鬆教導，全憑自己的情緒決定教育態度。同時，要向孩子明確自己對任性行為的立場與原則，這就會使孩子確切地感到父母的教育態度堅決。孩子那種「我獨占」、「我為主」、「服從我」的不良心理和任性行為，將隨著良好環境與教育的薰陶而消失。

隨便給孩子貼標籤

「你總是馬馬虎虎。」

「你真是太懶了。」

「你這個笨蛋。」

常常聽到父母如此訓責孩子、為孩子貼上標籤。誠然，他們並非捕風捉影，可孩子就真的有這些毛病嗎？特別是當前隨著社會越來越多針對厭學、翹課、網癮、青春期戀愛、打架及青春期叛逆心理等引發的一系列行為異常的孩子進行「扶正偏差」學校的出現，很多孩子都被貼上了「××孩子」的標籤，讓他們背負了一張沉重的「名片」。對此，心理專家明確提出，孩子成長缺陷不可小視，但千萬別亂貼「××孩子」標籤，給孩子任意地貼上標籤，會導致孩子產生各種心理情結。父母的負面評價不僅在當

時會令孩子不快，而且會在他的潛意識裡留下很深的痕跡。

　　一個人的成長尤其是在兒童時期，不但受制於先天的遺傳因素，更脫離不了後天環境的複雜影響。在種種影響因素中，社會評價和心理暗示的作用非常之大。孩子被別人下某種結論，就像商品被貼上了某種標籤。當被貼上標籤時，孩子的行為就傾向於與所貼標籤的內容保持一致。這種現象是由於貼標籤而引起的，故有人稱之為「標籤效應」。

　　標籤之所以會產生效應，是因為在孩子的心目中，父母就是自己的模仿對象，父母的一言一行深深影響著孩子對生活的態度，而孩子往往缺少主見，總是無條件無意識地承認和接受父母對自己的評價，卻又無法對這些評價做出客觀的評判。比如，當孩子被父母告知「你是個害羞的孩子」時，孩子會以為自己真的不善於與人打交道，並產生退避的行為；當父母說「你怎麼這麼笨」時，孩子會感到非常緊張，往往表現得更笨。

　　既然消極標籤會引導孩子走向消極面，那麼，積極的標籤是不是就可以把孩子引向積極面呢？答案當然是肯定的。有些父母可能不知道，成功的孩子時常都得到了大人的「助推啟動」——這正是孩子起步時所需要的。父母的建議、鼓勵、信任，都是孩子不怕失敗、勇敢進取，邁向成功的「助推劑」。一份調查顯示：90%在品格、意識和智力方面有出色表現的人，在自己的童年或少年時期都受到過來自親人的積極暗示，其中最多的是來自父母。積極的暗示是表達愛的情感，而不是誇張、誇耀或對缺點的掩飾。用積極、正面的語言肯定孩子，誇大孩子的優點，縮小缺點，營造「我能做到」的心理氛圍，孩子的好習慣和情緒就會接踵而至，這也是所謂的「暗示教養」。專家認為：積極的暗示，特別是來自親人、朋友或老師的暗示，肯定會對孩子心理、心智方面產生良好的作用。所以，無論是家庭教育，還是社會教育，都應給孩子寬闊的發展空間，並培養孩子的自我調節能力。比如，一旦孩子有了網癮，不要把他當成一個醫學上的治療對象。現在有很多所謂的專家，治療網癮只會給孩子貼標籤，什麼狂躁症、自閉症、憂鬱症、社交恐懼症等。這其實並不恰當，不斷指責孩子「不上進」、「貪玩」、「網路成癮」等，只會給孩子心理造成很大的負面影

響，此時家長應把教訓的口氣換一換，嘗試用不同的方式與孩子交談，逐步引導孩子離開網癮習慣。事實正如此，孩子愛打架，並非就是有「暴力傾向」；孩子不合群、不善言談，並非就是「心理陰暗」；孩子寫情書、青春期戀愛，並非就是「道德敗壞」……

在第二次世界大戰期間，美國曾組織一批正在監獄服刑的犯人上前線作戰。出發前，美國政府特派了幾個心理學專家對犯人進行戰前訓練和動員，並隨他們一起到前線作戰。訓練期間，心理學專家們並未對犯人進行過多的說教，而是讓他們每週給自己最親的人寫一封信。信的內容由專家統一擬定，敘述的是犯人在獄中如何接受教育，改過自新等，每一封信都告訴親人，自己的表現非常非常好。專家們要求犯人認真抄寫後寄給自己最親的人。三個月後，犯人開赴前線，專家又要求犯人在給親人的信中寫自己是如何服從指揮，如何英勇作戰等。當然，親人們的回信都充滿了驚喜和讚賞。結果，這批犯人在戰場上的表現比起正規軍來毫不遜色，他們在戰鬥中正如他們信中所說的那樣服從指揮，英勇戰鬥。

可見，來自他人或自我的心理暗示，都會對人產生巨大的影響。積極的心理暗示能喚起自信，自信能激發熱情，調動積極性，從而使一個人奮發向上，取得意想不到的進步。相反，消極的心理暗示則使人喪失自信，降低動機水準，最終放棄努力，一事無成。

激發孩子改善自己行為的最終目的是鼓勵他以為自己可以成為一個好孩子，在這一基礎上，我們才能要求他摒棄不良行為，力求上進。如果父母急於給他下結論，貼標籤，使他相信自己不可救藥，又怎麼能夠振作孩子的上進精神，改善他的行為呢？父母在與孩子交談時，一定要注意到自己的話可能對孩子產生的效果，看看是否有負效果。

總之，父母千萬不要隨便給孩子貼標籤。

把對孩子的付出掛嘴邊

「孩子，你知道嗎？為了你，我忍受了多少的痛苦，懷胎十月多不容易，而你的每一步成長，更飽含了我對你的多少愛啊！」這種喜歡翻舊帳本、喜歡把對孩子的付出掛嘴邊的母親是不是容易招來他人的反感？而對於孩子來說，父母為自己所做的一切，自己身為行為的直接承受者，當然深知其中的艱辛，如果父母總是喋喋不休地說個沒完沒了，不煩悶才怪呢。

這是美術特長班報名的最後一天。李老師正在整理學生的報名表，劉建民悄悄地走進來。李老師很喜歡這個有藝術氣息的孩子，笑咪咪地對劉建民說：「我還要找你呢，怎麼到最後一天了才來報名？」劉建民把頭深深埋在胸前，小聲說：「對不起，李老師。我不報美術班了。」「為什麼？」李老師奇怪地問：「你學了幾年了，放棄它太可惜了。」劉建民慢慢抬起頭，眼睛已經溼潤了。「我也不想放棄，可爸爸、媽媽不讓我學了。」李老師讓劉建民坐下，耐心地說：「來，跟老師說說是怎麼回事。」

劉建民說，爸爸、媽媽對他很好，在家裡什麼事都不讓他做，吃的、用的都給他最好的，可他覺得一點都不開心。每天回家，除了吃飯睡覺，爸爸媽媽都在一旁監督著他學習，平時只要往電視機前一站，媽媽就說：「我們為了這個家，在外工作不容易，你不能偷懶，要努力呀！」只要他有一點的不服從，爸爸就教訓他：「我們給你創造這麼好的條件，花那麼多錢讓你上好學校，給你買書、買電腦，讓你上這班那班，要是學習不好對得起誰？」劉建民覺得，在父母的眼裡，因為自己上學花了他們的錢，讓他們養育成人，就欠了他們很多很多，所以只能聽他們的話、按他們的要求做，沒有一點兒的自由和自尊。

「我想繼續上美術班，可爸爸媽媽讓我上電腦班，我和他們解釋了半天、爭取了半天。最後，爸爸急了，對我說，『你要去報名是我給錢，就得聽我的』，我就再也沒得說了。」劉建民望著李老師，難過地說：「我真想逃離這個家，靠自己打工賺錢，這樣，我就再也不用花他們的錢了，我

就可以做自己想做的事了。」

劉建民的父母認為自己為孩子付出了很多，劉建民就要無條件地聽從自己的吩咐，這是十分無理、霸道的行徑。當下，很多父母都在有意無意地扮演著這種「武夫」角色：他們總把自己為孩子的付出、把為孩子花了多少精力和錢財掛在嘴邊，希望以此給孩子一些鞭策、動力，實際上卻成為孩子巨大的心理負擔和情感叛逆；他們覺得既然為孩子付出了，孩子服從父母的安排、按照父母的要求行事就是理所當然的。因此，在對孩子的教育和管理中往往態度衝動、急躁，方法簡單、粗暴；他們只注重為孩子提供充裕的物質生活，只注重孩子的學習，卻忽視了孩子情感、心理和學習以外的其他需求，這是一種不理智的、片面的愛。

父母這種不理智的愛，往往在無形中給孩子造成很大的精神壓力，使孩子覺得自己在父母眼中沒有地位、沒有自我，活得沒有自由、沒有自尊，只是為了回報父母的付出、實現父母的希望而學習、生活。有些孩子會因此產生無助和惶恐，總怕自己沒有達到父母的目標而緊張、不安，生怕對不起父母、讓父母失望，生活在負疚和無所適從中；有些孩子則會認為父母為自己的一切付出都是有目的的、功利的，是出於自己的私利，而根本沒有為孩子考慮過，並用抗爭、唱反調來試圖改變這種狀況，甚至因父母的這種愛轉而生出對父母的抱怨、憤怒對立和痛恨，做出一些極端的事情來。

常常把付出掛嘴邊的父母，除了表現自己的強悍之外，同時，也表現出他是個毫不自信、毫無智慧的人，因為自信的父母是從不刻意要求孩子的回報的，不需要透過提醒來限制孩子的自由，而智慧的父母懂得凡事都有度，過猶不及。

當然，讓孩子知道父母的付出是必要的，這樣，孩子才會珍惜來之不易的生活，才會懂得感恩。但父母不應把此當作一個話題老掛在嘴邊。如果父母能中庸一點，效果會更好。為此，給父母一些建議：

第一，父母的愛要理智。孩子不是父母的私有財產，而是一個獨立

的、有思想、有感情的人。父母為孩子的付出，是做父母應盡的義務和責任，而不是為了讓孩子背負一筆永遠虧欠的、無法償還的債務。所以，父母要尊重孩子的人格、自尊，要關心孩子的心理和情感需求。

第二，以平和的心態對待孩子的學習成績、興趣愛好，尊重孩子的選擇。父母可以給予孩子一些指導，比如告訴他學習一門什麼樣的技能會非常有用、會對他的學習以至今後的工作都有所幫助，建議他可以試著學學，但一定不要強制，也不要因此要求孩子放棄他原來的愛好。

第三，不要對孩子說「我給你花了多少多少錢」、「你看我多不容易」、「為了你……」。其實，父母的付出並不是為了得到孩子的回報，而只要父母是真心誠意地為孩子付出的，孩子不是瞎子，是會看在眼裡，懂得體諒父母苦心的。

重物質獎賞輕精神鼓勵

由於忙碌於工作，父母們往往習慣於用物質來獎賞孩子，習慣於用物質來替代對孩子的愛。他們認為，給孩子物質上的滿足同樣可以讓孩子健康快樂地成長。

事實果真如此嗎？

心理學家雷珀挑選出一些喜歡繪畫的孩子，把他們分成兩個組進行實驗。他對 A 組的孩子承諾說：「如果畫得好，就可以得到獎品。」對 B 組的孩子說：「我想看看你們的畫。」兩組孩子都高興地開始畫畫。結果，A 組的孩子得到了獎品，B 組的孩子得到了評價。三個星期後，雷珀發現，A 組孩子對繪畫的興趣明顯降低，大多不願意再畫；而 B 組的孩子則和以前一樣喜歡繪畫。

這就是著名的「雷珀實驗」。結果顯示，獎品固然能夠強化孩子的某種良性行為，但是又存在這樣的可能：孩子只對獎品本身感興趣，而缺乏對被獎勵行為的興趣。

表面上看，物質鼓勵是對孩子的尊重，是對孩子勞動付出的認可，但實際上卻是另一種形式的逼迫。孩子不願學習，不能滿足父母的要求就無法獲得自己的物質需求；為了得到自己想要的東西，就必須先滿足父母。在這個較量中，孩子是無力反抗的弱者，是處於被動的一方。因此，過度地使用物質獎勵不僅不能調動孩子學習的積極性，反而會傷害孩子的情感和自尊。

物質對孩子的激勵畢竟是有限度的，當孩子得到它時，努力的欲望當然也就減弱或消失了，需要新的或更大的物質刺激才能再次激發努力的願望。而精神鼓勵則不同，它一旦進入孩子的潛意識，就會保持長久甚至一生的動力。

李龍明長年在外工作，很少有時間和自己的孩子待在一起，教育孩子的工作全部落在妻子身上。每次打電話回家，他想和孩子說上幾句話，但孩子似乎一點也不熱情，竟然讓媽媽幫忙接電話，理由是「我正在做作業，沒時間」。每次回到家，他都會補償似的給孩子帶許多禮物，希望能對孩子有所彌補，孩子卻對他說：「你給我禮物有什麼用？我要的不是禮物，我看你根本就不想做我的爸爸。」李龍明很苦惱，他覺得每次和孩子在一起時都像陌生人，每次和孩子的對話總是不超過十句，而且孩子也總是愛理不理的。

有一天，李龍明如夢初醒，發現這一切的根源在於自己。

李龍明想，既然兒子不接電話，那我就寫信吧！於是，他無論多忙都會抽時間給孩子寫信。從妻子口中，李龍明知道孩子的近況，所以他就根據妻子所說，每次都給孩子寫滿三頁信紙。在信中，他一直誇獎孩子、鼓勵孩子，告訴孩子他其實很棒，在父親的眼中兒子永遠是最棒的。然後，列舉孩子的一些優點，今天信中說這些優點，明天說那些優點，讓孩子生活在一個鼓勵的環境中。

孩子看了父親不斷寄回的信，發現原來自己有這麼多優點，發現父親一直是愛著他關注他的，他開始變得開朗，也變得有自信，不再像以前那

樣鬱鬱寡歡了。以後，李龍明每次回家，孩子都要拉著他的手，告訴他自己做了什麼，考試考了多少分等等。本來父子關係冷淡的家庭，又重新變得和諧、其樂融融了。

孩子因為得到父親的關愛和重視，心裡一下子暖和了，這比得到任何物質獎勵都重要。因此，父母在處理和孩子關係的問題上，要多花一些感情、少用一些錢與物。

那麼，如何與孩子處理好關係？如何做到對孩子精神鼓勵與物質獎勵的平衡昵？

第一，利用家長身為教育者和管理者的身分，界定出父母和孩子各自的責任，明確地告訴孩子哪些是他必須做的、是應盡的義務，比如學習的任務。明確了目標後，不需要獎賞，孩子也會為這些責任而自覺地行動。

第二，與孩子交流、溝通，對孩子表示關愛，是父母透過生活中點點滴滴的小事就可以做到的，並不是一定要特地的、安排好的時間。父母不應該因為工作忙碌，就把孩子全權託付給別人，只是在經濟上、物質上為孩子提供優越的條件。其實，孩子需要的僅僅是每天與父母一起吃頓飯，能得到父母關愛的囑咐和愛的目光，這是有心的父母都可以做到的。

第三，孩子需要有保證的正常學習、生活的物質條件，但並不需要過度的優越，甚至是奢侈。奢侈的物質條件，只會使孩子覺得一切得到的太容易，而不懂得珍惜、不懂得愛護。而經濟和物質都不能代替情感、心理的關注。

第四，對孩子要少獎為佳。適當時候、適當次數的獎勵，就相當於給引擎加油，可以起到很好的作用，但切不可太濫。獎的頻率太高，其刺激作用就會逐步下降。

孩子在成長過程中，最需要與父母在情感、心理上的溝通，這是其他任何人都無法替代的，也是經濟、物質上的優越、富裕無法替代的。所以，即使工作再忙，也不應該成為父母疏於與孩子進行交流、溝通的理由。而父母對孩子的獎賞，更不能停留在物質的滿足上，要多一些精神鼓勵。

下篇
導航夢想，給孩子飛翔的翅膀

　　父母在孩子的心中寫下什麼，孩子就會成為什麼樣的人。雛鷹若要成長為雄鷹，就一定要承受暴風雨的磨練，這樣才能使翅膀愈加堅強有力。那麼，現在就請父母給孩子插上一雙理想的翅膀吧！他們的飛翔將出乎所有人的意料。

　　一個農家孩子學插秧，老是歪歪斜斜，他問父親原因。

　　父親說：「你應該盯住前面的一個目標去插。」

　　孩子聽了找了一頭水牛作目標，但還是插得不直，他又問父親原因。父親笑著說：「水牛總在動，你盯著牠當然要插得曲裡拐彎了，你應該盯住一個確定的目標。」

　　人生就如插秧一樣，不能沒有目標。父母要引導孩子確立目標，並為實現目標努力奮鬥，當孩子的夢想插上了翅膀，就會越飛越高。

第十一章
興趣是最好的老師

發現孩子的天賦

「望子成龍、望女成鳳」幾乎是天下所有父母的心願，但對於如何實現願望，父母們多少又顯得有些茫然。現如今，家庭裡普遍出現兩種現象，一種是高壓強壓，父母喜歡什麼，就強迫孩子喜歡什麼；另一種是放任自流，隨孩子愛好隨孩子高興，今天學這個，明天學哪個。前一類孩子很痛苦，沒有快樂；後一類孩子雖然很快樂，但由於沒有定性，往往會浪費很多時間，以至沒有效率、沒有速度、沒有目標，孩子也就很難成才。

其實，一個人要成功、成才並不難，關鍵是要天賦作指引。

每個孩子都有天賦！只是，很多孩子的天賦從小就被埋沒了。

所謂「天賦」，是指成長之前就已經具備的成長特性，針對特別的東西或領域的特殊天生執念而使其可以在同樣經驗甚至沒有經驗的情況下以別於其他人的速度成長。比如，所有媒體在評價麥可‧傑克森（Michael Jackson）時都說：「他那獨特的聲音，創新的舞蹈，他那驚人的音樂天賦和與生俱來的明星氣質，讓所有的人感動！」「傑克森對後世最大的啟發是：音樂是天才的產物，他在藝術上的成就，天賦和遠見都是很少見的，他是世界賜予我們的禮物！」可見，當天賦被挖掘、被發現時，離成功、成才就只有那麼一小步了。

瑪麗‧居禮（Marie Curie）有兩個女兒：伊雷娜‧居禮（Irene Curie）和伊芙‧居禮

（Eve Curie）。她們都很優秀，都在各自的領域取得了巨大的成功。然而她們的成功應首先歸功於她們的母親，因為正是瑪麗‧居禮第一個發現了她們各自的天賦。

瑪麗‧居禮的家教觀是，發掘女兒某種天賦領域的創造力，而不是死記硬背只會考滿分的冷知識。

早在女兒們牙牙學語時，瑪麗‧居禮就開始對她們的天賦進行發掘，她在筆記本上寫道：「伊雷娜在數學上聰穎，伊芙在音樂上早慧。」當女兒

剛上小學，她就讓她們每天放學後在家裡再參加 1 小時的智力活動，以便進一步發現其天賦才能。當她們進入塞維尼埃中學後，瑪麗‧居禮讓女兒每天補習一節「特殊教育課」：或讓由‧佩韓教她們化學，或由保羅‧朗之萬（Paul Langevin）教數學，或由沙瓦納夫教文學和歷史，或由雕刻家馬柯魯教雕塑和繪畫，或由穆勒教授教外語和自然科學。每星期四下午，由瑪麗‧居禮親自教兩個女兒物理學。

經過兩年的特殊教育後，瑪麗‧居禮覺得，伊雷娜性格文靜、專注，沉迷化學並立志要當科學家研究鐳，這些正是科學家所具備的素養。而伊芙生性活潑，充滿夢幻。瑪麗‧居禮便先讓她學醫，然後再引導她研究鐳，又激勵她從事自然科學，可伊芙對科學不感興趣。經多次觀察，瑪麗‧居禮才發現伊芙的天賦是文藝。這種不斷發現孩子天賦的家教觀念，指導著瑪麗‧居禮透過成功的家教使女兒伊雷娜‧居禮因「新放射性元素的合成」而獲 1939 年諾貝爾化學獎，也使伊芙‧居禮成為一位優秀的音樂教育家和傳記文學作家。

可見，天賦是人的一種先天具有、無師自通的素養。在母體中 8 個月的胎兒，對宇宙萬物中的聲、光、圖案、色彩、景物等已有著某種天然的交融感應。畢卡索對線條、色彩和空間就有這種交融感應的天賦潛能，一旦作畫，就得心應手一揮即成。但有再好的天賦也需要發現，每個人都有可能在某個領域裡蘊含著某種天賦。

以下，羅列出孩子在日常生活中的 20 種表現，父母千萬別忽視這些小細節，因為，它們很可能正是孩子潛在智慧、天賦的體現。

1. 善於用語言描述所聽到的各種聲響；
2. 常給孩子讀的故事，如果你更換了裡面的某個詞，孩子就會說讀錯了，並加以糾正；
3. 喜歡給別人講故事，而且講得繪聲繪色；
4. 喜歡提些怪問題，比如人為什麼不會飛等等；
5. 喜歡把玩具分門別類，按大小或顏色放在一起；

6. 喜歡伴隨著樂器的彈奏唱歌；

7. 喜歡傾聽各種樂器發出的聲響，並能根據聲響準確地判斷出是什麼樂器；

8. 能準確地記憶電視裡經常播放的樂曲；

9. 善於辨別方向，極少迷路；

10. 乘車時，對經過的站名或路標記得清清楚楚，並向你提起什麼時候曾經來過這個地方；

11. 喜歡東寫西畫，形象逼真地勾勒各種物體；

12. 喜歡自己動手，很多東西一學就會；

13. 特別喜歡模仿戲劇或電影人物的動作或道白；

14. 善於體察父母的心情，領會父母的憂與樂；

15. 落落大方，懂禮貌；

16. 看見生人時會說「他好像某某人」之類的話；

17. 善於把行為和感情連繫，比如孩子可能會說：「我生氣了才這樣做的。」

18. 善於判斷該做什麼、不該做什麼；

19. 善於辨別出物體之間的微小差異；

20. 喜歡擺弄花草、逗弄小動物，而對一般的玩具興趣不大。

分析：

如果孩子在第 1、2、3 條表現突出，可能具有語言才能；

如果 4、5 條表現突出，說明有邏輯和數理方面的天賦；

如果 6、7、8 條表現突出，可能是個音樂苗子；

如果 9、10、11 條表現突出，說明有豐富的空間想像能力；

如果 12、13 條表現突出，可能具有較高的身體動作的智力；

如果 14、15、16 條表現突出，孩子在人際關係方面的智力較好；

如果 17、18 條表現突出，說明孩子有著良好的自我認識能力；

如果 19、20 條表現突出，孩子的自然觀察能力明顯地具有優勢。

發掘孩子的亮點

有一位學者曾呼籲：「哪怕天下所有的人都看不起您的孩子，做父母的都應眼含熱淚地欣賞他、擁抱他、讚美他。」是的，父母要做生活的細心者，要善於發掘孩子的亮點。

這是一個拿著放大鏡找學生亮點的老師。

甘老師是位小學老師，有一天，她想知道自己在班裡情緒變化的情況，於是，她讓學生統計自己在這一天裡所表達的表揚和批評話語的次數，結果讓她大吃一驚：十七次批評，五次表揚。甘老師想，如果學生換成是我，整天坐在這樣氣氛的班級裡，我會有興趣學習嗎？於是，她開始每天仔細地尋找學生身上的優點，並且給全班同學規定了一個任務，每天講出自己遇到的好人好事，哪怕是一點點的細節。從此，值週班長寫班日誌時表揚的話語也變多了。甘老師後來總結說，讓大家發掘別人優點的同時，也教育了自己。

父母是孩子的第一任老師，父母更要像甘老師一樣拿著放大鏡找孩子的亮點。

父母善於發掘並放大孩子的亮點，能有效促進孩子認知自身的潛力，以不斷發展各種能力。而當孩子對自己有了正確的認識時，就不會懷疑自己、懷疑自己的能力與價值，對生活充滿熱情。

父母善於發掘並放大孩子的亮點，就是讓孩子確信自己的幸福掌握在自己手裡、成功是靠自己努力的結果。

父母善於發掘並放大孩子的亮點，實際上是給孩子一股無窮的力量，它催人奮進，能開闊失敗者前進的空間，能激勵勝利者不斷昂揚的鬥志。

有這樣一則寓言故事：

小兔子到了上學的年齡，被父母送到動物學校。在學校裡，小兔子最喜歡上的課是跑步，幾乎每堂課都得第一名，小兔子為此感到很高興；小兔子最不願意上的課是游泳，不管他怎麼努力，總取得不了好成績，小兔子為此感到非常苦惱。小兔子想放棄游泳，但他父母不同意。當老師看到小兔子為上游泳課苦惱時，表示願意給小兔子提供幫助。老師對小兔子說：「跑步是你的強項，是你的優勢，往後你就不用再練跑步了；只要你專心練習游泳，就一定能取得好成績！」從此，小兔子專心致志地開始練游泳。但結果是：一段時間的訓練下來，小兔子游泳水準不但沒有多大長進，就連他的優勢──跑步的成績也下降了許多。

寓言故事裡包含著一個道理：發掘孩子的亮點是家庭教育的基礎，人有所長則必有所短，每個人都有自己的優點和長處，但同時每個人都不可避免地存在著這樣那樣的缺點和不足。有的父母往往過於看重孩子的缺點和不足，並試圖讓孩子克服所有缺點，彌補所有不足。一個人有缺點和不足固然需要克服和彌補，但如果讓孩子把主要精力都用在克服缺點和彌補不足上，那麼孩子就可能因此喪失自己的優勢。

在日常生活中，很多父母往往錯誤地認為孩子需要的教育是訓導與懲罰，對孩子的優點、長處看在眼裡、喜在心裡，不動聲色，而對孩子的缺點和錯誤，動輒批評、指責、甚至懲罰。其實，他們沒有認識到，沒有肯定和賞識，孩子就會在抱怨與批評中喪失自尊與自信，就會影響其心理健康，甚至可能產生一些不良行為。

父母如何發掘孩子的亮點呢？

第一，樹立賞識教育的理念。教育家陶行知先生說：「教育孩子的全部祕密在於相信孩子和解放孩子。相信孩子，解放孩子，首先要賞識孩子。」善於賞識孩子的父母，在教育孩子的過程中往往能夠取得事半功倍的效果。善於賞識孩子的父母總是著眼於孩子的優點和每一個進步，他們能夠客觀評價孩子微小的努力和點滴的進步，並能夠不斷地鼓勵孩子充滿

信心、繼續努力。同時，對於孩子出現的失誤，賞識型父母能夠以寬容、理解的心情對待，並提醒孩子減少失誤，取得更好的成績。

第二，不要用成人的標準衡量孩子。常言道，在廢墟中發掘瓦礫誰都能做到，但是能在廢墟中發掘金子卻需要有一雙慧眼。要識別孩子的優點和成績，首先要學會如何看待孩子的成就。世界上沒有只有優點沒有缺點或只有缺點沒有優點的人，孩子也不例外。父母找不到孩子優點的原因，往往是因為父母衡量孩子行為的標準太高了，如果用成年人成熟的思考模式和豐富的經驗做標準，衡量思考模式還沒有發育成熟、知識、經驗和能力都還很匱乏的孩子，孩子的行為肯定不會符合父母的要求和期望，父母也就看不到孩子的優點和成績。

第三，不與其他孩子作比較。父母不能總是拿自己孩子的短處與其他孩子的長處相比較，這種比較會使父母看不到孩子的長處，而且也會傷害孩子的自尊。

第四，全方位審視。發掘孩子的優點要從小事、瑣事上著眼，不要把目光只盯在學習成績上，用成績上的不足否定孩子的一切長處會打擊孩子的自信。只要父母去掉了一些頑固的障目的「樹葉」，就能及時發掘孩子的優點和孩子的每一個進步。

培養孩子的興趣

愛因斯坦有句名言：「興趣是最好的老師。」中國古代教育家孔子也曾說過：「知之者不如好之者，好之者不如樂之者。」由此可見，興趣對一個人成就學業、事業具有重要的推動作用。

事實證明，興趣，使人不怕吃苦；興趣，使人廢寢忘食；興趣，使人執著而願意付出努力。人一旦對某件事情產生了興趣，那麼就會竭盡全力投入到從事這件事情的活動中去。

事例一：

　　王羲之是中國最傑出的書法家之一，東晉以後，歷代書法家大多都受到他的影響，故後人尊之為「書聖」。王羲之對書法十分感興趣，他練字達到了廢寢忘食的地步。有一次，他在書房練字，到了吃飯時間，書童送來他最愛吃的蒜泥和蒸饃，幾次催他吃，王羲之仍專心致志練字，連頭也不抬一下。書童只好去請王羲之的夫人來勸他吃飯。夫人到書房時，只見王羲之正拿著一塊沾滿墨汁的饃往嘴裡塞，弄得滿嘴烏黑。王夫人見此情景，忍不住哈哈大笑。王羲之此時仍心醉神往地寫他的字，還沒發覺把墨汁當成了蒜泥，見夫人到來，直誇她今天做的蒜泥特別好吃。

　　事例二：

　　萊特兄弟孩提時期就對宇宙空間產生了濃厚的興趣。他們常爬到樹上，踮起腳尖去摸月亮，結果呢？好幾次都被重重地摔了下來。他們的父親知道後，非但沒有因為兩兄弟幼稚可笑的舉動責怪他們，相反還啟發、鼓勵他們。神話般的奇想和濃厚的興趣引導著兩兄弟走上了研究航空的道路，西元 1903 年萊特兄弟真的駕駛著自己製造的飛機翱翔於萬里碧空。

　　從王羲之和萊特兄弟的故事可以看出，興趣是學習的動力，是成功道路上的「助跑器」，是攀登科學高峰的階梯。瑞士著名心理學家皮亞傑說：「所有智力方面的工作都要依賴於興趣。」有專家研究，如果一個人對本職工作有興趣，工作的積極性就高，就能發揮出他全部才能的 80%～90%；如果一個人對工作沒有興趣，工作積極性就低，只能發揮他全部才能的 20%～ 30%。

　　試想，如果一個孩子把玩「捉迷藏」、打電子遊戲的那種積極態度和熱情用於學習中，那麼，他的學習情況會是怎樣的呢？毫無疑問，他的學習一定是很棒的，甚至是非常好的。因此，對孩子學習興趣的培養是不可忽視的一項任務。對於孩子來說，興趣是主動學習、積極思考、大膽質疑、勇於探索的強大動力。如果孩子對學習產生了極大的興趣，那麼，他在學習中所付出的精力和在學習方面產生的效益是不可估量的。因此，在家庭教育過程中，父母如何注重激發學生的學習興趣，讓孩子自始至終主動參與學習，全身心地投入到學習活動中，是一項十分重要的任務。

當然了，對孩子興趣的培養不僅僅只是局限於學習方面，應拓寬至生活的方方面面。父母在培養孩子興趣時應做到以下幾點：

第一，父母要尊重孩子的自然發展規律，為孩子的充分發展提供條件，孩子的潛能如同種子，只要有適宜的外部條件，它就會生根、發芽、長大。環境是孩子萌發興趣的基地，因而父母要多製造機會，創設環境讓孩子接觸，培養他們的興趣。說不定在給孩子一支蠟筆、一架琴的瞬間就造就了一位藝術家呢！

第二，每一個正常人都具備多種潛能，只是發展的程度和組合的情況不相同，如果在早期能發現其潛能的長處與不足，並適度的發展或彌補其能力，就能幫助他發展個人潛能，激發興趣，培養能力。因而對孩子來說，早期教育非常重要，開發潛能、培養興趣多是在幼兒時代。父母應注重引導，孩子是自己塑造自己的，要讓孩子自己開發自己的潛能，體現孩子的主體地位和父母的主導作用，側重培養孩子的真正興趣愛好。

第三，育人如同種莊稼，不能急功近利，追求速度。培養孩子的興趣應循序漸進，不能違背孩子成長的自然規律。在這個過程中，要看到孩子的進步，一點一滴地表揚他、鼓勵他；同時還要讓孩子感受到自己的進步，多採取一些方法，如把作品保存下來，讓他自己看看，聽聽，自己比較，體驗進步；讓孩子給父母或別的小朋友當小老師，促進其興趣的發展；在適當的場合給孩子一個展示自我的機會；等等。同時，學習的過程中，要注意保護孩子的自尊，增強孩子的信心，讓孩子樹立自信心。

第四，不論學什麼，都必須經歷一個過程，不應過分追求成才的速度。在培養孩子興趣的過程中，同時應注意其他方面如性格、品德等的養成，訓練孩子的恆心和毅力，培養孩子虛心好學的品格及戒驕戒躁的品德。

第五，很多父母對孩子的期望很高，認為培養孩子的目的就是為了成名成家，父母應該擺脫錯誤觀念，從培養孩子的底蘊出發去培養興趣，比如音樂應是以音樂為手段，培養其心靈的美感，對音樂的興趣，欣賞的能

力，陶冶其情感，激發智力和創造性，以發揮音樂活動對孩子身心兩方面發展的特殊功能。學美術及其他技能也是如此。

讓孩子發揮特長

　　在社會競爭日益激烈的今天，父母無不希望自己的孩子出人頭地、功成名就。特別是隨著少年成名的孩子越來越多，在名利的誘惑下，越來越多的父母不惜花精力、金錢培養「天才」——上各種培訓班，學鋼琴、學書法、學畫畫……孩子在學校的學習任務本來就很繁重，這下子可就更忙了，連正常的休息時間都被剝奪掉。

　　如果這一切都是孩子自願、興趣使然的話，那也無可厚非，但問題是，很多孩子都是被父母所逼。這又是為什麼呢？歸根結底，是因為父母虛榮心在作祟——自家孩子考了 90 分，別人的孩子考了 100 分，親朋好友面前，自覺顏面盡失；別人的孩子這也行，那也行，自家孩子總是矮人一頭，父母豈不是也要矮人一截難以抬頭啦？面子丟了，自尊心沒了，火氣可是上來了。社會各方面給予父母的壓力，父母虛榮心太強，致使不冷靜的父母把火氣、把壓力轉嫁給了孩子，還要美其名曰地扯上一面大旗：「為孩子將來打算」，這對孩子來說太不公平了。有些父母，自己文化水準不高，指望孩子出人頭地，好揚眉吐氣。滿腔的希望、全部的賭注都押在了孩子身上，不容孩子出一點差錯，不管其智力如何，必須考上大學。父母自己做不到的事卻要求孩子必須做到，對孩子來說要身負兩代人、甚至三代人的殷切期望，這沉重的負擔山一樣重，孩子承受得起嗎？

　　據媒體報導，由於近年來作文大賽獲獎者擁有被保送上大學的機會，在捷徑誘惑之下，為使孩子「一文成名」，作文比賽考場內外的家長和輔導老師竟比考生多出好幾倍。父母期盼孩子成才當然是出於一片真愛，但操之過急，恐怕也會走向事物的反面。成名的孩子雖不乏「天才少年」，但畢竟屬於少數現象。如果父母也追風趕浪，推著孩子唯名以求，則未免

有揠苗助長之嫌。與其犧牲孩子原本天真爛漫幸福美好的童年去博一個也許很渺茫、也許根本不可能的機會，不如讓孩子釋放自己的個性，讓他在無憂無慮的遊戲與玩耍中、在歡聲與笑語中擁有一個真正的童年。

蔡志忠是著名的漫畫家。他小時候有一次和別的孩子一起玩，他父親把孩子們叫來親切地問：「你們長大後想做什麼呢？」一個孩子說：「我長大了要做大總統！」另一個說：「我想當員警！」而蔡志忠卻對父親說：「我想畫招牌。」蔡志忠的父親聽了蔡志忠的話，並沒有因為他胸無大志而不高興，只是淡然一笑。他後來對別人說，不管他要做什麼，事情只要認真做就好。

蔡志忠四五歲時，趁父親不在家，在房間的牆上畫了一個個小人，面對自己的第一幅「漫畫」，蔡志忠挺高興。但父親回來後看牆成了這個樣子很生氣，他揮起巴掌就追蔡志忠，蔡志忠早一溜煙跑了，但他心裡怕父親饒不了他。可是令蔡志忠想不到的是，父親後來只是罵了他幾句就放過了他，而且居然給他買了一塊小黑板和一些粉筆，蔡志忠真是又驚又喜。從此，小黑板成了他藝術想像力馳騁的天地。

蔡志忠進入彰化中學後沉浸在漫畫天地裡，結果成績一落千丈。如果是別的父親，一定會禁止蔡志忠再畫了，但蔡志忠的父親沒有這樣做，他雖然對孩子的成績很失望，但覺得畫畫不是什麼壞事，認真做也會出息。

不久臺北的一家漫畫出版社請蔡志忠去工作，蔡志忠不知道父親是否會同意他放棄國中學業遠去臺北。他對父親輕聲說：「爸，我要去臺北畫漫畫。」父親平靜地問：「有工作了？」「是的。」「那就去吧！」一問一答，短短十幾秒鐘，一件影響蔡志忠終身前途的大事就這樣決定了。蔡志忠去了臺北，很快成了臺灣乃至東南亞最負盛名的漫畫家。

「我讓他自由。」這就是蔡志忠父親的「家教之道」，蔡志忠一生成就得益於此。

從蔡志忠父親的家教經中，我們不難看出，對孩子的期望值要有一個正確的標準，要以孩子本身的特點出發，盡可能地發揮出孩子身上的長

處，切不要根據自己的一廂情願來決定孩子該怎麼樣。給孩子自由，就是給孩子選擇自己發展方向的權力。

俗話說：強摘的瓜不甜。為什麼呢？因為瓜長成熟了，自然就會蒂落。而還不熟的瓜，瓜蒂很結實，不用力去扭斷它，瓜是摘不下來的。這種還沒完全熟透便被擺上貨架的瓜，即便個兒大，也是索然無味，根本就不會甜。其實，父母何嘗不明白這個道理，可還是置之不理，實在讓人費解。表面看，是父母在「幫孩子」，實質上是在「綁孩子」。「幫」與「綁」，一字之差，卻體現出不同的教育理念。

教育學家說：即使是普通的孩子，只要教育得法，也會成為不平凡的人。是的，身為父母，不必對孩子要求太高，讓孩子順其自然地成長才是最明智的。

想像力是智慧財富

想像在人類活動中有著十分重要的作用，人類勞動與動物本能行為的根本區別就在於借助想像力所產生預期結果的表象。生活的每一個領域，都是離不開想像的。

科學家愛因斯坦說：「想像力比知識更重要，因為知識是有限的，而想像力概括著世界的一切，推動著科學發展、進步，並且是知識的源泉。」的確如此，孩子在學習各門課程中都要借助想像力，沒有想像力，孩子將難以理解教材中的圖形、概念。想像力還直接關係到孩子創造力的發展，現實生活中的許多發明創造都是從想像開始的。

研究表明，想像是人類所特有的將已有資訊和新的資訊重新組合的才能。兒童和青少年是最富於幻想的，他們喜歡對未知的一切進行構想，這對創造力的發展有很大的促進作用。

一次，電視臺正在播放一條公益廣告，其中有一句廣告詞，「美麗森林自己會說話。」

母親順嘴問正在一旁玩玩具的 6 歲女兒：「小婧，森林怎麼會說話呢？」

小婧瞅了瞅電視，說：「如果把森林比作人類，森林當然會說話啦。也許它們還會有自己的家庭、自己的生活呢？」

母親說：「是呀！有些樹木本身就是藥材，這藥材就是森林裡的醫生，其他樹木有了病都會去找它看。」

小婧聽了母親的話，也有了更多的想法，「有的樹木是化妝師，有的樹木是歌唱家，還有的樹木特別有學問，大家都稱它是博士。」

母親連連點頭，並問，「這些樹木都有自己響亮的名字，你叫它們什麼呀？」

小婧放下玩具，想了一會說，「家門前就有兩棵樹，一棵叫智慧樹，是一個善良的女孩子，人們叫她艾麗絲，小學生的作業她都會做，每次都能考一百分，她的哥哥、另一棵樹叫凡卡，是遠近聞名的醫生，能治好很多人類治不了的病。」

父親聽小婧這麼一說，也插話替這兩兄妹想像情節，說它們喜歡穿什麼樣的衣服，妹妹還紮著一對羊角辮……就這樣，一家人熱情高漲的說開了，好像生活中真有這樣一對兄妹似的。

令父母意想不到的是，大概過了一週的時間，小婧興沖沖地從書包裡拿出一疊稿子，說寫出了一篇童話，題目是《神奇的樹木》。父母看後非常高興，但當中還存在一些瑕疵，於是，父親先是肯定小婧的成績，然後指出不足，「關於主角言行舉止的描寫少了些，讀者只聞其聲，卻沒有身臨其境的感覺。要讓讀者體會到他們的喜怒哀樂才更好呢！」小婧還是有些不明白，父親接著拿過一面鏡子，放到小婧面前，說，「你看看自己，你高興時，你的眼睛是彎彎的，眉毛是向上揚的，你如果把這些寫出來，這叫惟妙惟肖。可你為什麼笑呀？再把你笑的心理活動寫出來，就活靈活現了，人物形象和心理活動就融為一體了。」小婧聽後很受鼓舞，馬上就回房間潤色。不多久，一篇全新的童話展現在大家面前……後來，這篇童

話還發表在了兒童刊物上。

從此，遇到事情、問題時，小婧就總喜歡發揮自己的想像思考，如此，問題往往迎刃而解。

可見，想像力的魅力在於可以將人帶人一個虛擬世界，實現現實生活中不可能實現的夢想。想像力的作用就是可以使人享受快樂、享受驚奇、享受自由、享受現實生活中少有的感受。孩子想像力的培養，關係到孩子創造力的發展，關係到孩子新知識的學習。

父母應該特別強調培養發展孩子的想像力，把它當作智力開發的重要任務之一來認真抓、重點抓。

第一，指導孩子豐富頭腦中表象的儲存。表象是外界事物在人的頭腦中留下的影像，是具體、形象的。因為表象是想像的基礎資訊，所以頭腦中的表象累積得多，就有進行想像的豐富資源。一個沒有接觸過很多事物的人免不了因循守舊，缺乏獨特的思考和見解。讓想像力在幼小的心田裡馳騁，必須有廣博的知識作基礎。累積的經驗越多，解決問題的思路就越廣。

第二，要求獨立思考。隨著孩子的長大，父母要學會逐漸放手，引導孩子試著靠自己的智慧獨立去做力所能及的事。要做到這點，需要家長與孩子真正實現人格上的平等，這對青春期的孩子，尤其重要。陶行知說「發明千千萬，關鍵是一問」。希望孩子想像力豐富且有效能，就應培養他們好問的習慣，即首先尊重他們的提問：對他們的提問持認真傾聽、回答的態度，不糊弄、不嘲笑、不指責，絕對不用「煩死了」、「走開」之類的詞語。其次鼓勵他們去尋找問題的答案，別用父母的思考代替孩子的思考，更不應該把自己的答案強加給他們。要求孩子獨立思考，並非父母可以甩手不管，而是應該花時間和精力，用可行的辦法引導他們自己找到答案。

第三，鼓勵實踐。想像是人腦對已有表象進行加工改造而形成新形象的過程，它的特點是在記憶表象的基礎上產生和超脫現實。所以，讓孩子

獨立思考的同時，為他們提供親歷親為的機會就顯得彌足珍貴。

可以說，想像力是孩子的智慧財富。對於想像力豐富的人而言，即使生活陷於逆境也不會感到絕望。而世間最悲慘的人就是那些缺乏想像力的人，他們在殘酷的社會競爭中往往很難找到立足之地。

培養孩子的理想之苗

理想，意味著對未來的憧憬與嚮往，表達著對未來的渴望與追求，它猶如火炬照亮了人生的道路，指明了人們成長的方向。父母引導孩子樹立人生的理想與追求，有著重要而又特殊的意義。一位詩人說過：「理想是石，敲出星星之火；理想是火，點燃希望之燈；理想是燈，照亮夜行之路；理想是路，引你走向黎明。」

巴拉克·歐巴馬（Barack Obama）是美國歷史上的第 44 任總統，也是美國歷史上的第一位黑人血統總統。一臉陽光的他，頗像好萊塢製造的青春勵志片的主角：背負著遠大理想，一步一步堅定地擺脫桎梏，堅毅勇敢地挑戰外界、挑戰自我，開創自己的美麗人生。

當選總統後，歐巴馬十分感激自己的母親，他說：「我身上最好的東西都要歸功於她。」歐巴馬母親經常告訴兒子，「不要被恐懼或狹隘的定義所束縛，不要在自己周圍築起圍牆，我們應該盡力在意想不到的地方找到美好的事物」。正是由於母親良好的教育與引導，歐巴馬從小就樹立起了遠大的理想；正是因為母親的坦誠與寬容，歐巴馬沒有生活在父母離異的陰影中，沒有為自己的膚色困惑；正是受到媽媽積極樂觀、勇於進取精神的影響，歐巴馬總能抓住機遇，迎難而上。

歐巴馬在寫給自己兩個女兒的信中提到母親對他的教育：「這正是我在你們這個年紀時，奶奶想要教我的功課。她把獨立宣言的開頭幾行念給我聽，告訴我有一些男女為了爭取平等挺身而出，遊行抗議，因為他們認為兩個世紀前白紙黑字寫下來的這些句子，不應只是空話。她讓我了解

到，美國所以偉大，不是因為它已經完美，而是因為我們可以不斷地讓它變得更好，而讓它更好的未竟任務，就落在我們每個人身上。」歐巴馬的母親把獨立宣言念給歐巴馬聽，對他進行自由、民主和美國精神的教育，並且給他講述「領導國家」的理念，使他從小立下了大目標、大志向。

可見，理想是深藏在心靈裡的一道迷人的風景，是掛在遠方的一盞炫目的燈塔。理想於人生，有非常重要的作用。對一個孩子來說，理想的種子一旦生根發芽，則對任何一件事都不會滿足於現狀，有追求完美、追求最高境界的欲望。取得一定成績之後，總有更上一層樓的決心和氣魄。這樣的人不成功於此，必成功於彼。而且成功的規模也往往比較大。

古人說，「人無遠慮，必有近憂。」孩子如果沒有遠大的志向，自身的激勵因素得不到很好的開發，在成長道路上只能處於被動狀態，不是自己向前奔，而是靠父母推著走，缺乏開拓進取精神，這是孩子成長的大忌。

有一年，一群意氣風發的天之驕子從哈佛大學畢業了。他們的智力、學歷、環境條件都旗鼓相當，他們在即將踏上社會這個最廣闊的天地之前，哈佛對他們進行了一次關於人生理想的調查。結果如下：27%的人沒有理想；60%的人理想模糊；10%的人有清晰但比較小的理想；3%的人有清晰而遠大的理想。

25年以後，哈佛再次對這群學生進行了追蹤調查。結果是：3%的人，25年間，他們朝著一個方向不懈地努力，幾乎都成為社會各界的成功人士，其中不乏行業領袖，社會菁英。10%的人，他們的小理想不斷實現，成為各個領域中的專業人士，大多生活在社會的中上層。60%的人，他們安穩地生活與工作，但都沒有什麼特別的成就，幾乎都生活在社會的中下層。剩下27%的人，他們的生活沒有理想，沒有目標，過得很不如意，並且常常抱怨社會，抱怨他人，抱怨這個「不肯給他們機會」的世界。

其實，這群學生最初的差別僅僅是：有人有理想，有人沒理想，有人理想遠大，有人理想很小。25年後，很小的差別形成了巨大的鴻溝。人生因為有了夢，所以才有夢想；因為有了夢想，所以才有理想；因為有了

理想，所以才有為理想而奮鬥的歷程；因為有了奮鬥，所以才有了人生幸福。

專家說，人的理想從兒童階段就開始萌生了，它是隨著孩子學習與實踐活動的發展，隨著家庭和學校教育的不斷深化，從無到有、從低水準到高水準逐步形成的。為此，父母千萬不能錯過孩子童年、少年階段的立志。它比其他所有教育和培養都更重要，也更不可彌補。一個人錯過了其他東西或許可以補救，一旦錯過了立志的最佳時期，則永遠無可救藥。

父母應如何幫助孩子樹立理想呢？

第一，理想決定父母對孩子的期望，以及父母自己的理想狀態。前者會影響對孩子的教養方式，後者會直接成為孩子的樣子。當前有的父母對孩子的期望短視、片面地局限在「考上好的大學」。對孩子只有學業期望，而缺乏人格期望，開口閉口總是「我們什麼都不要你做，你把書讀好就行了」。有的父母從眼前利益出發，把能賺錢當作奮鬥的目標和有本事的標準，他們甚至公開向孩子灌輸「金錢萬能」的思想，心甘情願讓孩子棄學經商。對於年幼的孩子來說，從小打下了這樣的思想烙印，很難在成才的道路上有所作為。同時還有可能給孩子的發展埋下一枚不定時炸彈。

第二，幫助孩子樹立理想的同時，家長還要引導孩子腳踏實地做出自己的努力。理想不是空洞的口號，而是一生為之付出的努力。父母應教導孩子，要小目標和大目標相結合，具體目標和長遠目標相結合。若沒有具體目標，或目標定得太高都不好，不但不利於孩子的發展，還可能因難以實現目標而影響孩子實際能力的發展。理想要與現實結合，任何時候都不能把遠大理想建立在沙灘上，要從社會的現況、從自己的現況出發，既不能好高騖遠，又不能妄自菲薄。

第十二章
授人以魚不如授人以漁

不可能攙扶孩子一輩子

如今，大多數家庭只有一個孩子，父母都希望自己的孩子長大後成龍成鳳，這種善意的願望本無可厚非。可是，父母卻把孩子視為了掌中的寶貝，從孩子出生到成家立業，父母總想牽著孩子的手，不想讓其受一點苦、流半滴汗，嘗試糊口的苦辣酸甜，總想替孩子扛。

很多父母時常把「再苦不能苦孩子」這句話掛嘴邊，自從孩子出生以後，不管是腰纏萬貫的富翁，還是一貧如洗的窮人，都對孩子呵護備至，從吃喝拉撒到大大小小的事務都是父母包辦代替。所以，中國的父母或許是付出最多的父母，他們的孩子卻未必是最成功和最幸福的孩子……

覃愛超已經上高三了，但在家裡，這個大姑娘依然是飯來張口，衣來伸手。身為獨生女，覃愛超享受著父母全心全意地愛和呵護，一直以來，做飯是爸爸的專長，而媽媽，整個就是覃愛超的貼身保姆，她從來沒有洗過一件衣服，更別提做其他家事了。

這是覃愛超一天的生活情況：早上 6 點，爸媽準時起床，為覃愛超準備早餐，等到他們忙得差不多了，才把睡眼惺忪的女兒拖到盥洗室，並把早已準備好的牙刷牙膏送到女兒手裡。女兒刷牙的時候，覃愛超媽媽馬上為她放好洗臉水。母女忙得差不多時，爸爸也已做好早餐等女兒來吃了。趁覃愛超吃飯的時候，媽媽幫她整理書包，然後幫覃愛超穿襪穿鞋，吃完早餐的覃愛超拿著書包走人即可。每天放學回家，覃愛超媽媽早已為她準備好了換洗衣服，並放好洗澡水，洗完以後，媽媽馬上為她收拾浴室，而爸爸則將可口的飯菜擺上桌，等覃愛超穿戴好後全家人才開始吃飯。之後，覃愛超開始了自己唯一的「工作」——寫作業。

覃愛超的家境並不算富裕，爸爸公司利潤少，薪水微薄，媽媽也只是公司的普通會計，但是，無論是吃喝還是穿戴，覃愛超爸媽總是盡一切所能來滿足女兒的要求，就怕一個疏忽，委屈了女兒。

喜歡為孩子包辦代替的父母有沒有想過，即使你們能包辦孩子的大半

生，但能包辦孩子一輩子嗎？父母是不能陪孩子一輩子的，也無法照顧他們一輩子。該讓孩子獨立去完成的事情，堅決不能越俎代庖，否則所培養的孩子只會是永遠長不大的嫩苗、幼苗，經不起風浪，經不住考驗，無法適應社會的激烈競爭。比起亞洲父母，歐美父母就顯得沒有一點「人情味」了，只要孩子到了一定年齡，父母就會把他們從身邊堅定地推開，讓他們自由去闖蕩和發展，他們信奉的一句名言是：最早讓孩子獨立的，就是最好的教育。

因此，那些捨不得放手的父母要拋棄原有的做法，讓孩子獨立，培養孩子從最簡單的事情做起。比如，吃奶的時候，練習讓孩子自己抱著奶瓶；玩玩具的時候，不要直接遞到孩子手中，而是放在孩子可以夠得到的地方，讓他自己走過去或爬過去取；餵飯的時候，大人和孩子各拿一個小勺子，讓孩子有練習自己吃飯的機會；幫孩子穿衣服的時候，讓其主動練習伸手配合，不要直接往身上一套了之。孩子只有從細小的事情做起，長大後才會成為一個獨立、勇敢自信、有責任感的人。

在美洲遼闊的草原上，生活著一種雕鷹，它有著「飛行之王」的美譽。它飛行的時間之長、速度之快、動作之敏捷，堪稱鷹中之最。被它發現的小動物，一般都難逃它的捕捉。但誰能想到那壯麗的飛翔後面卻蘊含著滴血的悲壯。

當一隻幼鷹出生後，沒享受幾天舒服的日子，就要承受母親近似殘酷的訓練。在母鷹的幫助下，幼鷹沒多久就能獨自飛翔，但這只是第一步，因為這種飛翔只比爬行好一點。幼鷹需要成百上千次的訓練，否則就不能獲得母鷹口中的食物。第二步，母鷹把幼鷹帶到高處或懸崖上，把它們摔下去，有的幼鷹因膽怯而被母鷹活活摔死。但母鷹不會因此而停止對它們的訓練，母鷹深知，不經過這樣的訓練，幼鷹就不能翱翔藍天，即使能，也會因為不能捕捉到食物而餓死。第三步則充滿著殘酷和恐怖，那被母鷹推下懸崖而能展翅飛翔的幼鷹將面臨最後也是最關鍵、最艱難的考驗：因為它們那正在成長的翅膀會被母鷹殘忍地折斷大部分骨骼，然後被再次從高處推下。有很多幼鷹就是在這時成為悲壯的祭品，但母鷹同樣不會停止

這血淋淋的訓練。

　　有的獵人動了惻隱之心，偷偷地把一些還沒來得及被母鷹折斷翅膀的幼鷹帶回家餵養。可後來獵人發現，那被自己餵養長大的雕鷹至多能飛到房屋那麼高便要落下來，那兩公尺多長的翅膀反而成了累贅。

　　原來，母鷹殘忍地折斷幼鷹翅膀中的大部分骨骼，是決定幼鷹未來能否在廣袤的天空中自由翱翔的關鍵所在。雕鷹翅膀骨骼的再生能力很強，只要在被折斷後仍能忍著劇痛不停地展翅飛翔，使翅膀不斷地充血，不久便能痊癒，而痊癒後的翅膀則似神話中的鳳凰一樣死後重生，將長得更加強健有力。如果不這樣，雕鷹也就失去了這僅有的一個機會，它也就永遠與藍天無緣。

　　看，沒有誰能幫助幼鷹飛翔到高高的藍天，除了它自己！

　　父母們，請像母鷹一樣勇敢地放手吧！孩子總有獨自面對社會的一天，你又怎可能攙扶孩子一輩子呢？！

教會孩子控制情緒

　　孩子不聽話，很多時候是因為自我的情緒控制能力太差。另外，在孩子成功的路上，最大的敵人其實並不是缺少機會或資歷淺薄，而是缺乏對自己情緒的控制。他們憤怒時，不能遏制怒火，使周圍的合作者望而卻步；消沉時，放縱自己的萎靡，把許多稍縱即逝的機會白白浪費掉。可以說，情緒影響著一個人的理智和行為。

　　梅梅今年 10 歲，大家卻說她「人小脾氣大」，因為梅梅動不動就愛發脾氣。只要稍有不順心的事，她就很難控制自己的情緒，總要拿哪個人或哪件東西來出出氣。她上課遲到受批評，回家後拿媽媽出氣，怪媽媽沒有早一點兒叫她起床；在學校值日時打掃衛生，地掃得不乾淨她怪掃帚破了不好掃，因此拿掃帚發脾氣；考試成績不理想，她生老師的氣，說老師出題太怪太難太偏，弄得她做不出來；走路摔跤她還生路的氣，怪路坑坑窪

窪不平坦……總而言之，梅梅就是喜歡發脾氣。而且，梅梅發脾氣還有個特點，那就是怪別人不好，怪東西不中用，因而總要罵人、摔東西，把他們當成「出氣筒」。比如，考試不理想，梅梅會氣得把試卷撕得粉碎；和爸爸媽媽發脾氣，梅梅還會摔碗、摔杯子，甚至字寫不好她也要摔鉛筆、扔本子。

梅梅脾氣差，完全是因為自己控制情緒的能力比較差。無法控制情緒還表現在很多方面。有一位母親在日記裡是這樣總結自己的孩子的：當他的情緒處於進取的狀態時，自信、樂觀、興奮、快樂。當他的情緒處於癱瘓狀態時，沮喪、恐懼、焦慮、悲傷。總之，他的情緒就像天氣一樣變化無常，一下子沮喪，一下子興奮。運氣好時，如登山頂；運氣差時，如墜深谷。

是的，很多情緒失控的孩子都表現出這位母親所說的情形。大部分人，他們不是讓情緒控制情況，而是讓情況控制情緒。如果情況好，他們的情緒也好，如果情況不利，他們的情緒也跟著不好。

調節能力是情商的重要指標之一，這種能力可以及時擺脫不良情緒，保持積極的心境。孩童時期是情感教育的黃金期，幫助孩子形成初步的情緒調節能力是情感教育的重要內容。

第一，對情緒有正確的認知。父母應該懂得，孩子和成年人一樣，是獨立的個體，有自己的認識世界的方法和態度。與快樂產生滿足的積極情緒一樣，孩子當然也會產生種種諸如煩惱、憤怒等不良情緒。要想孩子成為情緒的主人，父母就該接受孩子的各種情緒。心理學家漢·金諾認為，孩子的情緒不會因為成人的一句「不要這樣想」或者「你的感覺不應該有」而消失。只有尊重、同情孩子，才能有效地幫助孩子。有了正確的認識，父母在孩子鬧情緒的時候，才不會驚慌，也不會急躁，更不會憑主觀意識強行阻止、壓制。

第二，讓孩子學會樂觀面對生活。積極的情緒體驗能夠激發人體的潛能，使其保持旺盛的體力和精力，維護心理健康；消極的情緒體驗只能使

人意志消沉，有害身心健康。為此，學會保持樂觀的生活態度與情緒，對孩子來說是十分重要的。身為父母，要培養孩子樂觀地面對人生，自己首先對生活要有一種樂觀的態度。孩子的情緒受父母行為的直接影響，與孩子相處時，父母必須樂觀一點。在教育孩子學會樂觀地面對人生時，除了多與孩子交流，培養孩子的自信心之外，還有一個很重要的方面，就是父母首先要相信自己的孩子，給予鼓勵和支持。更重要的是要幫助孩子進取，克服一些他現在克服不了的困難，只有這樣，才能教會孩子以正確的態度和方式處理並保持樂觀。

第三，教會孩子適當宣洩不良情緒。人在精神壓抑的時候，如果不尋找發洩機會宣洩情緒，會導致身心受到損害。生理學研究表明，人的淚水含有的毒素比較多，用淚水餵養小白鼠會導致癌症。可見，在悲傷時用力壓抑自己，忍住淚水是不合適的。

第四，將不良情緒遺忘或轉移掉。一般情況下，能對自己的情緒產生強烈刺激的事情，通常都與自己的切身利益有很大關係，要很快將它遺忘，是很困難的。但是，可以進行積極地轉移，即設法使自己的思緒轉移到更有意義的方面上，或者主動去幫助別人，或者找知心朋友談心，或是找有益的書來閱讀。總之，要使自己的心思有所寄託，不要使自己處於精神空虛、心理空曠的狀態。凡是在不愉快的情緒產生時能很快將注意力轉移他處的人，不良情緒在他身上存留的時間就短。

情緒無所謂對錯，只有表現的方式是否被社會所接受。父母要學會接納孩子情緒表達的多面性，情緒表達的各種面貌都蘊藏著情緒轉化的可能性，消極情緒可以轉化為積極情緒，唯有正視情緒表達的所有面貌，健康的情緒才有可能發展。而唯有能夠駕馭自己情緒的孩子，才能夠成為聽話的孩子。

讓孩子懂得感恩

感恩是一種生活態度，是一種品德，是一片肺腑之言。如果人與人之間缺乏感恩之心，必然會導致人際關係的冷淡，所以，每個人都應該學會感恩，這對於現在的孩子來說尤其重要。

生活中，常聽到父母埋怨自己的孩子不懂事、不知道體諒大人的艱辛。可是，父母有沒有想過，孩子不懂感恩，責任並不在孩子，而在於自己呀！當前，大多數父母過於重視孩子的學習成績和技能培養，熱衷於讓孩子參加各種鞏固班、興趣班，卻忽略了教給孩子「愛的能力」──父母只講奉獻不求回報的單向付出，把孩子推向了非人性意識的漩渦，孩子因此認為：父母的愛是天經地義的，父母的付出也是理所當然的。

有個孩子說，「在家裡，媽媽愛吃魚頭，爸爸愛吃魚尾巴，而我愛吃魚身子。」其實，哪有愛吃魚頭魚尾巴的父母呢？父母是為了讓孩子多吃魚肉，才選擇了魚頭和魚尾巴。如果父母對孩子只是一味地奉獻、一味地關愛，而不讓孩子了解自己所做的一切，不了解父母內心的真實感受，那麼孩子就很難懂得感恩。

如果父母在施愛的同時，引導孩子理解真愛，理解父母摯愛後面的艱辛，理解父母期望中的深情，激發孩子對父母的感激之情，教會孩子以愛回報父母，從一些力所能及的小事情做起，比如給剛下班的父母遞上一杯熱茶，為勞累一天的父母捶捶背……那麼，愛就會在兩代人之間流動，就能有效促使孩子不斷由「被愛」向「施愛」轉化，形成孝敬父母、關愛他人的良好人格。當孩子踏入社會後，將這種人格素養運用其中，則會建立起充滿和諧與友善的人際關係，成為一個受歡迎的人。

感恩是一個永恆的話題。「羔羊跪乳，烏鴉反哺」是自然界在感恩；「滴水之恩，湧泉相報」是人類的感恩。其實，感恩在中國歷史上例子很多：三國時期，諸侯並起，天下紛爭，劉備三顧茅廬請得臥龍出山，諸葛亮為報知遇之恩，鞠躬盡瘁，遂使劉備與孫曹三足鼎立；民族英雄袁崇煥曾有恩於佘家，去世後，佘家義士「冒死葬忠魂」，子子孫孫，生生死死，守

墓遺訓，代代相傳，17 代人為他守墓 370 多年；古代「二十四孝」更是感恩雙親的範例……

感恩是一種對恩惠心存感激的表示，是每一位不忘他人恩情的人縈繞心間的情感。學會感恩，是為了擦亮蒙塵的心靈而不致麻木，學會感恩，是為了將無以為報的點滴付出永銘於心。

在佛法中，經常說「報四重恩」：感念佛陀攝受我以正法之恩；感念父母生養撫育我之恩；感念師長啟我懵懂，導我入真理之恩；感念施主供養滋潤我色身之恩。「我們感念眾生曠達供我所需之恩，感念自然界，太陽供我光明與熱能，空氣供我呼吸，花草樹木供我賞悅。」

感恩之心是一種美好的感情，沒有一顆感恩的心，孩子永遠不能真正懂得孝敬父母，更不會主動地幫助別人。讓孩子知道感謝關愛自己、幫助自己的人，是家庭教育中一個重要的內容。

第一，不要對孩子付出太多、干涉太多、不要為孩子打理一切事物。如果父母對孩子的保護過多，那麼孩子就會漸漸習慣父母的包辦代替，就會認為這一切都是理所應該的。久而久之，孩子就很難再感謝父母對他們所做的一切了。

第二，讓孩子從點滴小事做起。父母要知道，孩子的好品格、好行為是不斷培養出來的。父母要讓孩子從細微處入手，從小事做起。為了讓孩子懂得主動尊敬他人，感謝大家，父母可以從「謝謝、晚安」開始培養孩子講禮貌的習慣。透過生活中的小事，讓孩子知道人與人之間要友好相待。若自己有能力，要懂得付出和服務，而當別人有恩於自己時，要懂得感恩。也只有懂得感恩的孩子，才能學會感激親人給予他的一切，懂得感激在他成長過程中支持和幫助過他的每個人。

第三，給孩子一些承受挫折的機會。「孩子想要星星就一定會給她星星，想要月亮就一定會給她月亮，」父母這樣的做法是不妥的，應該讓孩子自己爭取所渴望的東西。當孩子透過努力獲得所需的時候，才會知道在父母的愛和保護下是幸福的。

第四，父母要起表率作用。身為父母，在對孩子實施感恩教育的過程中，應秉持以身作則的原則，做好感恩的表率。當孩子在日常生活中關愛或幫助父母時，父母應敏銳體察，適當感謝和鼓勵孩子。父母的這種感恩方式，不僅言傳身教，使孩子切身體會到父母的感恩意識和感恩行為，也使孩子體會到了施恩的快樂。

　　第五，讓孩子知道父母並沒有想要回報。父母常在孩子面前說的一句話是：「這麼辛苦都是為了你！」表面上是希望透過這種方法強化父母付出的多，其實恰恰相反，這給孩子造成了心理負擔，它暗示了「我付出給你，你就要償還」，這樣孩子就算回報也不是出於真心的，孩子會以「形式對形式」來感恩。

培養孩子的責任感

　　在我們當前的家庭教育中，隨著獨生子女日益增多，很多父母忽視了對孩子責任感的教育，他們一味地寵愛、嬌慣孩子，使孩子任性、自私、缺乏同情心，做事馬虎草率、得過且過，甚至還引發出厭學、厭世等不良心態。

　　試想，一個沒有責任感的人怎麼能對他人、社會、家庭甚至對自己負責呢？責任感是影響做人最基本的問題，是學會做人和養成健全人格的基礎。父母在培養孩子的各種能力時，要時刻注意孩子的每一個細節行為，增強他們的責任心，使孩子關心自己的學業、健康和人格。這關係到孩子將來的前途與命運，決定著孩子的人生。英國大思想家洛克說，家長的任務是塑造孩子的心靈。這句話說明，培養孩子的責任感是塑造心靈的一個方面。當「一個人有了責任心，他才有自律精神產生，有了自律精神產生才能收斂自己的行為，按照事先的預定去行為。」總之，責任感的培養有助於孩子理解、體諒別人，疼愛別人，更有助於孩子做事認真，善抓機遇。

　　幾年前，美國著名心理學博士艾爾森對世界 100 名各個領域中的傑出人士做了問卷調查，結果讓他十分驚訝——其中 61 名傑出人士承認，他們所從事的職業，並不是他們內心最喜歡做的，至少不是他們心目中最理想的。

　　這些傑出人士竟然在並非自己喜歡的領域裡取得了那樣輝煌的業績，除了聰穎和勤奮之外，究竟靠的是什麼呢？

　　帶著這樣的疑問，艾爾森博士又走訪了多位商界英才。其中紐約證券公司的金領麗人蘇珊的經歷，為他尋找滿意的答案提供了有益的啟示。

　　蘇珊出生於一個音樂世家，她從小就受到了很好的音樂啟蒙教育，非常喜歡音樂，期望自己的一生能夠馳騁在音樂的廣闊天地，但她陰差陽錯考進了大學的工商管理系。一向認真的她儘管不喜歡這一專業，可還是學得格外刻苦，每學期各科成績均是優異。畢業時被保送到美國麻省理工學院，攻讀當時許多學生可望而不可即的 MBA，後來，她又以優異的成績拿到了經濟管理專業的博士學位。

　　如今她已是美國證券業界風雲人物，在被調查時她依然心存遺憾地說：「老實說，至今為止，我仍不喜歡自己所從事的工作。如果能夠讓我重新選擇，我會毫不猶豫地選擇音樂。但我知道那只能是一個美好的『假如』了，我只能把手頭的工作做好……」

　　艾爾森博士直截了當地問她：「既然你不喜歡你的專業，為何你學得那麼棒？既然不喜歡眼下的工作，為何你又做得那麼優秀？」

　　蘇珊的眼裡閃著自信，十分明確地回答：「因為我在那個位置上，那裡有我應盡的職責，我必須認真對待。不管喜歡不喜歡，那都是我自己必須面對的，都沒有理由草草應付，都必須盡心盡力，盡職盡責，那不僅是對工作負責，也是對自己負責。責任感可以創造奇蹟。」

　　艾爾森在以後的繼續走訪中發現，許多成功人士之所以能出類拔萃，與蘇珊的情況、思考的方式大致相同——因為種種原因，他們常常被安排到自己並不十分喜歡的領域，從事了並不十分理想的工作，一時又無法更

改。這時，任何的抱怨、消極、懈怠都是不足取的。唯有把那份工作當作一種不可推卸的責任擔在肩頭，全身心地投入其中，才是正確與明智的選擇。正是在這種「在其位，謀其政，盡其責，成其事」的高度責任感的驅使下，他們才贏得了令人矚目的成功。

做自己喜歡的事能創造奇蹟，同樣，責任感也可以創造奇蹟。艾爾森對許多傑出人士的調查說明，只要有高度的責任感，即使在並非自己最喜歡和最理想的工作崗位上，也可以創造出非凡的奇蹟。

責任感是一種十分高尚的道德修養，是一個人對自己的言論、行動、承諾等持認真負責、積極主動的態度而產生的情緒體驗。只要一個人有了責任感，就會為不辱使命而努力。責任能激發人的潛能，也能喚醒人的良知。給人責任，也就是給人信任和真誠；有了責任，也就成就了尊嚴和使命。

父母應從以下方面培養孩子的責任感：

第一，教育孩子對自己的行為和安全負責。教育孩子對自己的行為負責包括鼓勵孩子自己上學而不用父母接送，作業自己完成而不讓父母監督，自己的事情自己處理等。同時，要從小做好孩子的安全教育；突發事件的自衛；食品衛生；做事時的安全；玩耍時候的安全。

第二，培養孩子求知責任感。在學習過程中，父母應向孩子傳教古今中外傑出學者勤奮學習、勇於攀登知識高鋒的動人事蹟，同時多帶孩子參觀科技展覽、文化展覽等，鼓勵孩子參與科學實驗，讓孩子自覺、勤奮、認真地學習文化知識，讓他們自律地形成追求學習、渴望學習的責任感。

第三，教育孩子關心親人和家庭。在此，父母要率先垂範，主動關心家裡的老人和孩子。並要求孩子從一點一滴的小事中，學會關心他人，培養孩子對親人和家庭的責任感。

第四，教育孩子對社會負責，從小樹立公民意識。讓孩子懂得一個對社會有責任感並為之作出貢獻的人才是一個真正有成就的人，鼓勵孩子從小樹立公民意識，積極參與志願者活動，積極參與學校、政府部門組織的

大型公益活動、慈善活動，從而培養孩子社會責任感。

　　積極努力地培養孩子的責任感，將對孩子一生的發展起到積極的作用。

人生在勤

　　東漢時期偉大的天文學家、數學家張衡說過，「人生在勤，不索何獲？」意思是：人一輩子要勤奮努力，倘不積極地探索研究，哪會有收穫或成就呢？這就告誡我們，人生應該努力求索，不然就不會有收穫。

　　現代社會，科學技術飛速發展，日新月異。孩子只有頑強奮鬥，銳意進取，長大後才能適應社會，不被社會所淘汰。

　　對於孩子來說，勤奮即不懈地努力，努力學習。它具體表現為：勤學、好問、樂讀、善思、潛心，把心沉澱下來，少一點貪玩，少一點浮躁，把心思放到學習上來，把聰明才智用到刻苦鑽研上來，給自己一個安寧的學習環境和心理空間，營造一種腳踏實地勤奮向上的氛圍。

　　「一日之計在於晨，一年之計在於春，一生之計在於勤。」不管是任何人，只有辛勤耕耘，才會有豐碩收成。

　　古今中外，靠勤學苦練、奮鬥進取而名垂青史的人舉不勝舉。比如，蘇秦靠刺股勤讀並掛六國相印終成一代縱橫家；艾薩克‧牛頓（Isaac Newton）靠勤奮探索從「笨瓜」成長為科學巨人……

　　愛因斯坦說：「在天才與勤奮之間，我毫不遲疑地選擇勤奮，勤奮幾乎是世界上一切成就的催產婆。」事實上，一個勤奮的人，他能夠取得的成就必然比其他人要多。因此，父母要注重培養孩子勤奮的習慣。

　　培養孩子勤奮的習慣，首先要打敗勤奮的天敵——懶惰，懶惰是人的天性，特別是對孩子來說，由於缺乏約束的能力，懶惰的性情更是一覽無餘。面對惰性行為，有的人渾渾噩噩，意識不到這是懶惰；有的人寄希望於明日，總是幻想美好的未來，這些都是十分危險的，不利於勤奮之苗的

成長。克服懶惰，應當機立斷，刻不容緩，馬上採取行動。

此外，勤奮就是不辭辛勞、不知疲倦地做事，這種勤奮是自覺自願的，不是外部力量驅使的行為。奮鬥目標是勤奮的內在誘發因素；為了實現奮鬥目標，還要靠毅力維持，所以，堅強意志是勤奮的內在保證因素。父母要使孩子明白，做任何事都不可能一蹴而就，學業也好，事業也好，要達到自己的奮鬥目標，都必須付出艱苦的勞動，進行堅持不懈的努力，要克服這樣那樣的困難。

勤奮是成才的鑰匙，是成才的第一推動力。具備了勤奮這種可貴的品格，孩子就會自強不息，頑強奮鬥，就等於成功了一半。所以，父母一定要糾正孩子身上懶惰的惡習，從小開始培養孩子勤奮的美德。

堅持就是勝利

河蚌忍受了沙粒的磨礪，堅持不懈，終於孕育出絕美的珍珠；鐵劍忍受了烈火的赤煉，堅持不懈，終於煉就成鋒利的寶劍。一切豪言與壯語皆是虛幻，唯有堅持才是邁向成功的基石。

培養一個人堅持不懈的精神，要從小做起。有位教育家做了一個實驗：找來一些孩子，拿來一堆糖果等好吃的東西告訴他們說：「在我離開這裡再次回來之前，你們不能吃這些東西，等我回來後才能吃。」這位教育家走後，有些孩子耐不住了，就動手吃了這些糖果。這位教育家過後做了一個追蹤調查，凡是當初能克制自己，沒有在這位教育家回來前吃糖果的孩子發展較好，長大成人後取得的成就也大。

身為父母，要教導孩子無論做什麼事都要堅持下去，絕不能輕言放棄。

堅持，是一個過程，一個持續的過程。想成一事，就要一件件小事慢慢兒地做，積少成多。正所謂：不積跬步，無以至千里；不積小流，無以成江海。

堅持，體現的往往是一個人的毅力。

事例一：

生下來就一貧如洗的亞伯拉罕‧林肯，終其一生都在面對挫敗：多次競選多次落敗；兩次經商失敗；甚至還精神崩潰過一次。好多次，他本可以放棄，但他並沒有如此，也正因為他沒有放棄，才成為美國歷史上最偉大的總統之一。

以下是林肯進駐白宮前的簡歷：

西元 1816 年，家人被趕出了居住的地方，他必須工作以撫養他們。

西元 1818 年，母親去世。

西元 1831 年，經商失敗。

西元 1832 年，競選州議員但落選了！

西元 1832 年，工作也丟了，想就讀法學院，但進不去。

西元 1833 年，向朋友借錢經商，但年底就破產了，接下來他用了 16 年才把債還清。

西元 1834 年，再次競選州議員贏了！

西元 1835 年，訂婚後即將結婚時，未婚妻卻死了，因此他的心也碎了！

西元 1836 年，精神完全崩潰，臥病在床六個月。

西元 1838 年，爭取成為州議員的發言人沒有成功。

西元 1840 年，爭取成為選舉人失敗了！

西元 1843 年，參加國會大選落選了！

西元 1846 年，再次參加國會大選這次當選了！前往華盛頓特區，表現可圈可點。

西元 1848 年，尋求國會議員連任失敗了！

西元 1849 年，想在自己的州內擔任土地局長的工作被拒絕了！

西元 1854 年，競選美國參議員落選了！

西元 1856 年，在共和黨的全國代表大會上爭取副總統的提名得票不到一百張。

西元 1858 年，再度競選美國參議員──再度落敗。

西元 1860 年，當選美國總統。

事例二：

一次，拳王阿里與拳壇猛將弗雷澤在經歷了一勝一負後第三次交鋒，進行到第 14 回合時，阿里已精疲力竭，瀕臨崩潰的邊緣，但他心裡明白，對手和自己一樣，也只有出氣的力量了。此時，誰能堅持久一點誰就是勝利者。他堅信：「精神才是拳擊手比賽的支柱」，於是他故意雙目如電，盯著弗雷澤。他的教練也及時地告訴他對手有放棄的意思，並鼓勵他再咬緊牙關堅持一下。阿里精神一振，堅持著。對手放棄了。當裁判高舉起阿里手臂，宣布阿里獲勝時，阿里眼前一黑，癱倒在地。此情此景，令弗雷澤追悔莫及，抱憾終身。

從以上的事例我們可以得知，天將降大任於斯人也，必先苦其心志，勞其筋骨。縱觀古今，無數英雄人物儘管出身不同，抱負不同，但有一種精神卻是所有成功者共有的，那就是堅持。

孩子在學習的道路上，面對諸多困難，沒有堅強意志的精神作導航，是很容易就放棄的，這時，父母要有意識地培養孩子的毅力。要讓孩子明白，天下無難事，只怕有心人。如果不堅持到底，半途而廢，那麼再簡單的事也只能功虧一簣；相反，只要抱著鍥而不捨、持之以恆的精神，再難辦的事情也會迎刃而解。

第十三章
永遠別忘記學習

打造一個學習型家庭

　　家庭是孩子的第一個學習場所，家長是孩子的啟蒙老師，家庭教育是早期開發孩子智力的關鍵。家庭精神文化生活氣氛對孩子的成長、智力的發展具有特別重要的意義。為孩子營造一個良好的學習環境，將有益於孩子的學習和身心健康，這對孩子一生的成長也是非常重要的。

　　身教重於言傳，父母有多少時間在家讀書，家中有多少書，培養出的孩子的境界是不一樣的。事實證明，生長在學習型家庭的孩子，很容易萌發一種自發的學習要求，形成一種自覺的學習行為。

　　為了孩子，打造學習型家庭，不僅是權宜之計，更是百年大計。從大的方面說，國家的未來靠的是青年一代，家庭的未來指望的是孩子。我們國家未來的命運如何，的確決定於今天孩子受教育的效果如何。同樣，從小的方面來說，個人未來家庭情況怎麼樣，也要看今天孩子的學習及其掌握知識的程度。

　　在學習型家庭裡，父母的學習態度和學習精神不僅決定著自身能否成為優秀的家長，而且影響到孩子是否好學、能否成為學習型的人。為此，父母要帶頭學習，養成好學習慣，成為愛學模範，力助好學家風的形成。好學家風是無價之寶，有了好學家風，好學之人、有學之才就會從這家中源源不斷地湧現。學習型家庭提倡父母和孩子一起學習，相互學習。特別是在網路時代，父母與孩子都處於同一起跑線。

　　同時，一個學習氣氛濃厚的家庭，每位成員都會確立終身學習的理念，都會懂得終身學習的意義，始終明白每一個人在生命任何階段均需不斷學習。學習不再是孩子特有的活動，而是人生永恆的主題。學習成為生活中不可缺少的一個組成部分，每個人只有透過學習才能有良好的適應性以跟上社會的變遷與時代潮流，真正獲得生存與發展的空間。

　　那麼，如何創建學習型家庭呢？父母在實踐中應注意以下幾點：

　　第一，著力於形成講民主、求上進的家庭風尚。家庭成員之間存在著

文化、年齡、輩分、受教育程度、從事工作等方面不同，生活態度、興趣愛好等都不相同。身為父母，要從家庭生活實際需求出發，尋找家庭成員能夠共同接受的學習支點。父母每天要抽出一部分時間與孩子共同閱讀，共同分享心得體會，創造家庭學習軟環境，對孩子來說，這種無聲的教育也許比嘮叨更為有效。一個孩子在成長過程中，同時需要三個世界的豐富和成熟：生活世界、知識世界和心靈世界。而要豐富成熟這三個世界離不開廣泛而有意義的閱讀和學習。父母和孩子一起討論的過程中，還融洽了關係，增進了親情。同時，父母會逐漸發現孩子的許多優點，更理解孩子，從而提高了家庭的生活品質，令和睦的家庭更加溫馨。

　　第二，著力於孩子思維的不斷提升。如果把父母對孩子成長的期望局限在分數上，那麼這種期望是片面的。如果拋棄父母自身的發展，把一家數代人的希望都押寶似的押在孩子一人身上，孩子稚嫩的肩膀是難以承受的。在成長的道路上，孩子難免會遇到挫折、困難、失敗，甚至災難，但只要有了家庭中人與人之間的情感支持，就會產生堅不可摧的力量。

　　第三，堅持父母引導與孩子自主相結合。無論是在學習環境條件的創設上還是學習內容的確立上，父母要注重確立孩子在創建學習型家庭中的主體地位，充分發揮孩子的主體作用，這也是創建活動能否取得期望效應的關鍵所在。孩子參加學習的積極性一旦被調動，就會增強主人翁意識，激發自主精神，就會朝著自定目標去發展。但是，在強調孩子發揮家庭學習主體作用的同時，不應忽視、削弱父母的主導作用，因為這種主導作用的發揮能有效地提高創建活動的品質。

　　第四，堅持學習互動與學習互助相結合。家庭是屬於全家人的地方，不只是父母的也是孩子的，每個家庭成員都希望在這裡得到自己所需要的照顧和心靈的支持，所以「家」需要大家共同來維持。因此建立家庭遊戲規則，包括學習習慣，不僅可以養成家人良好的生活習慣，而且可以讓家庭生活步調更有節奏，家庭氣氛更加快樂。父母要主動承擔指導工作，同時調動和發揮孩子的積極作用，不斷實現孩子與父母之間的雙向互動。看誰發揮了示範效應，成為家庭的學習榜樣。父母還要積極組織家庭成員之

間的互助，以分享家庭資源的互動活動方式，進行學習的滲透，交流學習中的得失體會，取長補短，以達到共同探討、共同進步。

念書重在方法

從前，有個人有兩個兒子。有一天，他給了兩個兒子每人一把鏽了的柴刀，讓他們去山上砍柴。一個兒子到了山上就開始砍柴，十分賣力。另一個兒子卻跑到鄰居家借來了磨刀石，開始磨刀。等把刀磨好了，他才上山。等到太陽下山的時候，兩個人都回來了，先砍柴的扛回了一小擔柴，先磨刀的則扛回了一大擔柴。父親就問打柴多的兒子，你沒有先上山，怎麼砍的柴比你的兄弟多呢？他回答說，磨刀不誤砍柴工啊！刀沒磨利，怎麼能很快地砍柴呢？

這個「磨刀不誤砍柴工」的故事告訴人們，準備好了工具，做事情才可以馬到成功，磨刀雖花費時間，但不耽誤砍柴。其蘊含的哲理不可謂不豐富：學習要講究方法，方法不得當，再努力也是白搭。

對有的孩子來說，學習是件十分吃力的苦差事，他們對知識常常消化不良，從而導致厭學情緒的產生；而對有的孩子來說，學習是件快樂的事，他們往往把學習視為遊戲，雖累猶甘。同樣是學習，為什麼會產生兩種截然不同的情況呢？是不是有的孩子智力低，有的孩子智力高呢？答案是否定的。科學研究表明，每一個孩子的智力都是相差無幾的。之所以有的孩子喜歡學習而有的討厭學習，重要的一個因素是他們掌握的學習方法不同。掌握了科學的學習方法，就能起到事半功倍的效果，反之，則是事倍功半。

學習方法是非常靈活的。對待不同的學科有著不同的學習方法；對於不同的孩子，別人的學習方法不一定適合自己，而適合自己的才是最好的。

在美國華盛頓市兒童博物館的大牆上，有一條醒目的格言：「我聽見

了就忘記了，我看見了就記住了，我做了就理解了。」說的是人的視覺、聽覺和行為對學習效果的不同作用。人的感覺器官接受外界資訊的能力是不同的，學習的過程主要依賴於視覺記憶。研究表明，人的視覺獲得的資訊占資訊總量的 83％，聽覺占 11％，嗅覺占 3.5％，觸覺占 1.5％，味覺占 1％。俄國教育家瓦西里・蘇霍姆林斯基（Vasyl Sukhomlynsky）認為，兒童的智慧在他們的手指尖上。為了指導兒童學好功課，他主張讓兒童掌握學習的工具，這工具上有「五把刀」——讀、寫、算、觀察和表達。他認為，兒童掌握了學習的工具，就是學會了學習，就不會出現學習落後。多種感官並用，有利於發揮認識功能的綜合效應，對理解和記憶新知識有巨大意義。有位名人曾說過：讀書要做到五到：眼到、口到、手到、耳到、腦到。指的也是這個道理。

　　從某種意義上講，學習的過程也是戰勝遺忘的過程。德國心理學家赫爾曼・艾賓浩斯（Hermann Ebbinghaus）對遺忘的規律和戰勝遺忘的方法有深刻的研究。艾賓浩斯遺忘曲線表明，遺忘的進程不是均衡的，不是固定的一天丟掉幾個，轉天又丟幾個的，而是在記憶的最初階段遺忘的速度最快，後來就逐漸減慢了，到了相當長的時間後，幾乎就不再遺忘了，這就是遺忘的發展規律，即「先快後慢」的原則——學得的知識在一天后如不抓緊複習，就只剩下原來的 25％，隨著時間的推移，遺忘的速度減慢，遺忘的數量也就減少。有人做過一個實驗，兩組學生學習一段課文，甲組在學習後不久進行一次複習，乙組不予複習，一天后甲組保持了 98％ 的記憶，乙組保持 56％；一週後甲組保持 83％，乙組保持 33％。乙組的遺忘平均值比甲組高。所以，及時的複習和有規律的重複，是戰勝遺忘的基本手段。

　　父母要記住，指導孩子掌握科學的學習方法，其重點在於教育孩子做到及時複習，口、手、眼、耳、腦多種感官同時並用，這樣就能有效地戰勝遺忘，獲得牢固的知識和技能。

　　掌握科學的學習方法，還應懂得科學用腦。科學研究表明，人體是一架生理時鐘，大腦的活動是有節律的，並不是什麼時候進行腦力活動都有

同樣的效果。一般一個人的大腦在一天裡有 4 段時間記憶力最好：清晨起床：大腦清醒，不受干擾，能記住語言、定律、公式、地點和重大事件；上午 8:00～12:00：腎上腺分泌旺盛，精力充沛，有嚴謹縝密的思考能力，適合學習難度大的功課；晚上 06:00～08:00：大腦呈最佳記憶狀態，在這段時間複習全天功課，歸納整理筆記，可以收到最佳效果；睡前一小時：學習的功課印象很深，複習之後不易忘記。科學用腦，還要求做到：緊張學習一小時之後要間歇；適當變換學習科目，伴以適當文體活動；保證足夠的蛋白質和營養；保持室內空氣流通，氧氣充足。

愛因斯坦有一條著名的成功公式：勤奮努力 + 正確方法 + 講究效率 = 成功。由此可見，正確、科學的方法是成功不可缺少的因素。所以，父母在指導孩子學習的同時，更要重視孩子的學習方法。

分數不是唯一標準

當今的父母對孩子最關心的事莫過於其在學校考試的分數了。不少父母以為孩子只要能考高分就一定能成才。分數幾乎成了孩子立足家庭的支柱，父母的喜怒哀樂都繫於孩子的考試分數和升學情況。因而一些父母為了促使孩子提高成績，對孩子的成績進行獎懲，就連過年的壓歲錢也根據孩子的成績發放。

考試對學生來說是何等的重要，學生甚至將考試的分數等同於自己的生命。其中的原因是多方面的，且目前政府體制之下對人才的選拔主要透過考試的方式進行，在沒有找到比考試更合理公正的選拔方式的前提下，考試在相當長的一段時間內具有旺盛的生命力。因此，對於父母來說，一旦將自己的孩子送進學校的大門，就很少有不看孩子的考試分數的。

父母重視孩子的考試分數可以理解，因為分數畢竟是孩子學習狀況的重要反映。可是，採取如此簡單化的做法，只看分數，對孩子的成長會造成很不利的影響。

　　只看分數，會增加孩子的心理壓力和學習焦慮感，從而導致厭學。分數絕不是學生的一切，某一次考試絕不代表孩子學習的全部。可惜父母們往往是望子成龍，望女成鳳，急功近利，如此反而適得其反。父母過分看重分數，無形中給孩子增加了沉重的心理壓力，導致對學習的過度焦慮，這種焦慮就是對當前或潛在威脅自尊心的一種過度擔憂，嚴重的就是孩子對某些學科失去信心，導致厭學。

　　只看分數，會極度挫傷孩子的學習積極性。每逢考試結束，孩子帶著試卷回家，很多父母的第一句話總是：考了多少分？當獲知成績後，父母總是表現出不滿意的表情，「才 98 分呀！下次努力。」「這次考了 100 分，下次可要維持住啊。」事實上，父母對孩子的要求向來就很高，對孩子的現狀從來就沒有滿足的時候。孩子在得到這樣的答覆後會怎樣想呢？這樣的孩子還有多少學習的積極性呢？

　　只看分數，不利於孩子與同伴、教師之間形成良好的人際關係，甚至出現人格缺陷。現在，很多人以分數來衡量一個孩子：學習成績好，就是好孩子；學習成績差，就是差孩子。身為父母，如果只是看分數，可以發現考試分數低的孩子往往是孤立的，朋友不多，喜歡的人不多，別人談笑風生，自己卻躲在角落。別人討論題目，這些孩子要故意閃避。看到老師就躲起來，不然就裝作沒有看見，久而久之，導致孩子不愛說話、內向、孤僻、偏激，甚至產生人格缺陷。

　　唯分數的危害是顯而易見的，所以父母要堅決拋棄掉這種短視的做法。

　　在此，給父母提出幾條建議：

　　第一，父母不要給孩子簡單地定分數指標，而應在具體指導上下工夫。有些父母簡單地對孩子說：「這次必須達到 ×× 分。」這樣，只會增加孩子的思想壓力，解決不了具體問題。應該指導孩子分析薄弱環節，訂好計畫，改進方法，越具體越好。當然，這些要以孩子主動思考為主，不能強加給他。

第二，父母要改變看成績單和談論分數的方法。父母明白了分數背後有很多因素，就可以改變看成績單和談論分數的方法。考試過後，不要天天催問：「成績單發下來了沒有？」而當孩子把成績單給家長看時，家長應保持平靜的態度，可以說：「你主動把分數單給家長看，很好。我們找個時間具體分析分析這次考試情況，好嗎？」如果孩子遲遲不把成績單拿出來，可以啟發他：「這次考試應該總結一下，你先考慮考慮，今天或明天晚上我們一起分析分析。」孩子成績不好，不要簡單責備，要採取理解的態度：「這次沒考好，我們再努力。你自己總結經驗教訓。什麼時間一起討論討論？」

第三，父母要主動找老師聯絡，請老師分析孩子的學習狀況。當孩子學習出現下滑勢頭時，父母應該主動去請教班導老師和任課老師，越是找不准孩子學習問題原因的，越要及時找老師討論，請老師出主意，有的老師分析不透沒關係，還可以請教有經驗的老師。

與孩子一起閱讀

很多人回憶起自己的童年，都會有一段屬於故事書的快樂時光。他們坐在父母的膝下，聽著父母繪聲繪色地把有趣的故事娓娓道來，自己也不禁嚮往起屬於書裡的那個世界……這是一份只屬於自己的美好回憶，更是一份彌足珍貴的回憶。隨著孩子的漸漸長大，孩子掌握了閱讀的能力，父母也不再耐下性子為孩子講故事了，但是為了把這份快樂傳遞下去，父母應和孩子一起快樂閱讀。

與孩子一起讀書，給予孩子的成長價值無法估計，給家庭帶來的幸福感也無可限量。

與孩子一起讀書，可以培養孩子良好的閱讀習慣。父母經常讀書，孩子從小耳濡目染，久而久之，就會形成喜愛閱讀的習慣，甚至哪天不讀書，就感覺欠缺點什麼。調查得知，凡是閱讀習慣好的學生，都有很好的

家庭閱讀環境。據說猶太家庭給孩子讀的書上都抹過蜜，孩子捧過書的手就是甜的，這讓孩子從小嘗到讀書的甜頭。

　　與孩子一起讀書，可以培養孩子良好的意志品格。《圍爐夜話》裡說「教弟子求顯榮，不如教子弟立品行。」也許今天父母能給孩子萬貫的家財，無上的地位，炙手的權力，但這些在未來有太多的不定因素，萬貫的財產有散盡的時候，權力地位也總會有逝去的日子，古語說「遺子千金，不如遺子一經」，這一經，就是和孩子一起讀書，從小培養孩子的好品格，有了良好的意志品格，無論順境還是逆境，無論大富還是貧賤，孩子都能坦然面對。「喜歡讀書的孩子，你能從他的臉上看到他內心的寧靜。」這句話一點也沒錯。

　　與孩子一起閱讀，可以形成良好的家庭環境。古有蘇洵、蘇軾、蘇轍一起讀書最後三父子皆登進士榜的美譽，也有曾國藩經常與子女分享讀書心得的佳話。

　　可以想像父母與孩子一起讀書的情景：父母和孩子坐擁書城，滿面春風，那是一份多麼愜意的感覺。而在家裡，父母沏一杯清茶，茶香清清澀澀借著嫋嫋蒸氣上升，在輕柔的音樂聲中，父母和孩子的讀書聲也在彌漫……沒有人強求我們讀書，沒有物欲引誘我們讀書，讀書如同一種生活方式、一種生活需求，又如同飲食、空氣一樣自然。這，也許就是讀書的最高境界了。

　　然而，當被問及「你常和孩子一起閱讀嗎」的問題時，父母的回答似乎並不那麼樂觀。

　　最近，一份調查顯示：小學生每天讀報的占 16％，每天讀雜誌的占 10.6％。在國高中生中，這一比例更低，僅 8.8％的國高中生每天讀報，6.2％的國高中生每天讀雜誌。但看電視、上網顯然比課外閱讀來得有趣，超過 20％的中小學生選擇每天看電視，9.1％的國高中生每天上網。另外，一成多小學生父母「從不」與孩子一起閱讀與交流，近一半小學生父母「偶爾」與孩子一起閱讀。27％的學生稱在學校裡從沒受到老師閱讀

報紙的指導。

為此，專家呼籲，孩子容易在紛繁炫目的資訊海洋中迷失方向，對孩子進行閱讀能力的培養非常必要。

第一，創設良好的閱讀環境。最好給孩子一個單獨的閱讀房間，裡面存放孩子喜歡的各類書。在特定的時間內，全家一切事服從閱讀，停看電視，並且家長身先士卒。

第二，幫助孩子選擇合適的書。不同年齡段的孩子有不同的識字能力和理解能力，要根據孩子的閱讀能力來選擇書籍，只有合適的才是最好的，孩子在閱讀中發現快樂，就會逐漸產生閱讀興趣，產生閱讀欲望。

第三，培養孩子良好的讀書習慣。這些習慣包括：愛惜圖書，保持圖書整潔，不撕書，不折頁；鼓勵孩子保存看過的圖書；合理安排時間，父母每週可為孩子安排一次或數次特地用於閱讀的時間；定期買書或借書，教給孩子利用圖書館的技能；鼓勵孩子記讀書筆記。

第四，勤於指導，優化方法。孩子閱讀，不能只注重過程，更要注重結果。走馬看花式的閱讀方法是不足取的。朱熹說過：「讀書之法，在循序漸進，熟讀而深思，字得其訓，句索其旨。」閱讀與思考要緊密相聯。深入領會文章語言的運用、內容主旨、布局謀篇等方面的精妙，從而掌握文章的精髓。父母不僅要引發孩子的閱讀興趣，還要在此基礎上，對孩子的閱讀進行有效的指導。在指導時，父母最好根據作品的情況和孩子的實際，有選擇有重點地向學生講清寫作背景、作者情況、作品中的疑難問題、閱讀時應注意的問題、閱讀時可運用的方法等。同時父母要對孩子在課外閱讀中遇到並提出的疑難問題予以及時有效的指導和解決。

第五，因勢利導，提高水準。教育家葉聖陶老先生曾說過：「閱讀是寫作的基礎。」在讀寫的關係上，他強調了讀的重要性，「唯有先讀書，打好基礎，才能做好寫作。」古人說的「勞於讀書，逸於作文」，也是這個道理。閱讀可以開闊孩子的視野，陶冶孩子的情操，增加孩子的知識，啟迪孩子的智慧。父母要自覺地掌握孩子閱讀心理發展情況，因勢利導，把孩

子獨立閱讀能力提高到一個新的水準。

在閱讀的問題上,孩子既是父母的學生,又是父母的老師,更準確地說是合作者。孩子被父母引入閱讀的殿堂,其根本目的並不是為了僅僅學會閱讀的方法,而是為了獲得一種了解世界、了解自身的途徑,同時獲得一種生活的趣味。在這個過程中,父母也有新的機會去分享童年的祕密,重新了解世界、了解自身。這可是一件兩全其美的事,父母何樂而不為呢?

技多不壓身

應該說,在這個「覓食艱難」的時代,大學生找不到工作已算不上什麼奇事。雖然無論就投資還是學歷而言,大學生在職場上都應比專科學生略勝一籌。然而,如今的事實是,大學生找工作還比不上專科出身的學生。曾經,社會將大學生就業困難歸咎於「眼高手低」。然而,如今大學生當保姆、幫人洗澡已不再新鮮,甚至連「無薪實習」、「負薪實習」都有了,為何大學生就業依然困難?仔細思考,大學生的「短處」還是實作能力差。一些專科學生之所以比大學生吃香,也正是得益於有動手能力之長。

所以,在千軍萬馬搶過獨木橋的同時,父母應從小培養孩子的一技之長,以利於孩子在將來更能獨立。

讓孩子掌握一技之長,需要從小做起。針對孩子動手能力強的特點,綜合孩子的興趣和愛好去幫孩子選擇技能。學得一技之長的同時,也鍛鍊和培養了孩子的生存能力,因為人生的競爭是一個長期的過程。成人與成才同樣重要,這是社會發展的需要。

培養孩子的一技之長,切忌父母根據自己的需要和期望,而不是根據孩子的實際情況,自作主張地決定將孩子朝什麼方向培養。在現實生活中,表現得最為突出的就是強迫孩子練琴學畫,培養孩子的藝術修養。如

果孩子確實有這方面的興趣愛好，教孩子練琴學畫，這本是無可厚非，問題的關鍵在於，許多孩子對練琴學畫並無什麼興趣愛好，或者本身雖有些喜好，但在父母的層層加碼下，使原有的樂趣變成了一種負擔，一種包袱。很顯然，這樣的定向培養是不值得提倡的。實踐也證明，這種做法往往有害無益，其結果只會與父母的願望背道而馳。

所以，父母要發展孩子技能首先要了解孩子的潛能。人的長處各不相同，有的人善表演，有的人善言談，有的人擅長抽象思考，有的人擅長實際操作，有的人善於調動他人積極性，有的人善於獨自鑽研。因此，在生活中如果注意到孩子比較擅長某些方面，就可以適當加強這一方面的能力培養，使之成為孩子的一種特殊才能。充分發揮特長優勢，對孩子以後的成長也將大有裨益。

一提到 Sony 電器的董事長井深大氏，沒有一個人不知道他是戰後日本經濟的代表人物，並且也是推動幼稚教育的著名人物，在培養兒子一技之長的問題上，他是這麼說的：「我兒子發育較遲，剛進小學時，是個有嚴重自卑感的劣等生。但是有一天，他突然對我說他要學小提琴，大概是學得很有心得，進步很快，在遊藝會演出中，同學和老師都稱讚他拉得好。自此以後，他的自卑感便消失得無影無蹤了，而且在學業方面也有了長足的進步。」

這便是一項專長的信心所帶來的成果。不論如何瑣碎的事情，只要讓孩子感覺到自己比別的孩子優異的地方，便能使他產生自信，而嘗試在其他方面有所表現，這種成就感就能刺激他的頭腦，使孩子變得聰明。

許多人都能應付工作中的一般問題而不感到困難，卻很少有人在工作上做到精益求精，這樣，也就很難在事業上取得多大的成就。所以說，無論如何，至少要培養孩子一項專長，才能使他產生信心，從而發展其智慧。

在平川大道上，白馬奮起四蹄，揚起尾巴，一下子就把毛驢甩到了後邊。白馬轉過頭來看了看毛驢，見牠搖著兩隻大耳朵，不緊不慢地走著，

非常著急，便朝毛驢大叫：「喂，怎麼不把腳步加快一點？看你那慢吞吞的樣子，我們什麼時候才能到達目的地呢？你這黑驢子，真是個庸才！」

毛驢聽了白馬的訓斥，一不生氣，二不洩氣，仍然一步緊一步地向前走著。

毛驢和白馬進入山區後，山路變得又陡又窄，崎嶇不平，白馬的速度不知不覺地慢了下來，身上的汗水流得像剛洗過澡似的。毛驢卻加快了步伐，噔噔噔地趕到了前面。

白馬看毛驢走起羊腸小路來是這樣的輕鬆，不解地問：「黑毛驢，你為什麼走起山路來比我快呢？」

毛驢回答說：「因為術有專攻，各有所用。在一定條件下落後的，並不都是庸才啊！」

白馬聽了毛驢的話，再看看毛驢那坦然的樣子，對自己剛才的失言感到十分羞愧。

人無完人，但也無廢人。白馬在平川大道上速度比驢快得多，但在羊腸小徑上卻不如驢子跑得快，是由於環境的變化，個體技能的發揮也隨之變化。而一個人只要擁有一技之長，就不用擔心沒有立足之地。

俗話說：「技多不壓身。」父母重視開發孩子智力的同時，不要忽視非智力因素的培養，要了解孩子的興趣愛受，注重培養孩子的一技之長。

處處留心皆學問

兩千年前，有一位很有名的大學者，名叫亞里斯多德。

崇拜他的人特別多，其中有個青年不遠萬里來向他求教。亞里斯多德知道青年的來意後，拿來一條魚，要這個青年看一看，觀察觀察。該青年心想，魚天天吃，天天打交道，有什麼好看的？因此，他漫不經心地看了一眼，結果什麼也沒有發現，就是一條常見的、普通的魚。亞里斯多德則

再次要求他仔細、反覆地看魚。皇天不負苦心人，那位青年終於發現了以前沒有發現的魚的一個特徵，即魚是沒有眼皮的。

這個故事告訴我們：只要留心觀察，生活處處有學問。

創造來源於生活，靈感來源於生活，知識也來源於生活。「處處留心皆學問」，是的，善於觀察生活，生活就會回饋你想要的和意想不到的喜悅。

現在有的父母埋怨自己的孩子笨，什麼都不會，只會衣來伸手、飯來張口。其實仔細想想，父母何嘗不負有責任呢？孩子小的時候，總有一雙好奇的眼睛，對周圍的一切事情都很感興趣，看到水龍頭「嘩嘩」流水就想自己開關一次；看到遙控器能指揮家裡的電器也想按一按；看到呼呼轉的電風扇如獲至寶……出於對孩子的愛護，父母總是教育孩子不要動這個，不要碰那個，所有的解釋都是「危險」、「小孩不能動」。久而久之，孩子就什麼也不做了，養成了凡事請教家長，凡事依靠家長的壞習慣，甚至長大了也改不了。

如此做法顯然不妥。相反，父母應該讓孩子參與到生活中來。這樣，孩子就會學到很多課本裡學不到的知識，比如，帶孩子去超市，要告訴他，超市里的東西不能隨便拆，不能隨便吃；帶孩子去書店，要鼓勵他自己找喜愛的書；帶孩子去藥店，要教他自己和導購人員交流；晾衣服的時候，讓孩子拿衣架；整理家裡的雜物，要告訴孩子鞋子應放在鞋櫃、光碟有專用的安置包。

生活可以簡單，但決不可以粗糙，養成留心的習慣，孩子的生活將會異彩紛呈。

在奔騰的人生之河中，我們永遠是學生，我們的老師是自然，是社會，是他人，是我們身邊的一切，身為學生，我們不能讓視而不見、熟視無睹遮蔽了自己探求知識的眼睛，麻痺了自己積極進取的意志。因此，生活的路程上我們欣賞的不僅僅是每個人自己腳下的風景。

是的，在平凡的每一個瞬間中，總會有我們的老師出現，它們不隨四

季的變化而變更，也不隨太陽的起落而波動。一絲空氣、一片白雲就已傳授給我們自然的奧祕；一隻動物、一株花草就教導我們身體的意義。其實，我們身邊的知識有很多，只要你用心觀察、用心尋找，你就會發現生命的音符、紛呈的色彩都存在著它無窮的知識。

「紙上得來終覺淺。」「三人行，必有我師焉。」課本上的內容只能解釋我們生活中很少的問題，而更大的發現，更多的知識是需要我們去挖掘，去開闊的。

著名的科學家牛頓之所以能發現地球引力，正是因為他對生活處處留心，觀察仔細。眾所周知，牛頓發現地球引力，是由於一個落下的蘋果，可是，一年年從樹上落下的蘋果無從計數，為什麼只有牛頓能注意到它並且發現地球引力呢？這是因為他善於觀察，勤於思考。舉世聞名的都江堰，相信大家並不陌生，但是李冰在建造它時，卻有著一個不大不小的故事。當時，李冰決心變岷江水害為水利，於是就築堰。可築堰的方法實驗了多次都失敗了。有一天，李冰看到山溪裡有一些竹簍，裡面放著要洗的衣服，於是從中得到了啟發。他讓人編好大竹簍，裝進鵝卵石，再把竹簍連起來，一層一層放到江中，在江中堆起了一道大堰，兩側再用大卵石加固，一道牢固的分水堰終於築成了。這就是著名的水利工程——都江堰。李冰正是因為能仔細觀察生活，利用生活經驗，所以找到了建築分水堰的辦法，取得了成功。被譽為「蒸汽機之父」的詹姆士·瓦特（James Watt），也是一個善於從生活中發現的人。八歲的瓦特就能對「燒水時壺蓋為什麼會被頂起來」這一現象提出質疑，正是這個疑問，使瓦特開始研究它，並最終發明了蒸汽機，推動了人類社會的進步。總之，古今中外，像這樣的例子還有很多，他們的成功無不是因為善於觀察生活、留心生活的結果。

「處處留心皆學問」。生活是五彩繽紛的，它擁有無窮的知識，正等待我們去觀察、發現、實踐。很多孩子之所以被父母貼上「笨」的標籤，其實不是孩子真的笨，而是父母的錯，父母只是埋怨沒有時間輔導孩子學習，卻不懂得教導孩子留心生活，做生活的有心人。

　　做生活的有心人吧！這樣不但能學到更多知識，還能領悟到人生中包含的豐富道理。

第十四章
多把尺衡量孩子

不可盲目模仿別人的成功

一天傍晚，一群同學相約去學校附近的廣場看文藝節目。從學校到廣場大約要走 30 分鐘。走著走著，無聊中，有一個男孩出了個主意：讓大家同時望著天空中的某一個地方，做好奇的探索狀，看路人有什麼反應。大家都對這個惡作劇很感興趣。

於是，同學們都圍在一起，形成一團，把頭抬起來，望著天空，手臂若有其事的指向天上同一個位置，嘴裡故意含糊不清說著他們自己也聽不懂的話。他們邊看、邊笑、邊說。

果然，不久，路上的行人就有了反應，跟著同學們一起抬頭看天，真以為天上有什麼吸引人的東西。抬頭望天的人越來越多。有的人邊走邊看，有的人停下來認真看，卻沒人問究竟看什麼。等大家都覺得惡作劇該結束的時候，同學們一哄而散。繼續往前走，背後留下了一群看天的人。

這時，有一個小女孩天真的對媽媽說：「媽媽，天上根本沒有什麼，哥哥姐姐們在騙人！」望天的人們才知道自己上了當，有的匆匆離去，有的自我解嘲的傻笑。

從這個事例中可以看出，每個人或多或少都會有從眾的心理。從眾，指個人受到外界人群行為的影響，而在自己的知覺、判斷、認識上表現出符合於大眾輿論或多數人的行為方式。

父母看到別人家的孩子成功，往往會感慨萬端，恨不得那個孩子是自家的。於是乎，在羨慕的同時，產生了「我家的孩子能不能也像人家那樣」的想法。有專家指出，盲目效仿別人的成功，絕不會取得成功，相反，還可能把孩子引入歧途。是呀！最好的不一定是適合自己的，別人擁有的不一定是你所需要的。任何時候，一定要根據自己的客觀情況去做決定。

一個人的成功之路，絕不是天下所有孩子的成功之路。孩子的差異性很大，適合別人孩子發展的道路，不一定適合自己的孩子。事實證明，有

的人放棄學業，發展特長，結果很好，但是，有的孩子放棄學業，進行某項特長訓練，卻沒有任何結果。所以，培養特長兒童，與其用賭博的方式，還不如保守一些，讓孩子透過正規的學校教育，獲得並掌握基本的生存能力，在這個前提下，再發展孩子的某一項特長，才是一種比較可靠的選擇。

現在，很多父母根本不了解自己孩子適合做什麼，比如孩子手、眼、腦多個器官的配合不協調，卻讓孩子碰體育或者樂器。如果父母能發現孩子的不足，進行後天有意識的鍛鍊，這樣就可能逐漸讓孩子的短處得到一定程度的彌補。但如果父母沒有觀察到自己孩子的不足，一味地讓孩子做體育或是樂器的訓練，就有可能使孩子的自信心受到傷害，這種傷害也可能導致孩子在以後的發展過程中產生一定的心理障礙。

所以，父母在給孩子選擇人生道路之前，首先要和孩子進行商量；其次，要考慮到孩子發育變化的特點，孩子的興趣發展有不穩定的因素，今天喜歡這個，說不定明天又喜歡那個，如果過早給孩子定一個目標，勢必存在一定的盲目性。當然，了解孩子的天賦，找到適合孩子性格特徵、行為特徵的專案，確認孩子的發展方向，僅僅做到這些還不夠，還需要配合孩子、支援孩子，並且在孩子思想產生波動，或是信心動搖的時候，給予鼓勵、啟發、引導，讓孩子堅持下去。在這一點上，很多父母短時間還能堅持，時間一長，有些家長可能就做不到了。

在孩子成長的道路上，父母要順其自然，切不可盲目效仿別人孩子的成功。同時，還有一點父母要記住，在培養孩子的時候不要那麼功利，不要急切想收穫什麼。若不然，只會適得其反。

幸福比事業成功更重要

現在的孩子活得越來越累，書包總是那麼沉重，每天都有做不完的作業。週末本是休息的時間，可對於孩子來說，那才是他們噩夢真正的開

始，他們被迫參加各種自己根本不感興趣的興趣班。「累，累，累」孩子就像一頭小羔羊，除了無謂的反抗，就只能逆來順受。

「我們都是為了孩子好，現在累是為了讓孩子將來不累。」幾乎所有的父母都是這樣解釋的。他們總以為自己是天底下最愛孩子的人，其實不然，他們反而是天底下最自私的人，他們出於比較、虛榮心，不停地給孩子加壓，讓孩子在比拚中不斷超越。結果可想而知，為了所謂的成功，孩子失去了快樂，失去了幸福。

李亞菲是家裡的獨子，臨近大學考試了，家裡的氣氛一下子緊張起來。

在李亞菲父母看來，家裡有個考生，日常的生活習慣也都隨之改變了，任何事情都是圍繞著孩子迎接大考而做的。

在父親的朋友圈中，每到週末有朋友相聚的習慣，一般都是輪流做東，一整天都在某一家吃吃玩玩，興致濃時，甚至吆五喝六鬧到半夜。今年這些習慣通通廢除了，主要是怕影響到孩子的讀書和休息。「我的朋友們也能理解，輪到我家做東時，總有人搶著說，別去他家了，人家孩子要高中職聯合招考了，別耽誤孩子考試。」不僅如此，遇到事情他們都得表現得十分輕鬆，生怕影響到孩子。哪家夫妻不會因為瑣事吵架呀！現在都不吵架了，是捏著喉嚨在說話，有一次，父親忘記了當下是非常時刻，聲音大了一點，母親立即指指隔壁房間睡著的李亞菲，真是神奇，雙方都乖乖舉手投降。不久前，家裡的下水管道壞了，找來維修工修理，敲敲打打，等到李亞菲放學回來還沒弄好，就趕快打發師傅離開，等隔天再來修理。李亞菲見狀，苦笑說：「有這麼誇張嗎？」「哪裡誇張了，還不是為了保證你有一個良好的學習、休息環境嘛？都已經到了最後的衝刺階段。」李亞菲爸接過兒子的話說。不料，李亞菲卻說：「不緊張也被你們搞得緊張了，你們難道希望我緊張嗎？」

在這樣的家庭，父母把孩子的成績看得無比重要，卻忽略了孩子的感受，孩子成了學習機器，一點都不快樂。有研究表明，長期處於壓抑、鬱

悶狀態的孩子，勢必會形成一種累積待發的能量，引起神經系統功能的紊亂，久而久之，會造成身心健康的損害，促成某些疾病的產生與惡化。

所以，父母們，請鬆手吧！不要強迫孩子做他們不喜歡的事了，請把幸福還給孩子。

幸福不是父母送孩子的芭比，不是父母買給孩子的最新卡通影片，也不是父母給孩子的一櫃子衣服。幸福很簡單，幸福卻又有著深刻的內涵。

不可否認，渴望成功的孩子才會經常感到自己是幸福的，但父母要做的是讓孩子有能力迎接一生的挑戰，不讓誘惑充斥他的生活。同時，父母還要給孩子減壓的機會，學習一段時間後稍微休息一下、自由活動一下，讓他們的想像自由馳騁。比如，不受時間限制地去捉螢火蟲、堆雪人、或者看蜘蛛織網等都能給孩子帶來生命的驚嘆。孩子喜歡用自己的方式探索世界，父母不必為此太擔憂。

父母要明白，孩子的幸福比事業成功更重要，父母要為孩子的幸福做鋪墊。

第一，不要苛求完美。孩子畢竟是孩子，各方面的能力有限，總有這樣或者那樣的不足。父母不可太過於追求完美，父母如果總是對孩子表示不滿和批評，會傷了孩子的自尊，令其失去自信。所以，下一次當你再要抱怨的時候，先想一下，這個過錯是不是跟他們的年齡有關？10 年後他們還會這樣做嗎？如果你的答案是否定的，就別再嘮叨個沒完。記住：你和孩子之間的感情總比他把襪子放在哪裡要重要得多。

第二，培養孩子的興趣。專家研究發現，全身心投入到一項充滿挑戰的任務中，會給人帶來很大的快樂。對於孩子而言，培養他的興趣愛好，例如集郵、繪畫等，讓他投入其中，會讓他很快樂。但這裡的投入並非指給孩子安排滿滿的繪畫課程或者舞蹈練習等，因為那樣只會讓孩子失去興趣，失去從中得到的快樂。而興趣愛好也不一定是指某種技能，例如集郵、拼圖等，它們並不是某種競技，卻同樣可以開發孩子的智力，更能讓孩子學會投入的快樂。

第三，給孩子顯示自己的機會。每一個孩子都有自己獨特的天才和技能，展示「拿手戲」能給他們帶來極大的喜悅。「媽媽，我講一個故事給你聽好不好？」這時即使你在廚房做飯，也要滿足他這個願望，並適時給予肯定：「你講得真是太棒了。」要知道，能和你分享他喜歡的故事，對他是多麼的快樂。孩子的熱情、能透過你的分享和肯定，轉化成良好的自尊、自信，而這些特質對他們一生的快樂都是最寶貴的。

　　第四，帶孩子到大自然中去。喧囂的都市生活，對孩童的心靈有許多侵蝕作用，孩子的感情世界不免機械、冷漠、煩躁。如果父母利用假日帶著孩子離開喧鬧的都市，去郊外、河畔，和孩子一起捉小蟲、放風箏，在草地、田野奔跑、嬉戲，那時大自然會把孩童的心緊緊擁抱，孩子會有享不盡的樂趣。

正確對待孩子的失敗

　　有個漁人有著一流的捕魚技術，被漁民尊為「漁王」。然而他年老的時候卻非常苦惱，因為他 3 個兒子的捕魚技術都很平庸。於是，他向人訴說心中的苦惱：「我真不明白，我捕魚的技術這麼好，我的兒子為什麼這麼差？我從他們懂事起就教他們捕魚技術，從最基本的東西教起，告訴他們這樣織網最容易捕魚，怎樣划船最不會驚動魚……他們長大了，我又教他們這樣識潮汐，辨魚汛……凡是我長年辛辛苦苦總結出來的經驗，我都毫無保留地傳授給了他們，可他們的捕魚技術竟然比不上技術比我還差的漁民的兒子！」一位路人聽了他的訴說後，問：「你一直手把手地教他們嗎？」「是的，為了讓他們學到一流的捕魚技術，我傾己所能，教得很仔細很耐心。」「他們一直跟隨著你嗎？」「是的，為了讓他們少走彎路，我一直讓他們跟著我學。」路人說：「這樣說來你的錯誤就很明顯了。你只傳授了他們技術，但沒有傳授給他們教訓，對於才能來說，沒有教訓與沒有經驗一樣，都不能使人成大器。」

　　這則故事雖然簡單，但意義深刻，尤其值得父母深思。故事中的漁王教育孩子的方式，正是目前很多父母教育孩子的方式。故事中路人與漁王的對話，菲常清晰地指出了問題的本質：只傳授了孩子技術，但沒有傳授給他們教訓，對於才能來說，沒有教訓與沒有經驗一樣，都不能使人成大器。同時，這則故事也反映出了當前的父母在對待孩子失敗問題上的態度——都渴望自己的孩子出人頭地，最不能容忍的是孩子失敗，認為那是無能的體現。

　　怎樣正確對待輸贏將直接影響到一個人的競爭行為，因此，競爭最終將是意志力的較量。一般來說，一個人承受的考驗越多，承受的困難和壓力越大，意志就會磨練得越堅強，也越不害怕競爭。有競爭才會有進步、有發展。從小就培養孩子的競爭意識，不但有利於他們健康成長，更是時代的需求。競爭總是伴隨著成功和失敗的，對於孩子的失敗、過錯，有些父母缺乏應有的耐心和冷靜，只會罵罵咧咧，隨便地將「笨豬」、「沒出息」之類的帽子強戴在孩子頭上。殊不知，這樣做會極大地傷害孩子的自尊心。

　　明智的父母不會為孩子掃平一切障礙，也不會痛斥孩子的失敗，而是會幫助孩子，讓他自己去克服困難，歷練成長，並將困難變為生命中的光環，讓孩子不僅成為生活的強者，更成為生活的智者。

　　人生的道路不會永遠開滿鮮花，偶爾也會布置著陷阱，當孩子遇到失敗和挫折時，對他的自信心是個很大的打擊，這時的父母千萬不要火上澆油，而應耐心地引導孩子，讓他明白自己的價值，重新振作起來。

　　正確對待孩子的挫敗感，需要家長付出更多的理解、愛心與耐心。

　　第一，允許孩子不斷嘗試新事物與未知事物。父母不要用成人已知的理性來代替孩子的熱情，更不能從主觀上就不信任孩子能夠完成，因為孩子是很容易覺察到父母的信心程度。換句話說，當父母對孩子沒有信心的時候，由於父母未能給孩子提供足夠的安全感，孩子也會對自己沒有信心。

第二，找原因，指方向。失敗總有其因，或是主觀上不努力，或是客觀上存在問題，父母應幫助孩子細細分析癥結所在，然後對症下藥，進行處理，明確今後努力的方向，讓孩子看到勝利的曙光。

第三，多鼓勵，樹信心。面對孩子的失敗，父母應給予更多的關心和不失時機的教育引導。對於許多孩子來說，父母的信任和期待是一種強大的精神力量，它能激勵孩子跨越失敗的沼澤地，點燃孩子的希望之火。

第四，有進步，常表揚。在孩子不斷努力的過程中，父母要善於發現哪怕是很小的成績，並及時地給予不同形式的表揚與肯定。因為表揚和肯定能增強孩子的自信心和戰勝困難的勇氣。這樣，孩子一定能掃除昨日失敗的陰影，昂首走向成功，走向成熟。

不把自己的意願強加給孩子

「小孩子懂什麼，聽大人的沒錯。」父母沒有不希望自己的孩子能成龍成鳳的，因此有的父母從孩子牙牙學語時就為孩子設計了一幅理想的藍圖，甚至孩子以後要上哪所大學的哪個專業都考慮到了。接著，父母為了實現這一目標，不顧孩子的愛好和理想，強迫孩子按他們自己設計的軌道發展，如果孩子有一點沒有符合自己的意願，就對孩子的所有努力和成績全盤否定，甚至打罵孩子。確實，現代社會競爭越來越激烈，父母這種望子成才、追求上進的良好願望本無可厚非，但是為了孩子能有一個好的前途，而給孩子過大的壓力，結果讓孩子不堪重負的話，那就太讓人遺憾了。

一個女孩，長相漂亮、身材苗條，而且特別喜歡舞蹈，希望利用業餘時間參加舞蹈班。可他的父母堅決反對。他們不經孩子同意，在校外給孩子報英語班、數學班，還不辭辛苦每天接送。孩子不感興趣，為逃避上課經常撒謊，放學不回家，結果一個學期結束什麼也沒學會。

很多父母一輩子沒有特別的成就，便把所有的希望寄託在孩子身上，

希望孩子實現父母無法完成的夢想。於是，常可以看到有些孩子被迫變成十項全能選手，彈鋼琴、學跳舞、踢足球、唱歌、滑冰、參加智力競賽、出書、當班上的幹部，凡是好的東西樣樣不缺，孩子看起來像個超人，心裡卻對父母的嚴屬壓迫充滿怨恨。

很多父母對孩子的愛好視而不見、聽而不聞，更談不上尊重，使孩子的愛好、特長得不到發展。如果父母真正關心孩子的未來，就不要把自己的願望強加給孩子，對孩子的愛好，只要不是原則問題，就不要干涉過多，順其發展，並注意觀察，發現其天賦，然後因勢利導，促其發展，切不可主觀地為孩子設計好一切，強迫孩子去做，這樣會壓抑孩子的興趣，使孩子產生叛逆心理。父母要尊重孩子的意見，如校外興趣班上或不上，要徵求孩子的意見，只要孩子說得有理，就要採納。

父母對孩子過分的要求，如果遇到天資聰穎的孩子，在表面上的確可以培養出各方面都出類拔萃的天才，但有沒有後遺症呢？一種明顯的後遺症就是強迫型人格，對任何事情都追求完美，力爭第一。一旦遇到挫折，因為從小就飽受父母的高壓恐嚇，孩子很可能會一夕崩潰，轉眼間變成一個頹廢落魄的憂鬱症患者。

其實，希望孩子成為全才並沒有錯，錯的是父母的逼迫態度。真正的天才不是逼出來的。在美國有一個華裔父親，整天帶著一張印有他孩子大幅照片的報紙，他的孩子在父親的嚴格管教下曾獲得過美國青少年最著名的一個科學獎的金獎，他為孩子的成就無比驕傲。轉而他又嘆息道，孩子成人以後和他斷絕了一切關係。無可否認的是，逼迫式教育雖然可以提高孩子的才能，卻往往以犧牲孩子的心理健康為代價。

父母要正視自己的孩子，相信自己的孩子，不要因為一時的疏忽傷了孩子的自尊心。成功的路千萬條，不要把自己的意願強加給孩子，以免增加孩子負擔。為此，父母應這樣做：

第一，給孩子一個想成為自己的空間。父母要給孩子足夠的成長空間，讓他們有自己的理想和願望，有自己的思想和獨立思考的權利。不要

讓孩子成為別人怎麼想、孩子就怎麼做的盲從產物，更不要讓孩子成為代替父母實現未盡理想的工具。父母可以根據孩子的具體情況和興趣，向孩子提出建議，引導孩子找到自己努力的方向。

第二，尊重孩子的獨立性。隨著孩子一天天長大，他們會逐漸形成獨立的意識，所以父母要尊重孩子的獨立性，讓孩子充分地發展，而不是被父母限制在已為他們設計好的框子裡。不然的話，他們也會像自己的父母一樣，在補償父母遺憾的同時，留下自己的遺憾。

第三，給孩子最後的決定權。對孩子的理想，父母如果覺得是合理的，就應給予尊重和支援。對孩子理想真正的支持應該建立在對孩子的充分理解和尊重的基礎之上，以孩子的心理準備和接受能力為前提，然後進行適當的啟發和引導，這需要的是精心呵護，不是說教，不是命令，更不是趁機提條件。即使孩子的理想與父母的意願產生了很大的偏差，也要平靜地與孩子溝通，在尊重孩子理想和追求的基礎上，透過充分的商量和探討，讓孩子充分理解父母的想法，然後再把決定權交給孩子。

第四，對孩子的要求不可過高。父母在尊重孩子理想和追求的時候，還要注意一些問題：不要在孩子建立理想的初期就給孩子太多的壓力和警示，這樣做很可能會打擊孩子的積極性，讓孩子輕易放棄自己的想法。

第五，精心培養孩子的理想之苗。當然，對孩子的理想，父母採取不理不睬或者揠苗助長的做法也都是錯誤的。如果父母們用這樣的態度來對待孩子的理想之苗，也許孩子永遠也不可能樹立穩固的理想。正確的做法是鼓勵孩子樹立理想，並為理想而努力。父母對孩子的理想之苗，要一點點地培養扶持，要細心澆灌滋潤。

多把尺衡量孩子

什麼是成功，不同的人有不同的解釋，有的人把一生能吃喝玩樂視為成功，有的人把自己能更多地奉獻視為成功。而一般的說，成功是有時間

多把尺衡量孩子

性的，一個人可能在人生的某一階段是成功的，也可能終生都是成功的。

　　我們常聽一些父母誇獎別人的孩子在班裡成績冒尖，羨慕之情溢於言表，並認為這樣的孩子將來一定會有出息，做任何事業都會成功。因此，對自己成績不理想的孩子便感到失望，甚至失去信心。

　　我們不否認學習好的孩子事業成功的機會大一些，但也不能說學習不好的孩子就沒有成功的機會。

　　成功對一個人來說，是一種自我實現的狀態。成功其實包含兩方面的含義。一是社會承認了個人的價值，並賦予個人相應的酬謝。二是自己承認自己的價值，從而充滿自信、充實感和幸福感。人們往往忽略了成功的後一種含義，認為只有在社會承認我們、他人尊敬我們時，我們才算度過了成功的人生，只有在鮮花和掌聲環繞著我們時，才算是到了成功的時刻；而僅僅自己認為自己成功不僅沒有意義，而且還有狂妄自大的嫌疑。其實，這都是對成功的誤解。

　　當地球還很年輕的時候，植物們就定居下來了。他們心滿意足。百合花為她的白色花朵高興，玫瑰為她的紅色花朵而喜悅，紫羅蘭心情愉快，雖然她羞怯地把自己藏起來，但總會有人找到她，讚美她的芳香。雛菊是最幸福的花朵，因為世界上每一個孩子都愛她。

　　植物們為自己選擇家。橡樹說：「我應該住在遼闊的田野上，靠近道路，旅行者可以坐在我的樹蔭下休息。」百合花說：「我願意住在水塘裡。」雛菊說：「我願意住在陽光燦爛的田野上。」紫羅蘭說：「我的芬芳會從長滿苔蘚的石頭旁溢出。」每一種植物都為自己挑選家。

　　然而有一顆小小的植物叫歐石楠，既沒有紫羅蘭的芬芳，也不像雛菊那樣被孩子喜愛。她不能開花，她過於害羞而不敢提出任何要求。「但願有人樂意看見我。」她想。

　　一天，她聽見大山說：「親愛的植物們，你們願意來到我的岩石上，用美麗的顏色覆蓋它們嗎？冬天它們寒冷，夏天被太陽烤得滾燙，難道你們不願意保護它們嗎？」

「我不能離開池塘。」水中的百合花喊道。

「我不能離開苔蘚。」紫羅蘭說道。

「我不能離開綠色的田野。」雛菊拒絕道。

小小的歐石楠激動地顫抖，「如果雄偉的大山能讓我去，那該有多好。」她想道。最後她輕柔地小聲說：「親愛的大山，你能讓我去嗎？我不像她們能開花，但我會努力為你阻擋寒風和烈日。」

「你來吧！」大山叫道，「如果你能來我非常的高興。」

很快，歐石楠用她的綠色鋪滿了多石的山脈。大山得意地對其他植物說：「看！我的小小歐石楠是多麼美麗啊！」其他植物回答：「是的，她明亮又鮮綠，可惜的是她不會開花。」

就在第二天，小小歐石楠突然長出許許多多的花朵，從那時起她一直開放到今天。

渺小而柔軟的歐石楠用自己的身軀點綴了山脈，做出了自己的貢獻，所以，她是成功的。同樣，對一個孩子來說，衡量其是不是成功者，是不是人才，不能只用上大學接受高等教育一把尺。

世界上沒有完全相同的兩片樹葉，也沒有完全相同的兩個人。個性是人才的特性，大凡創造性人才，包括科學家、藝術家、文學家、軍事家等，無不都具有區別於他人的獨特個性。可以說，沒有個性，就沒有創造性人才。人的素養具有不對稱的特徵，許多偏才、奇才、怪才沒有哪個是各種素養全面發展的。例如，愛因斯坦考大學 3 門課程不及格，但可喜的是，學校開放的包容了他，才有了他後來的傑出成就。考試制度具有雙重性，它可以選拔人才，也可以埋沒人才。而只用考試成績這一把尺量學生，將會把學生的個性排除於素養評價之外，這將不利於學生個性的培養，也不利於創新型人才的脫穎而出。社會對人才需要的規格是多種多樣的，並非一個標準，一個模式，而是有多種標準多種模式。人才的成長有多種途徑，並非升學一種途徑。因此，要用多把尺和多種標準來衡量學生，衡量人才。

　　有個外國的教育參觀團來學校聽課，這堂課是觀察課，老師拿了一隻小烏龜讓小朋友觀察，小朋友們高興極了，有個小朋友竟得意忘形地開始學烏龜爬，老師認為他太頑皮，就用眼睛瞪他，他竟沒發覺。老師又瞅了他一眼，他還是沒有發覺。老師非常生氣，準備課後狠狠訓他一頓。沒想到外國的老師在評課時，竟表揚了這個頑皮的孩子，說他是這堂課學習最投入的一個。

　　可見，只要一個人能用多把尺衡量孩子，就會發現，孩子的身上閃爍著很多奪目的光點。

　　父母在培養孩子方面要做的工作，就是讓孩子輕鬆愉快地學習，最大限度地發揮自己的潛在能力，讓孩子感到自己是成功的。這樣的孩子即使現在不算多麼優秀，但將來在社會上一定會找到合適的位置。

第十五章
讓「問題」孩子從此沒問題

孩子網路成癮怎麼辦

今天，網路已滲透到人們生活的每一個角落，在人們能夠想像的領域中，它幾乎無所不在。透過它，人們可以和朋友保持聯繫、瀏覽資訊、聽音樂、結識新朋友等等。網路生活已成為青少年生活的一部分。網路改變了人們的生活，這是不容爭辯的事實，可是，在它給人們帶來極大便利的同時，也使得一些自制能力差的人在虛幻的網路世界裡不知返途，沉迷甚至上癮。以致患上網路成癮症（Internet addiction disorder）。

據統計，目前在所有上網的人群中，患上網路成癮症的比例約為6%。進一步調查發現，病人中數青少年的比例最大，他們有充裕的時間沉迷電腦，因而是高風險群。

在網路成癮的早期，患者先逐漸感受到上網的樂趣，然後將上網時間不斷延長，由此出現記憶力下降等不良情況。有些患者晚上起床上廁所時都會情不自禁地打開電腦到網路上「溜達溜達」。患者一開始是精神上的依賴、渴望上網，後來發展為軀體依賴，表現為每天起床後情緒低落、思考遲緩、頭暈眼花、雙手顫抖、疲乏無力和食欲不振等，上網以後精神狀態才能恢復至正常水準。

對於沉戀電腦的危害，在美國早有發現。美國醫生曾發出警告：長時間使用電腦的人患精神病的機會較常人高出 4 倍。那些平均每天使用電腦 4 小時以上的人，容易變得情緒不穩、憂鬱及沮喪。

孩子上網成癮讓很多父母倍感焦急。

要想治療網癮，就必須要了解網癮的成因，了解哪部分人是網癮的高風險族群：

成績不好的孩子。由於父母、老師對孩子的期望過於單一，學習成績的好壞成為孩子成就感的唯一來源，此時，一旦成績不好，孩子就會產生很強的挫敗感，但是在網路遊戲中，他們很容易體驗成功：闖過任何一關，都可以得到「回報」，這種成就感是他們在現實生活中很難體驗到的。

成績特別好的孩子。學習成績特別好的孩子，由於缺乏了競爭對手，從而也容易失去為「名次」、「位置」等學習的內在動力，於是，一些人開始沉戀網路。其實，造成這些孩子依賴網路的根本原因是沒有形成正確的學習觀。

　　人際關係不好的孩子。許多孩子雖然成績不錯，可是性格內向、猜疑心強，而且小心眼，碰到問題時沒能得到及時解決就沉迷於網路，學習和生活受到嚴重影響。

　　家庭關係不和諧的孩子。隨著離婚率、犯罪率升高等社會問題的增多，社會上的「問題家庭」也在增多，這些孩子通常在家裡得不到溫暖。但是在網路上，他們提出的任何一點小小的請求都會得到不少人的回應。現實生活和虛擬社會在對人的關注和理解方面的反差，很容易讓問題家庭的孩子躲進網路。

　　自制力弱的孩子。不少網路成癮者都有這個問題，他自己也知道這樣不好，也不想這樣下去，但是一接觸電腦就情不自禁。這是典型的自我控制力差。生活中要面對很多選擇，選擇什麼是對，什麼是錯，選擇什麼該做，什麼不該做。如果將人生的元素盡量簡單化，那麼人生最重要的事情就是選擇，選擇的正確率越高，成功率也越大。而孩子在選擇網路時，並不會考慮太多的因素和後果。

　　解決孩子網路成癮不能靠禁止的辦法，因為這是頭痛醫頭、腳痛醫腳，解決的根本是孩子的心態。當孩子沒有心理問題時，孩子的網癮也就自然消失了。

　　第一，樹立正確的上網態度。父母在孩子的「脫癮」過程中扮演很重要的角色，必須打破原來一味地打罵埋怨或者放縱溺愛的傳統做法。父母應該定期與孩子交流、創造有利於孩子成長的環境、滿足孩子正常的人際交往、遊戲等方面的需求。父母們要更新觀念，提高對網路時代的認識，不能因網咖出了一些事故就談網色變，不讓孩子上網。

　　第二，父母要掌握一定的心理學治療知識。很多父母面對子女的網

癮，往往是苦口婆心地勸說、哭訴，最終又束手無策。正確的做法應該是正確面對，並結合孩子的實際情況，用適當方法改變現狀，幫助孩子走出網路成癮這個迷陣。

第三，適時監督。父母要控制孩子在家上網或去網咖的質、量、度，孩子自制力差，綜合判斷能力較弱，父母要適時提醒，適當督促孩子上網有度，並鄭重告訴孩子不要光顧色情網站。

第四，間接轉移注意力。可以帶孩子出去旅遊，既能開拓孩子的眼界，又能鍛鍊動手能力、交際能力。

第五，創造濃厚的家庭讀書氛圍。一個沒有書籍、報紙、雜誌的家庭，等於一間沒有窗戶的房屋；一個不學習的人往往是一個精神殘疾的人，一個沒有知識的人猶如一個空袋子，永遠無法站立。隨著網路時代的到來，知識以前所未有的速度進行更新，父母在學校裡學到的知識很快會老化，如果不繼續學習，難以擔負起教育孩子的重任。所以必須樹立終身學習的觀念，不斷學習新知識，研究家庭教育中出現的新問題，才能牢牢掌握教育孩子的主動權。

孩子青春期戀愛怎麼辦

對於青少年來說，「青春期戀愛」這個詞，談論道似乎總是有那麼一點點不自然，如果說「初戀」如同清晨帶著露水的酢漿草一樣新鮮美好的話，那麼，「青春期戀愛」則充斥著隱隱的不安和父母、老師的不滿。在長輩的眼裡，青春期戀愛甚至如同洪水猛獸。

在懵懂的青春期，孩子開始對異性產生莫名的好奇，由此，青春期戀愛和性成為許多孩子在這個階段面對的困擾。愛，本是個厚重而聖潔的話題。而青春期戀愛，這枚有酸有甜卻又青澀的果子，能夠稱之為愛嗎？

據專家分析發現，孩子青春期戀愛具有以下特點：一是模糊性，對兩性間的愛慕似懂非懂，不知何為愛；二是單純性，只覺得和對方在一起很

愉快，缺乏成年人談戀愛對家庭、政治、經濟等多方面的理智考慮；三是差異性，表現為女生有青春期戀愛的較早、較多，可能與女生發育較早有關；四是不穩定性，兩個人隨著各方面的不斷成熟，理想、志趣、性格等方面的變化可能引起愛情的變化，戀愛越早，離結婚之日越遠，就越易夜長夢多；五是衝動性，缺乏理智，往往遇事突發奇想，莽撞行事。

青春期戀愛行為是青少年在性生理發育的基礎上，心理轉化為行為的實踐。然而，一般人認為青春期戀愛會帶來很多問題，如影響青少年的身心健康和學業成績等，尤其對女孩更為明顯。青春期戀愛常常以失敗告終，很少出現青春期戀愛能夠終身廝守的；亦有人認為青春期戀愛是青少年對男女關係的探索和學習，為將來的戀愛與婚姻作準備，不必過度恐慌。

海玲是個人人喜歡的乖女孩，卻在國三準備向高中衝刺的關鍵時刻，做了一件讓父母和老師都不敢相信的事情——她戀愛了，而且是與班上學習成績並不太好的一名男同學阿豪戀愛。

海玲全身心地投入到了這一場初戀當中：在老師和父母的極力反對下，海玲仍然想方設法與阿豪相見，每天早上偷偷早起，只是為了煮早餐給阿豪吃；每天上晚自習時，她想方設法幫阿豪複習；上學、放學的時候，更是海玲每天最快樂的時間，因為她可以和阿豪像對小夫妻一樣黏在一起，出雙入對……幸運的是，海玲懂得自我控制，她說自己不會做自己承擔不了責任的事。一段時間過去了，海玲的成績明顯退步了，由班上的前幾名退步到了十多名，而阿豪在海玲的幫助下成績卻提高得很快。如海玲所願，儘管自己的課業退步了，卻與心上人阿豪一起考上了心儀的明星高中。

就在海玲嚮往著與心上人共同攜手迎接明天的時候，海玲的青春期戀愛卻無疾而終——用海玲的話來說就是：沒有分在同班，互動少了，感情也就慢慢淡了。

其實，類似海玲的故事，幾乎每天都在現實生活中上演著。處在青春

期的孩子，在同性同年齡人中形成親密朋友關係的同時，由於性的萌動而導致對異性的關注和戀愛的感情，而且，這種關注會不斷增強，以致對特定的異性萌發出愛慕之情。這都是很自然很正常的。

面對孩子青春期戀愛，父母不必驚慌，要採取有效處理方式加以引導。

第一，讓孩子認識到青春期戀愛的危害，用理智來戰勝不成熟的感情。青春期戀愛最直接的危害是嚴重干擾課業。由於整日整夜滿腦子想著自己喜歡的那個異性，因此，會使孩子沒心思去學習，也覺得念書沒多大意思，上課注意力就難以集中。由於沒有認真聽講，因此，成績就會越來越差。有關統計資料表明，那些在國高中時代就耳鬢廝磨、如膠似漆地談戀愛的孩子，大都是學業荒廢，愛情失敗，甚至有的由「愛得深」變為「恨得深」。相反，那些把愛深深埋在心底一心向學的青少年，多數不僅事業有成，而且能夠贏得愛神的青睞。

第二，父母應與孩子建立信任關係。如果發現孩子青春期戀愛，父母千萬不可以暴跳如雷，不要一味地責怪孩子，那樣非但不能解決問題，還會適得其反，後果是非常嚴重的。因為在青春期戀愛問題中，孩子本身是最關鍵、最核心的內因，而其他的都只是外因。父母應該冷靜地接受現實、客觀面對，多和孩子溝通，讓孩子產生信任感，只有先取得孩子的信任，才具備解決問題的基礎。

第三，培養孩子的責任感。如果孩子青春期戀愛，父母可以從責任心角度來教育自己的孩子，要其多替對方考慮，青春期戀愛很可能給對方的情緒、生活帶來很大影響，甚至會影響到對方的前途。此外，還要教育他們多為家庭想想，身為家庭成員之一，也應該承擔一定的家庭責任。

第四，不可操之過急。青春期戀愛涉及的是孩子的情感問題，要他們在短時間內把注意力一下子完全轉移到學業上也是不現實的，因為那需要一個過程。

第五，鼓勵孩子勇敢地去面對現實，解決問題。面對青春期戀愛的孩

子，或許父母已經做了很多，但是，這些都是外在的因素。要幫助孩子真正解決青春期戀愛問題，還需要父母相信孩子，鼓勵孩子去面對問題，去解決問題。父母在做好以上幾方面的同時，還要給孩子留出足夠的時間和空間，讓其去思考、去面對、去解決，使其自身內在的因素產生轉變，這一環節在解決孩子的青春期戀愛問題上起著至關重要的作用。

孩子厭學怎麼辦

據某個抽樣調查顯示，大約 25.4% 的孩子害怕或拒絕上學。這部分孩子蹺課的原因主要都在於害怕學習，厭煩學校的管教。有的是因為成績差，在學校裡容易感覺自卑；有的是害怕考試，害怕老師檢查作業；有的是因為和同學的關係處得不好。

有專家進一步調查發現，厭學的孩子不僅大多智力正常，甚至不少還智力超群。可見，孩子厭學症不是智力低下造成的，厭學大多與非智力因素相關。

麥曉明是國二學生，他父母是水果商販。麥曉明小學的時候學習成績還很優秀，但進入國中以後，學習成績明顯下降。經常不寫作業。他的父母忙於生意，晚上很晚才回家，平時兒子表現好，父親就給予獎賞，或買些好吃的東西，或給零用錢。久而久之，由於缺少父母的關心，對學習的興趣越來越下降。他的母親對孩子也十分放縱，很少過問孩子的學習情況，晚上還經常邀朋友來家喝酒。看到父母或身邊一些沒讀書而賺了大錢的人時，麥曉明更是迷茫，覺得讀不讀書無所謂，長大後做生意自然會發財，這樣自然而然就對學習沒什麼興趣，他的厭學情緒愈益增加，學習成績明顯下降。他甚至對同學說：「念什麼書，真沒意思，還不如跟我爸跑跑腿，要吃有吃，要錢給錢，多有意思！」

由於疏於管教，麥曉明對學習產生了反感，從而厭倦學習。其實，只要留心觀察就會發現，孩子厭學是由多方面因素造成的。

第一，孩子的學習負擔、頻繁的考試、艱苦緊張的學生生活都會帶來消極的學習心理狀態。

第二，不願意承受過於沉重的學業壓力，追求享樂，不夠堅強，遇到困難就主動放棄的性格。

第三，學習內容繁瑣與教學方法呆板直接影響孩子的學習情緒。在教育過程中，教師注重的往往是孩子考試成績的高低，而忽略了孩子其他方面的素養，這種對孩子能力的錯誤評價也使孩子頗為不滿。有的教師僅僅因為孩子的學習成績不好，便全盤否定他們的能力，公然歧視他們。這便直接導致學業不好的孩子對他們的學習行為及結果進行消極的歸因，直接導致了厭學情緒的出現。

第四，家庭教育方式不當會給孩子的學習情緒帶來消極的影響。當孩子在學業成績上的表現達不到父母的要求時，如果父母的教育方式僅僅停留在不停地批評，不斷地否定孩子的學習能力和學習態度的時候，會導致孩子對自己的學習行為做出不正確的總結，再加上對父母的不理解和不滿，那麼在這種心理的影響下，孩子會更為消極地對待自己的學習，從而導致厭學情緒的不斷增加，最後便不願意主動地接受學習，得過且過，最終放棄自己的學業。

第五，社會「讀書無用論」、「有錢能使鬼推磨」等不良思想因素的影響會使孩子的價值觀產生歪曲，從而產生厭學。

一把鑰匙開一把鎖。父母要解決孩子的厭學問題，應從以下幾方面去考慮：

第一，不急於求成。父母不要對孩子施加太大壓力，應逐漸培養孩子的興趣，讓孩子喜歡上學習這才是治本的辦法。父母可以和學校溝通，讓老師也同時給予孩子關愛，讓孩子感到溫暖。在輕鬆的環境中學習，讓孩子感受到學習是一件愉快的事情，使之從害怕上學而變為主動喜歡上學。

第二，鼓勵為主。在教育孩子的時候，表揚和鼓勵應多於批評與責罵，也就是說，父母不要忽略孩子的任何一個進步，即便是孩子只取得了

微不足道的成績，也應給予表揚，幫其樹立自信心。而指出孩子的不足之處和小毛病時，要盡量用溫和的語氣，使之容易接受。這樣才能讓孩子更好地學習和生活。

第三，創造溫馨和睦的家庭環境。這一點對孩子的成長起著至關重要的作用，不完整或者氣氛不和諧的家庭會嚴重影響孩子的心理健康，從而使孩子產生孤僻、反叛的心理。父母應該充分考慮到這一點，盡量避免爭吵及離異，以免給孩子幼小的心靈留下陰影。

第四，發展人際關係。父母要從小培養孩子的獨立性，讓其多與同年齡的夥伴接觸，與同學積極相處，融入到學校的大環境中，從而具有一定的社交能力。鼓勵孩子走出家門與小夥伴一起玩耍，對到自己家裡來玩的小夥伴也應表示歡迎。當孩子的視野開闊時，思考往往會很活躍，也就不容易走入學習的死胡同。

第五，跟學習好的孩子「交朋友」。要跟老師商量，選擇與自己孩子有交往基礎、能幫助人的孩子做小老師。必要時，帶孩子到對方家裡去向對方的家長鄭重做出表示。為了不給「朋友」增添太多負擔，對自己的孩子要有具體要求，如「自己先看，不懂再問」，「自己先做，哪裡不會再問」，「課前預習，找出困難，上課專心聽講」等，孩子沒有積極性、主動性，光依賴別人絕對不行。

孩子有不良嗜好怎麼辦

小昌是個讓父母頭痛不已的孩子。他從小調皮搗蛋，膽子大而且喜歡模仿。近來，父母發現孩子小小年紀居然就模仿大人學著抽菸、喝酒。對此，父母又氣又急，趕忙予以阻攔，孩子卻是不屑一顧，還得意洋洋說這是時髦的表現。

從小昌抽菸這個事例中，我們可以看到，孩子的模仿能力是比較強的。孩子看到別人的行為，往往也會產生要那麼做的念頭。孩子接觸不良

嗜好，即使並不了解這些行為的具體意義，也會有動機去做。模仿是指在沒有外界控制的條件下，個體受到他人行為的刺激，自覺或不自覺地使自己的行為與他人相仿。模仿一般有兩種情況：一是主動積極學習，二是無意識跟風。

孩子為什麼會模仿大人的不良嗜好呢？主要原因有以下幾種：

第一，父母不良嗜好的行為感染。有的父母平時喜歡抽菸喝酒，孩子耳濡目染就會學著父母的樣子做。家裡放置菸酒之類的物品，也為孩子模仿創造了條件。

第二，孩子天生的好奇心和叛逆心理作祟。青少年對未知的事物充滿強烈好奇心，總想揭開其神祕面紗。父母對這種行為越是禁止，就越發增強了這種行為的誘惑力。孩子明知這些行為不為社會所宣導，但覺得這麼做能夠顯示自己與眾不同，期望引起他人注意。

第三，同儕團體的影響。孩子很容易迫於團體壓力而妥協。比如孩子身邊的朋友都在吸菸，當朋友把菸遞過來讓孩子吸時，孩子通常很難拒絕。

第四，錯誤的引導和錯誤的認知。透過電視雜誌之類的情景渲染，父母言語行為的不正確引導，讓孩子覺得這是身為成人模樣的象徵。

第五，對學習和生活壓力的一種發洩。菸酒本身可以對身體起到一定的麻痺的作用，有的孩子期望透過吸菸喝酒之類的行為來宣洩壓力。

吸菸、喝酒等不良嗜好在孩子當中的出現十分普遍。據某校一項調查報告顯示：51.4%的學生吸過菸，14.2%的學生近期內吸菸，8.0%的學生經常吸菸，12.8%的學生嘗試過戒菸，15.5%的學生在 13 歲前就吸過 1 整支菸。76.5%的學生喝過酒，36.7%的學生近期內喝酒，27.7%的學生喝醉，37.1%的學生在 13 歲前飲酒。在吸菸、飲酒的比例分配上，大學生高於高中生，高中生高於國中生；男生明顯高於女生。

孩子吸菸、喝酒的危害比成年人要大，因為孩子正處在身體迅速成長發育的階段，身體的各器官系統還沒有發育成熟，比較稚嫩和敏感，抵抗

力不強，而且對各種有毒物質如菸酒的吸收比成年人要容易，所以中毒更深。長期吸菸、喝酒還會導致注意力的穩定性有一定程度的下降，同時還會降低人的智力水準、學習效率和工作效率。孩子吸菸、喝酒成癮，可能引起思考過程的嚴重退化和智力功能的損傷，嚴重的會導致思考中斷和記憶障礙。

如果家裡有吸菸、喝酒等不良嗜好的孩子，建議父母從以下幾方面著手：

第一，以身作則。俗話說：龍生龍，鳳生鳳，老鼠的兒子打地洞。雖然這句話有歧視之嫌，但不無道理。良好的家風是無形的教育力量，家庭中做到沒有吸菸喝酒者是最理想的環境。父母要以身作則，不吸菸或喝酒。會吸菸喝酒的父母除不能姑息遷就孩子吸菸喝酒外，還要做到不給孩子提供吸菸喝酒的機會。父母的很多行為都是在無意識的狀況下做出來的，但孩子會有意地模仿。父母得過且過，那他們的孩子也會得過且過，父母沒有追求，整天遊手好閒，那他們的孩子也就好不到哪裡去。同理，如果父母一方面教育孩子改掉不良嗜好，一方面自己又沉溺其中，就很難給孩子起到正確的引導作用。

第二，態度明確。父母要反省檢查自己在制止孩子抽菸喝酒問題上方法是否合適，態度是否堅決等。自己首先要對制止孩子吸菸喝酒有明確的態度，態度決定事情的成敗。然後要耐心地與孩子交流，指出吸菸喝酒的壞處。

第三，正面教育。父母要向孩子說明吸菸喝酒的危害。父母只有進行說服教育，讓孩子認識到吸菸喝酒的害處，他們才能自覺地克服吸菸喝酒的壞習慣。

第四，轉移注意力。幫助孩子將注意力集中在學習上，這是糾正吸菸喝酒壞習慣的治本方式。俗語講：「正事不足，閒事有餘。」大量事實表明，孩子開始染上吸菸喝酒行為時，也正是失去學習興趣之時，絕大多數吸菸的孩子都是學習不好的學生。為此，父母要引導孩子走上學習的正

道，經常過問和輔導他們的學習，隨時鼓勵孩子學習上的每一點進步，使孩子將主要注意力和活動時間用在學習上，這將有助於他們戒掉吸菸喝酒的惡習。

如何預防孩子犯罪

青少年犯罪已成為當今世界一個十分嚴重的社會問題。近幾年來，中國的青少年犯罪呈上升趨勢，犯罪類型也相當多。青少年犯罪所占比例，建國初期共占全部犯罪的 1%。西元 1970 年代末占 4%，進入西元 1990 年代以後，已增至 7% 左右；進入西元 1980 年代以來，25 歲以下青少年犯罪一直占 50% 左右，有的地方已達 60%～70%。所以，研究和解決青少年犯罪刻不容緩。

根據調查，青少年案犯家庭狀況普遍偏差，且大多異常，有的家庭父母不和，有的父母離異，有的教育不當，管理不善。家庭環境和家長的言行、品行及教育方法，對青少年的心理、品德、愛好和思想的影響十分重要。

青少年犯罪的原因具體表現在幾個方面：

第一，受社會經濟負面效應的影響。社會主義市場經濟的全面發展，促進了社會的全面進步。同時也出現了一些拜金主義、享樂主義、腐朽生活方式的偏激傾向。而青少年正處於人生觀、世界觀形成階段，缺乏社會經驗和明辨是非的能力，受這些不良風氣的影響，一些青少年抵擋不住各種物質享樂的誘惑，在一定條件和某種因素的作用下，就有可能走上犯罪的道路。

第二，受社會不良文化影響。目前在文化市場上，圖書報刊、影音產品、文化娛樂等中充斥著大量的封建迷信、凶殺暴力、淫穢色情以及其他損害大眾身心健康的內容，對社會文化環境造成了一定程度的汙染。這種受汙染的社會文化生活環境對涉世未深的青少年會產生極大的消極影響，

許多青少年正是由於劇情的指引，從而從事與其年齡不符的違法犯罪行為從而走上犯罪的道路。

第三，受家庭不良教育的影響。父母是子女的啟蒙老師。家庭的教育培養，深刻影響著子女人生觀、道德觀的形成，家庭教育的缺陷是子女形成不良個性的基礎，潛伏著青少年走上違法犯罪道路的危機。

第四，法制道德教育停滯。近幾年來，雖然在中小學設立了法律知識和品德教育課，在社會上執行「送法上門」、「法律進家」等多種形式的普法教育活動，但在力度上還有欠缺，在不同層面上還有死角。青少年自身不重視此方面的學習，致使一些青少年缺乏是非、榮辱、善惡觀念，分不清罪與非罪的界限，此罪與彼罪的區別。

第五，青少年自身素養低，抵禦能力差。青少年犯罪最根本的原因在於青少年本身的素養。由於青少年分辨是非能力較差，其處世的無知性、盲目性就很難應付來自社會各方面的影響，經不起誘惑，很容易被別人拉攏、利用，或控制不住自己的情緒，意氣用事，不計後果等，從而走上了犯罪的道路。

在眾多因素中，父母給予孩子的教育對如何預防孩子犯罪起到至關重要的作用。家庭是社會的細胞，是孩子生活、學習的搖籃，父母是孩子的第一任教師，從某種意義上講，父母的素養，影響了孩子的素養，良好的家庭教育，對預防孩子違法犯罪具有十分重要的作用。家庭要創造健康向上的生活環境，給孩子以潛移默化的良性薰陶，引導孩子把課餘時間的旺盛精力投入到有益的正當活動中去。同時，父母要學習心理學、教育學、法律知識，提高自身素養和法制意識，培養高雅的興趣愛好，注重言傳身教，與孩子建立平等、民主、相互尊重、充滿善意的關係，創建良好的家庭氛圍，認真履行對未成年人的監護職責和撫養義務。德國教育專家提出共識，家庭教育和影響直接關係著孩子一生的成長，父母身為孩子第一教師對孩子成長起著關鍵作用。德國的大部分家長都能自覺履行家教職責，注重言傳身教。德國青少年教育專家李斯特撰文說，父親忠於職守的敬業精神，母親一絲不苟的勤勞態度，都有助於不斷增強孩子的責任意識，令

孩子把恪守信條、盡心盡責當作一種榮譽。德國人特別注重孩子的修養，認為孩子在行為舉止上遵守規範，不僅可以促進其養成高尚的品德，更為其日後的發展打下良好的基石。一項調查表明，家庭環境和諧、家長言行、品行及教育方法得當的家庭，子女犯罪率只有 0.1％。

　　當然，在家庭努力預防青少年犯罪的同時，學校和社會也要盡到預防青少年犯罪的義務，並且要制訂切實可行的計畫來提高父母的素養，比如學校或社區開辦「家長學校」，或有關部門和父母簽訂契約等形式，明確家庭、父母對子女的教育責任。

　　青少年違法犯罪，是我們最不願看到，卻又無法迴避的社會現實。它不僅直接危害著年輕一代的健康成長，而且嚴重影響著社會的穩定。加強青少年普法教育，遏制青少年違法犯罪，推進依法治國方略，維護社會穩定的責任重於泰山，是整個社會的共同責任，需要我們每一個人共同努力。

為孩子上一堂生命教育課

　　一天，某大學二年級女生高某與男朋友因為小事吵架，從學校跑回兩人在外租住的「家」裡。也許是情緒過於激動，想嚇唬一下男朋友，高某糊里糊塗拿起自己平常吃的消炎藥，一下子吃了 60 片。然後，很平靜地打電話告訴男朋友，她服藥了。男朋友和另一位同學急忙趕來，把高某送往附近的一家條件還算不錯的醫院，該醫院的處置方式是讓高某喝大量礦泉水然後到洗手間去嘔吐。吐出一些東西後，醫院就讓高某和男朋友回家了。次日，高某感到極不舒服，後來就暈倒在地。男朋友將她送到原來那家醫院，住院期間，高某的病情很快惡化，因為她服下的那種消炎藥對腎臟有嚴重的損傷作用，不到一星期，高某就只能靠呼吸器來維持生命了。第 7 天的時候，該醫院決定將其轉到另一家醫院，轉院途中，高某永遠地離開了她的親人和朋友。

為什麼年輕的生命如此脆弱？這是生命意識淡薄的表現，輕視自己和他人的生命，這是自殺者逃避挫折的應對方式。根據專業機構對青少年團體的調查顯示：24.39%的孩子曾經一閃而過「活著不如死了好」的想法，15.23%的孩子有過自殺的想法，5.85%的孩子有自殺計畫，1.71%的孩子自殺未遂。每年有 25 萬人自殺，200 萬人自殺未遂。

　　長期以來，我們的教育往往對「生命教育」採取迴避態度，閃爍其詞，這其實並不利於孩子健康成長。事實上，在一些國家和地區，生命教育已經很普及。在瑞典，老師會讓孩子投入大自然之中，體悟四季轉換、葉子從新生到凋零的過程，會讓孩子們摸著孕婦的肚子為他們講述人的出生，帶孩子觀看剖腹產全過程錄影，讓他們體會媽媽孕育一個生命是多麼艱難，從而認識到生命的寶貴、生命的價值以及自己要承擔的責任。此外，小學生被允許到醫院太平間與遺體接觸，讓孩子們懂得生命對於我們只有一次，一個人的死亡對自己、對親人意味著什麼，漠視生命將會帶來什麼後果。這些老師在教育孩子時注重傳達自始至終尊重生命、善待生命的態度和信念，讓孩子與老師共同參與對死亡問題的探究過程中，領會了科學精神，體驗了對生命的感動。從這個角度，我們可以深切地理解生命教育是體驗與思考並重，極需互動性的教育過程。

　　生活中，一樁樁血的教訓和潛在的危機告訴我們，對孩子進行生命教育已成為現代教育不可忽視的一環。

　　所謂生命教育，就是生命與健康、生命與成長、生命與價值和生命與關懷各方面的教育。其最終目的在於，透過教育使孩子掌握必要的生存技能、增強承受挫折的能力、提高心理調節的能力，進一步認識、感悟生命的意義和價值，學會關心自我、關心他人、關心社會，從而樹立積極的人生觀、尊重他人生命和自我生命的意識。

　　人的生命是道德的載體，沒有生命，當然就無道德可言，不講生命教育，道德教育當然會落空。教育的起點是人，教育人的前提是要認識人、理解人。可以說，生命教育是家庭教育的基礎。

家庭是孩子的第一個課堂，父母是孩子的第一任教師，父母對生命的態度決定了子女的生命態度。在一個積極、樂觀、勤奮家庭中成長的孩子，必然會有健康的人格，懂得珍惜自己和尊重他人的生命。在此過程中，社會的生命教育也不能缺席，孩子從家庭、學校走向社會，走向一個各種思想混雜、觀念矛盾的熔爐，全社會都要為孩子的健康成長努力，為他們營造一個健康的生存空間，用正面的輿論宣揚生命的價值，使生命教育在潛移默化中影響孩子，達到生命教育的目的。

在家庭教育方面，父母要從三個層面引導孩子形成科學的生命觀：一是生存教育，即教會孩子基本的生存技能，從而滿足生存的基本需求；二是生命價值教育，讓孩子充分認識到生命的價值及其對自身的重要意義，從而珍惜和敬畏生命；三是死亡教育，這是生命教育的重要內容，要向孩子介紹死亡，讓孩子了解死亡是怎麼一回事，以及死亡對親人、朋友的傷害，使孩子能夠理性地面對死亡，從而更加珍惜生命。

的確，人生活在世上，不僅與他人交往，而且與一切存在於我們周圍的生物產生連繫。人應該在自己的生命中體驗到其他生命，與其他生命同生同樂，共存共榮。其實，也只有我們擁有對於生命的敬畏之心時，我們才會時時感受到「鳴唱的鳥兒、遷移的大雁、搬家的小螞蟻、奔跑的獅子、戲水的海豚」等等所孕育的無限生機，才會處處體驗到「鳶飛魚躍，道無不在」的生命頓悟。

社會太複雜，父母很難當：
偷看日記、用餐時數落、諷刺激勵法，落後教育觀讓你與孩子的鴻溝越來越深

編　　著：方佳蓉，趙華夏

發 行 人：黃振庭

出 版 者：崧燁文化事業有限公司

發 行 者：崧燁文化事業有限公司

E-mail：sonbookservice@gmail.com

粉 絲 頁：https://www.facebook.com/
　　　　　sonbookss/

網　　址：https://sonbook.net/

地　　址：台北市中正區重慶南路一段六十一號八
　　　　　樓 815 室
Rm. 815, 8F., No.61, Sec. 1, Chongqing S. Rd.,
Zhongzheng Dist., Taipei City 100, Taiwan

電　　話：(02)2370-3310

傳　　真：(02)2388-1990

印　　刷：京峯彩色印刷有限公司（京峰數位）

法律顧問：廣華律師事務所　張佩琦律師

定　　價：350 元

發行日期：2022 年 11 月第一版

◎本書以 POD 印製

國家圖書館出版品預行編目資料

社會太複雜，父母很難當：偷看日
記、用餐時數落、諷刺激勵法，落
後教育觀讓你與孩子的鴻溝越來越
深 / 方佳蓉，趙華夏 編著 . -- 第一
版 . -- 臺北市：崧燁文化事業有限
公司 , 2022.11
　面；　公分
POD 版
ISBN 978-626-332-870-9(平裝)

1.CST: 親職教育 2.CST: 子女教育
3.CST: 親子關係
528.2　　111017206

官網

臉書